Souvenir de ma pauvre
Henriette
qui est peut-être petite
de taille, mais grande
de cœur.

Madeleine ...of

Souvenirs
d'amours

DU MÊME AUTEUR

Tout un été l'hiver, Éditions Quinze, 1976
Debout dans le soleil, Éditions Quinze, 1977
Le Rendez-vous de Samarcande, Éditions
    Libre Expression, 1981
Les Yeux ne sont pas faits que pour pleurer,
    Éditions Libre Expression, 1985

MARGUERITE BEAUDRY

Souvenirs d'amours

LIBRE
EXPRESSION

Les critiques citées dans ce livre sont tirées de textes parus dans *La Presse, Le Devoir, Le Droit, Livres et auteurs québécois* et *The Citizen.*

Maquette de la couverture: France Lafond

Photocomposition et mise en pages: Imprimerie Gagné Ltée

© Éditions Libre Expression, 1988
   244, rue Saint-Jacques, bureau 200, Montréal, H2Y 1L9

Dépôt légal:
3e trimestre 1988

ISBN 2-89111-350-0

À Léda et Georges
à qui je dois l'existence

«La bouche parle de
l'abondance du cœur.»
Saint Matthieu, XII, 34

Comment j'ai songé à me libérer de ma graphomanie

Je ne suis ni alcoolique, ni droguée, ni fumeuse invétérée. Je n'ai eu à vaincre ni l'habitude de grignoter à toute heure ni celle de me ronger les ongles. Aussi n'ai-je jamais été en mesure d'écrire un de ces témoignages humains que s'arrachent éditeurs et lecteurs en mal de best-sellers.

Pourtant, un beau matin, je me suis écriée, presque joyeuse: «Mais, moi aussi j'ai un vice caché! Une maladie grave, inguérissable! Je suis atteinte d'un virus qui, depuis l'adolescence, n'a cessé de se nourrir de ma moelle, de m'isoler mieux qu'aucune déchéance physique ou mentale ne le ferait.»

Et je me voyais déjà en train de signer par milliers les exemplaires de *mon* best-seller.

Pourtant, me suis-je aussitôt dit, il y a un hic: guérit-on de l'alcool en buvant? De la drogue en se piquant? En revanche, mon intoxication est telle, qu'il se pourrait bien qu'elle échappe aux normes. Guérir un mal par un remède semblable à ce mal même? L'homéopathie! J'avais trouvé: une médecine douce pour une folie furieuse!

Donc guérir de l'écriture en écrivant! Me libérer de ma graphomanie en devenant graphomaniaque!

J'en restai bouche bée. C'est-à-dire: la plume en l'air. Car, bien sûr, c'est devant une page blanche que je fis cette découverte. Je me mets à ma table de travail tous les jours, de huit heures à midi; heures fatales où se manifeste de façon aiguë ma mauvaise habitude, avec toute l'énergie emmagasinée par une bonne nuit de sommeil et par la perspective d'un après-midi bien à moi à flâner dans les rues de mon quartier, et d'une soirée entière à lire bien au chaud. Deux activités qui me permettent constamment de recharger mes accus: scruter le visage des passants, de la bibliothécaire ou du dépanneur, aussi bien que me nourrir des écrits des autres.

Tout cela pourquoi? Eh bien, afin de concocter des romans. De couver des personnages qui, pourtant, ne sont pas de tout repos. Ils me tiennent compagnie, me direz-vous? Allez-y voir! Ils me harcèlent à temps et à contre-temps. Surgissent en pleine conversation intime, ainsi qu'ils l'ont fait traîtreusement hier soir où, en compagnie de Jean-Jules, je l'ai soudain appelé Robert. J'ai eu bien du mal à m'expliquer! C'est que le matin même, un de mes personnages, un dénommé Robert, justement, m'avait donné du fil à retordre: il s'obstinait à foutre en l'air toute mon intrigue, s'amourachant de Gilberte à mon insu, lui que j'avais créé pour river son clou à cette pimbêche qui se croit irrésistible.

J'aurais dû me méfier; car, c'est bien connu, leurs personnages échappent aux romanciers. Seulement voilà, je ne crois pas à cette déclaration un peu courte. C'est plutôt moi qui tenterais d'échapper à mes personnages! Je suis à leur merci. Ils me talonnent nuit et jour. Dans l'autobus aussi bien que dans mes rêves. Ils grugent mon inconscient, me volent mes souvenirs d'enfance et s'en gavent. *Comment j'ai engraissé de 30 kilos,* pourraient-ils eux-mêmes écrire. Le bouquet: l'un de mes personnages écrivant un best-seller!

D'ailleurs, depuis deux minutes, je me demande si ce n'est pas ce qui vient d'arriver: est-ce bien moi qui écris? Moi-même, vraiment, ou bien l'auteur de mes romans? Donc, un certain personnage. Qui ne se montre que devant la page blanche. Différente de la promeneuse des après-midi ensoleillés, de la spectatrice de Molière, de l'auditrice de Mozart. De l'amoureuse, de l'amie, de la sœur. Allez vous étonner, après cela, que vos romans ne plaisent habituellement ni à l'amant, ni aux amis, ni aux frères et sœurs! Oh! ils ne vous le disent pas tout uniment: ils y mettent les formes! «Je ne m'attendais pas à ce genre-là.» «C'est bien écrit, mais un peu recherché, non?» Et si on leur apprend que notre dernier manuscrit a été refusé: «Quel dommage! Tu y avais tellement travaillé...»

L'incompréhension totale. La somme des heures de travail n'y est pour rien. Mais plutôt ce qu'on exprime de nos préoccupations: le sens de la vie; de ce qui nous réjouit: l'amour, la musique, la sincérité; de ce qui nous peine: les malentendus, la bêtise, la mesquinerie. Ce qu'on y a mis ne se calcule pas en temps. On y a façonné des porte-parole de ses sentiments, de ses aspirations, de ses utopies. Et tout cela, en partie pour faire connaître au monde ce qu'on a dans le ventre; mais surtout pour y voir clair soi-même. Pour essayer de comprendre, quoi! Qui sait: une espèce d'alibi à sa propre existence à laquelle on ne voit pas de sens?

Et là, je m'aperçois que celle qui vient d'écrire ces mots est de la même race que mon grand comédien de soixante-quinze ans, personnage de mon roman en cours, que j'ai laissé en plan pour me «dégraphomaniser».

Mais d'où lui vient cette sagesse, à celui-là? Il me devance, ma foi! Imaginez ce qu'il m'a sorti hier. Ni plus ni moins qu'une réflexion sur la mort:

«Qu'est donc cette vie qui me lâche, à peine l'ai-je apprivoisée? Mais nulle angoisse ne m'étreint devant ma mort prochaine: ce n'est pas comme vivant qu'elle me prendra. J'aurai déjà été, à mon insu, transporté, à la vitesse de la lumière, de l'autre côté du temps.»

Ça s'est écrit à mon corps défendant, je vous jure!

J'étais là à rêvasser au soleil, le stylo à la main, devant ma baie vitrée. D'ailleurs, j'accuse la vue des arbres du mont Royal, que j'aperçois de la fenêtre près de laquelle est placé mon pupitre, du romantisme qu'on reproche parfois à ma plume de romancière. C'est pourquoi aujourd'hui je leur tourne le dos, à mes sentinelles aux chevelures or et rouge, pour rédiger cette confession.

Quant à mon vieil acteur, il m'attendra peut-être longtemps pour jouer son dernier rôle. Y reviendrai-je, après ma cure de désintoxication? Que deviendrait-il, lui si vulnérable sous ses airs aristocratiques, sans chroniqueuse pour raconter les intrigues dont il est victime de la part de sa nièce qui est prête à tout pour s'approprier sa fortune?

Mais là, je m'égare. Un peu plus et je vous ferais accroire que mon Jean D. existe vraiment. Ce ne sont pas des choses à dire en public!

Donc, comment ma plume en est-elle venue à cette réflexion sur la mort, pleine d'une profondeur un peu déplacée — vous ne trouvez pas? — dans un roman somme toute à saveur policière? C'est que je venais de lire coup sur coup deux essais. Mon inconscient avait sans doute amalgamé les propos du généticien et ceux de l'astrophysicien, et mon vieillard s'en était nourri jusqu'à penser en leurs termes.

Je me demande ce qu'il m'adviendrait, à tant lire, si je ne couvais sans cesse quelque personnage. J'étoufferais, assurément. Ou bien alors, je deviendrais insupportable en société. Palabrant sans fin sur les dernières découvertes que me font faire mes essayistes ou romanciers préférés. Voulant à tout prix faire profiter mes parents et amis de mes trouvailles, je finirais par ne plus savoir écouter, quand c'est surtout là que j'excelle dans un salon ou autour d'une table. Toutes oreilles ouvertes, la romancière en moi enregistre. Mes personnages n'ont qu'à bien se tenir: demain matin ils y goûteront!

J'ai toujours été comme ça.

J'en ai pris conscience d'une drôle de façon.

Les souvenirs d'enfance se bousculent et forcent ma plume

Je n'avais pas onze ans, puisque ça se passait à Québec et que j'avais cet âge quand nous sommes venus nous installer à Montréal.

Je n'ai jamais caché mon âge: soixante ans en cette année 1986. C'était donc un peu avant la guerre. Celle de 1939-1945, bien sûr!

Ce devait être un vendredi: la classe était agitée par un vent de dissipation avant-coureur de la liberté des deux jours de congé à venir. Je nous revois dans nos uniformes noirs, jambes gainées de longs bas de laine côtelée, également noirs. Petites fourmis aux membres démesurés, décharnées pour la plupart: c'était la Crise et toutes ne mangeaient pas à leur faim. Toujours est-il que ce vendredi-là, je me laissais aller à griffonner, tout en écoutant d'une oreille distraite la sœur nous donner ses dernières instructions pour nos devoirs de fin de semaine.

— Mademoiselle Beaudry! entendis-je tout à coup.

Sans que je l'aie vue venir, mère Saint-Joachim se tenait à côté de mon pupitre, la voix autoritaire et l'œil sévère, dans l'attitude peu commode d'un juge à qui on ne la fait pas.

— Qu'est-ce que vous écrivez là? prononça-t-elle d'un ton sans réplique.

Impossible de dissimuler la feuille volante sur laquelle mes pattes de mouche me mettaient en flagrant délit d'inattention durant un cours. Ce qui, à n'en pas douter, allait me valoir une «note de conduite».

— J'écrivais à ma sœur religieuse, répondis-je.

Je fus la première étonnée de ma réponse. Mensonge? Vérité?

Il était vrai que ma sœur aînée — dix ans de plus que moi — était postulante à ce même pensionnat où mes autres sœurs et moi-même étudiions. Mais ce qui était une invention, c'est que j'aie jamais eu l'intention de lui envoyer ma prose. J'y disais: «Enfin, c'est le premier dimanche du mois! Nous pourrons aller te voir. Je mettrai ma robe neuve, que maman m'a faite dans une des jupes qu'elle ne porte plus. Nous t'apporterons des pommes, des oranges, des bananes et, au lieu des bons petits gâteaux que tu aimes tant, maman en a fait un gros avec des chandelles, puisque c'est ta fête dimanche.»

— Menteuse! s'exclamait mère Saint-Joachim après avoir lu mon billet. On est au milieu du mois et non au début et, si je me souviens bien, sœur Marie-de-Massabielle a son anniversaire en juillet. Vous n'êtes qu'une menteuse!

— Je ne mens jamais! me récriai-je.

La religieuse fut-elle décontenancée devant la sincérité qu'elle ne pouvait manquer de lire sur mon visage? Elle n'en laissa rien paraître et, au contraire, me lança, en retournant à la tribune d'où elle continua à surveiller la classe:

— Puisque vous aimez tant écrire, vous me recopierez vingt fois: Je suis une menteuse et je m'en repens.

J'éclatai en sanglots. L'incompréhension déjà me blessait. Le malentendu commençait sa longue litanie, que je soupçonne avoir été le moteur principal de l'écriture de mes romans.

Je pleurais sur mon impuissance à m'expliquer; à lui dire que même si ce n'était pas une vraie lettre que j'avais écrite, elle n'en était pas moins remplie de vérité. La vérité de la transposition. J'ignorais ce mot, bien sûr, mais je sentais confusément que ma pauvre copie traduisait ma hâte de revoir ma sœur, dont je regrettais le départ qu'on m'avait dit définitif, et que j'exprimais peut-être le désir de la faire renoncer à sa vocation en la séduisant par l'énumération des fruits et des douceurs de la table familiale.

Et aujourd'hui, je me demande si je ne dois pas attribuer au manque de psychologie de cette religieuse le fait que j'aie tant tardé à devenir écrivain. Que serait-il advenu de ma vocation à moi, si l'enseignante, en elle, eût pris le dessus sur la moralisatrice? Si elle avait su voir, dans ce besoin que j'avais d'enjoliver le réel, l'amorce d'une maîtrise de mon imaginaire par l'écriture? Je me serais peut-être moins fourvoyée en tous sens, au cours des ans où, au lieu de devenir ce que j'étais foncièrement, j'ai tourné en rond durant toute mon adolescence et ma jeunesse, me cachant pour tenir mon journal, dissimulant au fond d'un tiroir les feuilles lignées sur lesquelles je me racontais des débuts d'histoires que je ne terminais jamais. Faute de persévérance d'une part, mais surtout, je crois, à cause d'un vague sentiment de culpabilité qui me faisait soudain me ressaisir devant un tel débordement de la «folle du logis», ainsi que les sœurs qualifiaient l'imagination, en se référant à Voltaire citant Malebranche.

Puisqu'on en est au chapitre des malentendus, il me revient à l'esprit une très brève scène où c'est mon père, cette fois, qui me faisait un procès d'intention. Nous étions face à lui, à la table du petit déjeuner, mes deux jeunes sœurs et moi, que le reste de la famille appelait «les trois petites». J'aimais ce moment où papa n'était qu'à nous, maman vaquant au rangement de leur chambre à coucher où nous n'étions que très rarement admis. Je beurrais minutieusement ma tranche de pain grillé, afin de répartir le beurre sur tout le pourtour, car je détestais les croûtes sèches, que nous étions forcés de manger par esprit d'économie. Soudain, la voix de mon père prit un ton autoritaire, qu'il utilisait rarement avec ses filles au petit matin:
— Cesse tout de suite ce gaspillage!
— C'est à moi que vous parlez?

15

— Je t'ai bien vue rajouter du beurre.

— Mais non, j'en prenais au centre pour l'étendre sur les bords.

— Ne nie pas! me coupa-t-il en me regardant avec un tel blâme que je m'enfuis dans ma chambre et m'écroulai sur mon lit.

Mon père si doux... Qui se partageait mon cœur avec ma mère. Qui, du moins l'avais-je cru jusque-là, connaissait le fond de mes pensées...

Quelle bénédiction que les larmes! Je m'y plongeai avec délices, m'apitoyant sur moi-même, mais aussi détrônant rageusement mon père du piédestal où je l'avais placé dès que je fus en âge d'apprécier le musicien qu'il était. Il redevenait comme tout le monde, c'est-à-dire un étranger. D'une incompréhension totale à mon endroit. Je me retrouvais seule, toute seule, même si j'étais entourée d'une mère, d'un père, de cinq sœurs et de trois frères.

Au bout d'un moment, les yeux et le nez vidés de tout leur contenu, il me fallut bien arrêter de pleurer. Que faire de ma désillusion? Écrire une histoire, bien sûr!

Dans les deux feuillets que je noircis, ce week-end-là, le «je» narratif portait le nom de Marinette, sobriquet dont me gratifiait mon frère René et qui me faisait bondir chaque fois. Mais voilà que ce surnom m'était doux. Il me permettait de prendre vis-à-vis de moi-même la juste distance nécessaire pour que ma tristesse ne se referme pas sur elle-même. Elle s'atténuait au contraire dans le partage que j'en faisais avec un personnage fictif. Je décrivais la fillette comme la préférée de son père qui, lorsqu'il se mettait au piano le dimanche, lui demandait de tourner les pages pour lui. C'est ainsi que peu à peu Marinette s'initiait à la musique, et le jour où elle prendrait sa première leçon, la lecture musicale n'aurait plus de secrets pour elle. Mais un incident de parcours allait mettre fin à la belle harmonie qui régnait entre le père et sa fille. Par un beau dimanche matin où le soleil venait frapper la partition de la *4ᵉ Ballade* de Chopin, Marinette, un instant éblouie, avait tourné deux pages à la fois. Son père s'arrêtait net de jouer et, fermant le piano d'un geste sec, il la regardait sévèrement en disant d'une voix sourde: «Ce n'est pas parce que tu n'aimes pas ce passage que je vais le sauter! — Mais, papa... Je ne l'ai pas fait exprès! Je vous assure: c'est le soleil... — Le mensonge peut vite devenir une mauvaise habitude. Va-t'en dans ta chambre réfléchir à ça!»

Cependant, contrairement à moi qui avais pleuré à fendre l'âme, ma Marinette s'était défendue: «Laissez-moi vous le prouver», avait-elle rétorqué. Maintenant assise sur le tabouret pivotant et ayant déplacé la partition afin qu'elle échappe aux rayons du soleil, elle jouait les deux pages incriminées. Son père appelait alors sa mère et déclarait avec fierté: «Dès demain cette petite prendra des leçons de piano. Elle a l'étoffe d'une vraie musicienne.»

Comme il y avait loin de ma merveilleuse fiction à ma pauvre réalité! On dit que certains talents sautent une génération. C'est certainement ce qui est arrivé dans notre famille où seul un des fils de mon frère Jean-Paul fait activement de la musique, quand mon père et au moins deux de ses sept frères et son unique sœur étaient musiciens. Ils suivaient en cela la trace de leur père qui tâtait un peu de tous les instruments qu'il vendait dans son magasin de musique attenant à son studio de photographie, rue Saint-Jean. L'un d'eux, Louis-Roméo Beaudry, était compositeur de chansons, dont celles-ci, qui eurent leur heure de gloire: *Votre avion va-t-il au paradis?*, *J'avais presque oublié la couleur de vos yeux*, *Ne fais jamais pleurer ta mère*.

Aucun, aucune de nous n'est devenu musicien, malgré l'omniprésence de la musique à la maison. Pour ma part, j'ai amorcé une carrière de chant, entre mes seize et vingt-deux ans. J'avais une assez belle voix de contralto, mais ce qui m'a toujours fait défaut, c'est justement le talent que je prêtais à Marinette: la lecture musicale et le solfège. Et surtout — je devais m'en rendre compte au cours des quelques mois où je pris effectivement des leçons de piano — la coordination des deux mains sur le clavier.

Ma sœur Thérèse m'a avoué dernièrement qu'autrefois elle trouvait injuste qu'on ne lui ait pas laissé la chance d'apprendre elle aussi la musique. Son tour ne viendrait jamais: papa allait donner abruptement congé à ma maîtresse de piano dont je me souviens qu'elle se prénommait Fleurette. Il l'avait maintes fois avertie qu'il tenait à la ponctualité; elle n'en continuait pas moins à arriver en retard, ce qui avait pour effet de prolonger la leçon jusqu'après sept heures. Ainsi manquait-il régulièrement les dix premières minutes du sacro-saint radioroman *Un homme et son péché*... Mon père finit par la remercier de ses services que, d'autre part, il ne trouvait pas satisfaisants: il n'avait de cesse de la reprendre, trouvant ses tempi inadéquats et certains accords faux. Seule Yvette, la religieuse, sans doute parce qu'elle baignait dans l'atmosphère des chants liturgiques et de l'harmonium, est arrivée à jouer convenablement du piano et à tenir l'orgue, si je me souviens bien.

Pour ma part, je devais me contenter de mes rêves. Mon amour du piano était si intense, et si douloureuse mon incapacité d'en jouer, que mon inconscient mit du temps à admettre cet échec. Cela se traduisit par un songe, toujours le même, que je fis régulièrement au fil des ans: assise devant le clavier, mes doigts le parcouraient sans anicroches ni fausses notes. Clementi, Mozart, Chopin et même Schubert, Beethoven, Brahms et Liszt venaient, toutes difficultés surmontées comme par magie, m'enchanter l'oreille et le cœur. Une joie plénière m'envahissait, ce qui me réveillait net. Des larmes silencieuses ont longtemps marqué ces rêves qui, l'infime temps qu'ils duraient, avaient une couleur si réelle, que je croyais qu'enfin, cette fois-ci, ça y était.

J'ai écrit, ces dernières années, un roman où la musique joue un grand rôle. J'y ai déversé l'un de mes plus grands regrets: celui d'être passée à côté de cette merveilleuse expression des aspirations les plus profondes de l'esprit humain. Il en est resté au stade du manuscrit: trois éditeurs l'ont refusé. Du moins, l'écriture de ces pages m'a-t-elle permis de guérir de ma hantise: mon beau rêve exaltant, que le réveil transformait en cauchemar, ne m'a plus jamais visitée. Ce roman, que j'avais intitulé *Utopie pour la fin d'un millénaire,* est allé rejoindre dans un placard les milliers de pages qui resteront à jamais inédites.

Ce qui me ramène à mon point de départ: à quoi riment ces deux ou trois pages quotidiennes que je distille, telle l'abeille programmée qui produit son miel? Y est tapie toute une vie parallèle au réel, à la manière de nos rêves nocturnes où nous existons dans une dimension autre que celle qui se déroule dans le temps mesurable. Ce réel fugitif, c'est comme si je voulais l'inviter à s'arrêter un peu, en le couchant sur le papier. Sans quoi, j'ai parfois l'impression de le survoler en n'en captant que quelques bribes par-ci, par-là.

Mais il y a un danger, je le sais: celui d'écrire sa vie au lieu de la vivre. Pour ma part, j'aurais plutôt tendance à en vivre deux, de vies! Celle de la femme et celle de la romancière qui fait flèche de tout bois. Qui se sert aussi bien de ses propres expériences que de ce que les autres lui apportent. L'amalgame donne des personnages qui me ressemblent plus ou moins et qui sont parfois à l'opposé de ce que je suis. Personnages qui évoluent dans des intrigues qui n'ont qu'un rapport très lointain avec le déroulement réel de mon «vécu», comme on dit aujourd'hui.

Tiens! voilà qui ferait un titre accrocheur pour mon best-seller: *Le Vécu d'une romancière!* Mais je craindrais que les lecteurs et lectrices s'attendent à y trouver des détails affriolants sur ma vie privée. Bien que ce genre de choses, je me demande s'il ne s'en trouve pas dans mes romans, pour qui sait lire entre les lignes. Moi-même ne me suis aperçue que je m'y dévoilais, que bien après leur parution: là où j'avais cru inventer, voilà que se logeaient mes aspirations les plus secrètes. Des lecteurs de mes amis m'ont même dit que c'est ma voix qu'ils entendent en lisant le texte de mes romans.

Et pourtant, j'invente, je vous assure! Prenons par exemple *Debout dans le soleil*, l'histoire d'une orpheline de quinze ans qui ne s'est jamais sentie aimée, trimballée qu'elle a été d'un foyer nourricier à l'autre. Cela me ressemble-t-il, à moi qui ai été élevée dans une famille nombreuse, entre un père et une mère très unis? Mon adolescente se nomme Mariette. D'accord, son prénom rappelle le surnom que me donnait mon frère. Mais c'est Bernanos qui me l'a inspiré, et je n'allais quand même pas l'appeler Mouchette! Bien que ce soit ce prénom inusité que j'avais utilisé, il y a quelque vingt-cinq ans, lors de la première version que je fis de cette histoire de soleil et de passion. Il s'agissait d'une nouvelle, que j'avais alors intitulée *Poussière d'été,* et qui allait devenir *Debout dans le soleil.*

La mémoire comme
un palimpseste

Palimpseste: Parchemin manuscrit
dont on a effacé la première écriture
pour pouvoir écrire un nouveau texte.
— Au figuré: «L'immense et
compliqué palimpseste de la mémoire»
(Baudelaire).

Les souvenirs m'assaillent. La mémoire comme maté-
riau d'écriture... Je vois que je n'y échapperai pas! Plus vite
ils défilent sous mon front, plus ils forcent mon stylo. Avec
une saveur nostalgique qui n'est ni regret ni tristesse: la
mémoire du cœur...

Pourtant, combien je me trouvais malheureuse durant
mon enfance et mon adolescence! Repliement sur moi-même
et timidité maladive pour cause de regard asymétrique: une
écorchée vive, dirait ma plume romantique. Déjà à cinq ans,
je portais des lunettes. Comme je les ai détestées, ces deux
lunes cerclées de métal doré! Si elles corrigeaient ma myopie
et me permettaient de lire au tableau noir, elles ne faisaient
que souligner mon défaut et me plaçaient dans la catégorie
des filles laides mais sages. Je n'oublierai jamais comment
je m'en suis libérée. J'avais quinze ans et mon père venait
de me procurer, après un nouvel examen de la vue, des
lunettes aux montures transparentes légèrement teintées de

rose. L'air qu'elles me donnaient était si peu en accord avec l'image que j'avais de moi-même, que je me les arrachai du nez et les envoyai promener avec une telle rage désespérée, que mon père, après m'avoir rappelé qu'elles avaient coûté cher et qu'il agissait pour mon bien, n'osa pas me soumettre plus longtemps à son autorité en cette matière. Et je devais attendre l'arrivée des lentilles cornéennes, une vingtaine d'années plus tard, pour y voir clair de nouveau, n'acceptant, durant ces deux décennies, de ne porter mes lunettes que dans les salles de concert ou les cinémas obscurs.

C'était bien là, durant mon enfance, mon seul véritable sujet de malheur, mais il était de taille. En revanche, j'avais des parents aimants; des frères et sœurs de tous âges pour toutes mes solitudes; un climat musical qui m'allait comme un gant; une ardeur à l'étude qui me faisait apprécier de mes maîtresses d'école. Et surtout, tous les étés, depuis la Saint-Jean jusqu'à la fête du Travail, nous les passions à la campagne...

Quelle joie que d'être au soleil à longueur de journée! Il devait bien parfois pleuvoir, mais je me souviens peu des jours gris. Si ce n'est des orages de fin d'après-midi où papa et maman nous apprenaient à aimer les éclairs et le tonnerre, protégés que nous étions par le paratonnerre installé sur le pignon de notre chalet, à la manière des antennes de télévision d'aujourd'hui.

Val-Saint-Michel... Situé à seulement une quinzaine de kilomètres de Québec, au cœur d'un vallon entouré de basses collines aux formes douces et rebondies qui nous faisaient rêver, ce modeste lieu de villégiature est la source de la plupart de mes souvenirs d'enfance. C'est l'été que s'inscrivaient dans nos cerveaux malléables les impressions les plus profondes, celles que nul vieillissement des cellules, me semble-t-il, ne pourrait déloger.

Mon père, avec l'aide du frère de maman, avait construit une rallonge au petit chalet acheté pour une bouchée de pain. Cet ajout et ceux qui allaient suivre prendraient de grandes proportions, poussant au nord une immense pièce vitrée, à l'arrière deux chambres d'enfants et une importante salle de bains. Au sud, une large galerie grillagée se rétrécissait aux

22

deux bouts pour contourner la presque totalité de la maison: terrain de jeu idéal pour les jours froids ou pluvieux où maman nous avait ainsi à vue, cette véranda était pourvue, d'un côté, de balançoires où nous exercions nos muscles dans toutes les postures, «jouant au cirque», comme nous disions entre nous.

Autre jeu: celui du magasin, pratiqué, celui-là, dans ce que nous appelions le garage mais qui ne servit jamais à cet usage, car nous n'avions pas de voiture. Il faisait plutôt office de remise pour les outils de jardinage. Nous nous servions de tréteaux comme d'étalages pour nos imitations de produits. Nous remplissions de sable, de terre ou d'aiguilles de pin de vieux bocaux de confitures que nous étiquetions SUCRE, CASSONADE ou THÉ. Nous passions même du sable à travers un tamis pour l'affiner et prétendions que c'était de la FARINE GRILLÉE. Quant aux bonbons, ils étaient représentés par des billes de toutes les couleurs, et les arachides, par leurs écales vides. Une vieille balance à plateaux nous servait à peser les denrées, qu'on payait à l'aide de coupures de journaux que nous avions pris grand soin de tailler de la grandeur exacte de vrais billets de banque et que nous avions teintées à l'aide de peinture à l'eau. Nous étions souvent une dizaine à jouer ainsi au magasin, des enfants des alentours se joignant à mon frère René, d'un an et demi mon aîné, et aux «trois petites». Quant à Jean-Paul, le petit dernier, nous n'étions pas intéressés à l'avoir dans les jambes car — il était sans doute le seul à croire vraiment à nos jeux — on le retrouvait trop souvent avec du sable plein la bouche et à deux doigts d'avaler une bille.

Le *petit* dernier, c'était une façon de parler: il pesait dix livres et demie à sa naissance! Maman a toujours eu de gros bébés, la plus petite pesant huit livres et demie. Et elle nous a tous mis au monde à la maison. Je venais d'avoir sept ans lorsqu'elle nous apprit qu'on allait bientôt avoir une petite sœur ou un petit frère de plus: papa et elle en avaient passé la commande au petit Jésus. Comme elle s'attendait à accoucher au solstice d'été, elle nous mit pensionnaires, Thérèse et moi, du début de juin jusqu'à la fin des classes, ne gardant à la maison que Georgette qui n'allait pas encore à l'école. Quant à Fernande et Marcelle, elles étaient déjà pensionnaires.

J'y fus totalement désorientée, et Thérèse, cinq ans et demi, pleurait continuellement, ce dont j'avais un peu honte. Qu'était-ce donc que ces levers à cinq heures trente! Je me disais que nous aurions pu dormir une heure ou deux de plus, la classe ne commençant qu'à huit heures. Mais non! Il nous fallait tout d'abord réciter notre prière du matin dès le réveil, nous débarbouiller et nous habiller en silence, les yeux modestement baissés afin de ne rien apercevoir de l'anatomie de nos compagnes. Puis nous nous rendions à la chapelle en rangs serrés, pour y entendre la messe et communier. Ensuite seulement venait le petit déjeuner, qui me surprit au plus haut point le lendemain de mon arrivée: sur les longues tables flanquées d'étroites banquettes, dans un réfectoire mal aéré, trônaient d'immenses soupières dans lesquelles deux postulantes plongeaient d'énormes louches qui en ressortaient remplies de brûlantes pommes de terre bouillies... Comme boisson, nous avions droit à une espèce de chicorée au goût âcre, noyée dans du lait clair. Où donc étaient passées nos fraîches céréales arrosées de lait riche? Et notre pain grillé bien beurré et tartiné de confiture, de miel ou de caramel coulant? Mais surtout, qu'étaient devenus nos propos bruyants entrecoupés de fous rires, de ricanements étouffés ou de grimaces muettes? Où étaient papa et maman, si tolérants? Chacune des petites pensionnaires était seule, refermée sur un silence impénétrable et un visage inexpressif. Seulement le repas fini pouvions-nous, après avoir récité les grâces, enfin parler. C'était l'heure de la récréation où venaient nous rejoindre les demi-pensionnaires. Quant aux externes, «qui ne payaient pas pour étudier», elles n'avaient pas le droit de se mêler à nous. Elles avaient leur propre cour d'école, qu'il nous était interdit de traverser, même pour un raccourci par les plus grands froids, ainsi que j'avais voulu le faire un jour de tempête, l'hiver précédent.

Le souvenir m'en est revenu par une triste association d'idées, il y a une quinzaine d'années, à l'occasion de la

24

mort de ma sœur religieuse, emportée en quelques heures par une hémorragie gastrique. Je venais d'apprendre la nouvelle effarante, à six heures du matin. Sur le conseil d'une amie à qui je venais de téléphoner, déchirée par le chagrin je me fis couler un bain pour me détendre. C'est en m'apercevant que mes larmes se mêlaient pour ainsi dire à l'eau savonneuse, que la réminiscence m'envahit en un éclair: je me revis, toute petite, pleurant à chaudes larmes, debout dans la baignoire, me faisant laver par «Nena», surnom que nous donnions à Delvina, notre bonne, qui était un peu pour nous comme une grande sœur. Elle essayait de me consoler d'un immense chagrin: j'avais eu une note de conduite parce que j'étais passée à travers la cour des externes, le froid me brûlant le front. Un autre souvenir, celui-là venu tout droit de ce mois de juin où j'avais été pensionnaire à sept ans, vint, pour constituer une sorte de palimpseste, s'y ajouter en surimpression: les bains que nous prenions au couvent. Non pas nues mais dissimulées sous nos longues et rêches chemises de nuit cousues dans des «poches de sucre» qui nous glaçaient le dos. Nous devions nous laver par-dessous, évitant à tout prix tout regard sur notre propre corps, regard que sans doute nous aurions eu à accuser en confession comme indécent ou même impur.

Pour revenir à la naissance de celui qui serait le dernier enfant de la famille: nous étions à Val-Saint-Michel, gardés par «Nena», lorsque maman accoucha, à Québec, le jour même de notre fête nationale. Nous ne savions pas grand-chose de ce qui s'était passé dans la chambre secrète de nos parents. On nous raconta — et nous le crûmes! — que le médecin venu rendre visite à maman parce qu'elle avait trop engraissé, avait trouvé, à la porte, le petit bébé que nous attendions depuis des mois...

Comme nous l'avons choyée, notre belle poupée vivante! Bon bébé, notre petit frère ne pleurait presque jamais et buvait la vie à pleines tétées gloutonnes — nourri amoureusement, comme nous tous l'avions été, au sein maternel — et le regard aimanté par nos multiples visages qui se penchaient à tout moment sur son berceau.

Ce n'est que vers ses deux ou trois ans, lorsque sa curiosité le porta à nous suivre partout, nous «les trois petites», et à vouloir toujours jouer avec nous, que nous commençâmes à le rabrouer.

Qu'avions-nous besoin de lui pour un de nos jeux favoris: jouer à la messe. Ça se passait dans le grenier. Une commode mise au rancart en guise d'autel; un rideau de dentelle usé comme nappe; des vieilles pattes de chaises ouvragées et sciées, servant de chandeliers; une boîte de biscuits recouverte d'un mouchoir blanc, faisant office de tabernacle, et le décor était en place. Prêt à l'entrée en scène de l'officiant, mon frère René, et de deux enfants de chœur, le petit Bédard et le jeune Saillant. Et nous, les filles, comme assistance, les yeux pieusement baissés, mains jointes, lèvres remuantes. Vieux rideaux, robes rapiécées, foulards usés jusqu'à la corde servaient d'oripeaux aux trois garçons qui imitaient, sans trop d'efforts, les gestes vus des centaines de fois aussi bien à l'église de la ville qu'à celle du village. Quelques formules latines ressortaient du murmure de l'officiant et de ses acolytes, qui tournaient les pages de deux exemplaires du magazine d'affaires américain *Fortune* auquel mon père était abonné et qu'il nous permettait d'utiliser à cette seule occasion. Drôle d'Évangile ou d'épître, que ce symbole de l'argent! Venaient les *Dominus vobiscum, Credo in unum Deum, Agnus Dei, Ite missa est,* formules qui n'étaient alors pour nous que des sonorités sans contenu véritable et que nous répétions à qui mieux mieux. Et nous communiions avec componction... de retailles d'hosties, vendues en vrac comme des croustilles par les religieuses. Et contrairement à la véritable communion, nous nous permettions de les croquer, d'en bien savourer le goût un peu fade, tout en appréciant leur fondu sur la langue. Tout cela avec une ferveur non entièrement feinte. Croyance de l'enfance à son imaginaire, qui laisse songeur sur la foi des premiers communiants. Le petit Jésus et la Sainte Vierge: contes merveilleux qui viendraient s'ajouter au *Petit Poucet* et à *La Belle au bois dormant?*

Quoi qu'il en soit, nos messes du grenier se terminaient parfois par un mariage. Pour cet autre jeu, nous faisions appel aux plus grands: ma sœur Marcelle, quatre ans de plus que moi, avec sa belle chevelure noire frisée, faisait une mariée très crédible. Vêtue d'une «vraie» robe blanche, coiffée d'un «vrai» voile de dentelle, trésors pêchés par maman dans une malle pleine d'atours qu'elle avait abandonnés au fil des ans, Marcelle apparaissait, couronnée de fleurs sauvages cueillies avec ferveur par «les petites», au bras d'un jeune voisin, longtemps soupçonné par nous trois d'être vraiment son amoureux secret. La célébration avait lieu à l'extérieur, cette fois, par temps ensoleillé, dans notre jardin qui nous paraissait vaste mais que j'ai eu l'imprudence, beaucoup plus tard, en compagnie de Georgette, d'aller revoir en pèlerinage: un pauvre petit parterre «pas plus grand qu'un mouchoir de poche», comme disait une chanson d'alors. Mais qu'importe! À nos yeux, il valait tous les paradis terrestres de nos livres d'histoire sainte.

Comment ce minuscule jardin pouvait-il contenir un kiosque? Et pourtant, il y en avait bien un, tout au fond, flanqué de deux bancs étroits. Il était fait de lattes vertes entrecroisées, que nous nous amusions à «peinturer» à l'aide simplement d'eau claire appliquée au pinceau, car le bois en était poreux et le soleil le décolorait constamment. Et nous nous plaignions qu'aussitôt séché il reprenait son air verdâtre délavé, alors que nous voyions la peinture tenir, sur les bardeaux de la cave que peignait avec succès mon père.

Les vacances de papa... Trois semaines, courtes sans doute pour lui, mais qui, à nos yeux, ne faisaient que s'intégrer aux quelque soixante-dix jours d'été où, tout de même, nous avions de lui toutes les soirées. Car, sauf pour ses vacances proprement dites, qu'il passait avec nous tous, papa prenait tous les jours le train pour aller à son bureau à Québec.

Notre chalet était situé tout près de la voie ferrée, et tous les matins nous assistions, tremblant qu'il rate son train, au départ en trombe de mon père qui ne quittait la maison que lorsqu'il avait entendu le cri plaintif de la locomotive dans le dernier tournant. Maman et lui s'étaient embrassés, ainsi qu'ils le faisaient à chaque départ et retour de l'un d'eux, en prononçant leurs prénoms, Léda et Georges, sous nos regards attendris. Et le soir, quel plaisir nous avions à aller le chercher à la gare... C'était à qui, des «trois petites», lui aurait pris des mains sa serviette de cuir remplie de ces mystérieux papiers auxquels il avait travaillé tout le jour à la banque pour nous faire vivre. Nous avions déjà soupé, mais nous nous remettions à table pour le contempler et l'écouter. L'été, à la campagne, pas de séance de piano comme à la ville, pour terminer la soirée en douceur.

À défaut de piano, il y avait bien l'harmonium de l'église du village, dont papa jouait le dimanche. C'était un de ces anciens instruments qu'on devait pomper à la force des bras et où mon frère Raymond, l'aîné des garçons, était régulièrement de service. Renforçait-il ainsi ses muscles afin de mieux épater les jeunes filles au tennis? Car tout comme ma sœur Fernande, il était un fervent de ce sport que pratiquaient la jeunesse du village ainsi que quelques parents, dont mon père.

Ma sœur Marcelle relayait parfois mon frère pour pomper l'harmonium. A-t-elle un jour voulu se récompenser de ses efforts ou même s'en venger? Toujours est-il qu'un dimanche matin, à la sortie de la messe, elle était rentrée dans la petite église, s'était approchée de l'autel et, prenant le long et mince cierge posé à cet effet sur le rebord du présentoir garni d'une bonne cinquantaine de lampions, elle les avait tous allumés et s'était enfuie. Mais pas assez vite! Le curé — ou bien était-ce le bedeau? — lui avait couru après et l'avait sommée de payer: chaque lampion allumé en l'honneur de la Sainte Vierge ou pour le salut d'une âme du purgatoire coûtait cinq cents. Et c'est mon père qui avait dû débourser... non sans avoir fait payer à sa manière la délinquante, par une volée de bois vert.

Le dimanche était aussi «le jour de la crème glacée». Autre exercice des bras pour les plus jeunes, qui tournaient la manivelle de la sorbetière. Chaque dimanche d'été en effet, après la messe au village, papa s'installait à l'ombre du kiosque pour officier à une cérémonie qui nous enchantait d'une tout autre manière que le faisait son jeu à l'harmonium. Il remplissait d'abord de glace concassée et de gros sel le bac extérieur de l'appareil qui contenait un récipient dans lequel maman avait versé de la crème bien épaisse, du sucre en poudre et de l'essence de vanille ou, fait exceptionnel, du sirop d'érable. Et, à tour de rôle, nous «les trois petites» et René, aidions à malaxer le tout pendant une bonne demi-heure, jusqu'à ce que le mélange prenne. Je me souviens de la toute dernière fois que devait nous servir cet appareil devenu inutilisable par la brusquerie soudaine de papa: voulant casser certains morceaux de glace trop gros, il s'y acharna à l'aide d'un tournevis et d'un marteau. C'est René qui, goûtant le premier à la crème glacée, lui trouva un goût salé: le récipient avait été transpercé et le gros sel s'y était infiltré... Fini les séances du dimanche matin où l'attente — ainsi que le fait que nous ayons dû travailler pour y parvenir, comme ne manquait pas de le souligner mon père — ajoutait au plaisir gustatif lui-même.

Il en était ainsi des petits fruits, que nous goûtions tant — c'est du moins ce que papa affirmait — parce que nous les avions cueillis et équeutés nous-mêmes. Mon père faisait toujours coïncider ses vacances avec le temps des framboises et celui des bleuets. Et nous partions sur ses talons, nos tasses d'aluminium à la main. Tout d'abord le nez en l'air à sentir le soleil sur nos visages, à essayer de nommer les arbres et à différencier les oiseaux. Lorsque le rire étouffé des «trois petites» se faisait entendre à un certain tournant du sentier qui menait au bois, papa pouvait être sûr de ce que nous nous murmurions en pouffant: «Regarde! La montagne en forme de fesses!», au moment de nous engager dans une dernière éclaircie d'où nous apercevions au loin la ligne des Laurentides. Puis bientôt, nos têtes se penchaient à la recherche des fruits rouges que nous devions prendre bien garde de ne pas écraser entre nos doigts. Vers la fin, nous nous impatientions bien un peu de voir la lenteur avec laquelle se remplissait le seau de papa, dans lequel nous déversions nos gobelets: les framboises avaient tendance à se tasser. C'est pourquoi nous préférions aller aux bleuets, qui ne nous jouaient pas ce vilain tour. D'autant plus qu'alors nous longions la voie ferrée. Quel plaisir nous prenions à côtoyer le danger... en toute sécurité, collées que nous étions contre papa. Nous marchions en équilibre sur les rails ou les «dormants», jusqu'à ce que nous ramène sur le remblai, tremblantes, la longue plainte annonciatrice d'un train. D'interminables wagons de marchandises passaient régulièrement, ainsi que des draisines, dont nous ignorions alors le nom et que nous appelions des «boggies» ou «petits pompeurs à bras», car ces engins étaient actionnés par deux ou quatre cheminots montés sur une simple plate-forme munie de roues et qui s'esquintaient à la faire avancer à la force de leurs bras.

Certains jours, ce n'était plus des fruits délicieux que l'on allait cueillir et dont maman ferait des gâteaux renversés, des tartes succulentes et des confitures pour toute l'année. Il s'agissait, cette fois-ci, d'un travail monotone, fastidieux, que nous demandait papa, déguisé en jardinier: arracher les mauvaises herbes tout le long des plates-bandes de fleurs, du potager et de la haie de cèdres qui ceinturait le terrain. Nous recevions un sou noir comme salaire. Ce sou nous procurait deux lunes de miel, que nous courions aussitôt acheter au restaurant du bout de la route.

Longtemps nous avons cru que le feu d'artifice que papa préparait pour le soir de la Saint-Jean était destiné à célébrer l'anniversaire de notre petit frère Jean-Paul, né un 24 juin. Cette fête des yeux et des oreilles, qui avait lieu en début de soirée, attirait tout le voisinage, aussi bien les enfants que les adultes. Oh! cela n'avait rien à voir avec les spectacles que nous avons connus depuis quelques années à Montréal, aussi bien au parc Jeanne-Mance qu'à Terre des Hommes! Papa lançait à la main, aussi haut qu'il le pouvait, des fusées multicolores qui se déployaient en pluies incandescentes avant d'éclater en pétarades qui nous émerveillaient. Cela se terminait par un grand feu de brindilles, d'aiguilles de pin et de bois sec, que nous admirions ayant à la main des petits drapeaux de la France à laquelle nous nous identifiions. Le feu éteint, papa nous emmenait au tournant de la route admirer le soleil qui se couchait derrière des écharpes de transparents nuages de tous les tons du prisme, donnant à notre «montagne en forme de fesses» une splendeur qui faisait taire nos ricanements pour faire place à une émotion semblable à celle qui nous soulevait lorsque papa se mettait au piano. Belle préparation, que cette soirée de la Saint-Jean, aux deux mois enchanteurs dont nous avions rêvé tout l'hiver et qui, soudain, presque sans qu'on les ait vus venir, étaient là, s'offrant à nous.

Une année, le R-100 vint nous rendre visite. L'immense dirigeable voguait librement au-dessus de l'horizon. Dire notre ravissement devant le premier objet volant qu'il nous était donné d'apercevoir...

Contrairement à mon père qui aimait la vie que nous menions l'été à Val-Saint-Michel, c'est à reculons que maman y déménageait et sans regrets qu'elle en repartait. C'est que sa tâche s'alourdissait du fait que la bonne qui l'assistait à la ville et qui habitait chez nous refusait de nous suivre à la campagne. Mais il y avait plus, je crois: maman était une vraie citadine — bien que née à Saint-Michel-de-Bellechasse — qui aimait promener ses enfants par les rues de notre quartier, Limoilou, et aller «magasiner» rue Saint-Jean où elle se rendait en tramway. La campagne l'ennuyait. Il faut bien dire qu'elle n'y avait pas la vie facile, surtout au début, avant que l'électricité soit installée au chalet. Pompe à bras qu'on actionnait à tour de rôle pour «faire monter l'eau» qu'on déversait dans un grand bac et qu'on faisait bouillir sur un poêle à bois pour la lessive, la vaisselle et les bains. Lourds fers à repasser qu'on mettait à chauffer sur le même poêle; planche à laver l'été, lessiveuse à rouleaux d'essorage l'hiver, pour laver les innombrables draps, serviettes et nappes, ainsi que les piles de dessous et de bas pour dix personnes. Et comme sécheuse: l'été, le gazon qui prenait l'allure d'un jardin aux multiples fleurs géantes; l'hiver, l'appartement tout entier qui devenait une véritable étuve avec ses calorifères recouverts de linge à sécher et l'immense cuisine tendue de cordes. Et par jours ensoleillés et froids, les sous-vêtements longs de papa, étendus à l'extérieur, devenaient rigides et se transformaient la nuit venue, sous nos yeux d'enfants imaginatifs, en autant de fantômes ou de pendus sous la lune...

Et tous ces repas du midi et du soir que maman devait préparer pour dix personnes... Vingt par jour, cent quarante par semaine... Cela allait du «pâté chinois» au hachis ou à la blanquette, concoctés avec les restes du rôti de bœuf, de veau, de porc ou le jambon du dimanche. Il y avait aussi les succulents ragoûts de pattes de cochon et de boulettes de porc haché. Ou encore, la graisse de rôti, les saucisses, le boudin, le steak, le foie, les rognons, toujours accompagnés de pommes de terre et d'un autre légume. Sans compter les soupes au riz, à l'alphabet, à l'orge, faites de nourrissants bouillons d'os, de moelle et de «tours de steak» dans lesquels baignaient oignons, tomates, carottes, branches de céleri. Le vendredi, comme on faisait maigre, on avait droit au poisson, aux omelettes, aux œufs durs en sauce blanche et à une crème de tomates ou à la traditionnelle soupe aux pois. Quant aux desserts, nous nous régalions de mousse à l'érable ou aux bananes, d'œufs à la neige, de blanc-manger et de «bagatelle», de gâteaux glacés au chocolat, à la vanille ou au moka, de tartes aux fruits ou au sucre. Toute cette nourriture, cuisinée par maman elle-même, était arrosée de grands verres de lait qui permettaient de mieux avaler les biscuits qui couronnaient le tout. Et nous osions nous plaindre: «On mange toujours la même chose...»

En plus du reprisage des bas et des dessous, maman confectionnait les robes et les manteaux des plus jeunes, même ceux d'hiver, avec doublure et entre-doublure. Elle cousit pour Jean-Paul, cinq ans à l'époque, un joli petit ensemble de demi-saison à même un ample manteau de lainage beige qu'elle ne portait plus: un mignon paletot avec béret et guêtres assortis. À nos yeux, il était beau à ravir, le petit dernier, malgré ses dents du devant qui commençaient à tomber et dont nous, «les trois petites», craignions qu'elles ne repoussent jamais. Il y eut aussi, pour nous trois, les fameuses robes fleuries à devant en nid d'abeilles, confectionnées dans du tissu neuf, par exception. Nos robes du dimanche pour tout un printemps et un été: à fond bleu pour moi, jaune pour Thérèse et rose pour Georgette. «Mes trois petites princesses!» disait fièrement de nous mon père, à la sortie de l'église.

Où donc maman prenait-elle le temps de tout faire, grands dieux! Du moins les vacances annuelles de notre père la déchargeaient-elles un peu du soin de nous surveiller. De plus, maman ne touchait jamais au jardinage, laissant à mon père le soin de faire pousser les légumes du potager. Carottes, haricots, petits pois, betteraves poussaient si bien, qu'à la fin d'août nous les entassions dans de grandes poches de jute: nous en mangerions jusqu'aux Fêtes; après, nous devrions nous contenter de légumes en conserves, car les légumes frais étaient alors absents des marchés, en hiver. Quant aux fleurs des plates-bandes, c'est avec joie que nous aidions papa à les cultiver, pour le seul plaisir des yeux et du nez. Surtout les dahlias, les pensées, les capucines et les cœurs saignants du massif circulaire au centre duquel s'élevait un mât où flottait le drapeau du Sacré-Cœur qui comportait déjà la fleur de lys nous rattachant à la France.

En ce temps-là, c'est nous qui portions l'appellation de Canadiens. Les autres, ceux dont on ne comprenait pas la langue, c'étaient tout simplement «les Anglais», terme qui englobait aussi les Irlandais. L'hymne national *Ô Canada* nous appartenait en propre, avec ses paroles de l'un des nôtres, Basile Routhier: «nos aïeux», c'étaient, à n'en pas douter, les Français; les «fleurons glorieux», les fleurs de lys de leurs rois qui avaient été aussi ceux de nos ancêtres; «histoire et épopée», celle qui a donné naissance à notre pays; «nos foyers et nos droits» et «sa valeur de foi trempée»: quoi de plus ressemblant à la langue que nous parlions et à la religion que nous pratiquions?

Hélas, toute bonne chose ayant une fin, papa devait retourner travailler à la ville. Très longtemps, je crus qu'il jouait de la musique toute la journée, car il se plaignait parfois d'avoir mal aux poignets. Mais non: s'il était musicien dans l'âme, mon père devait gagner sa vie et la nôtre dans les chiffres. Néanmoins, il était loin d'être un banquier qui se serait vaguement adonné à la musique dans ses heures de loisirs. Avec deux de ses frères, il formait un trio. Et de plus, il était violoncelliste dans l'orchestre de l'Union dramatique. C'est ainsi que Haydn, Mozart, Schubert, Beethoven firent partie de la toute première éducation de notre oreille musicale à tous et à toutes. Toute une journée sans musique? Je ne crois pas qu'il y en ait eu beaucoup dans toute mon existence. Si ce n'est de très rares fois, en voyage. Contrairement à certains amateurs éclairés qui ne souffrent pas de ne l'écouter que d'une oreille distraite en faisant autre chose, il m'en faut, moi, à toute heure du jour. Non pas pour meubler un silence qui, autrement, me serait pénible; mais plutôt pour me conserver, je dirais, en état de grâce. Pour que reste entrouverte cette porte mystérieuse qui donne accès à ce que je sens en moi le plus près de certaines aspirations que, selon les moments de la vie, on nomme Dieu, la beauté, la solidarité et même, tout récemment grâce à Jacquard et à Reeves, l'«humanitude».

Si mon amour de la musique, je le dois à mon père, c'est de ma mère que je tiens l'habitude d'avoir toujours un livre à la main. Car elle n'était pas uniquement une pourvoyeuse de nourriture, étant aidée, pour l'entretien de la maison, par notre bonne Delvina, que maman considérait un peu comme l'aînée de ses filles, en remplacement d'Yvette qui nous avait quittés pour le couvent. Ce dont ma mère ne se consola d'ailleurs jamais. C'est qu'elle avait compté sur sa grande fille qui, arrivée à dix-sept ans, eût pu devenir pour elle une amie, l'accompagner dans les magasins et — qui sait? — être un peu sa confidente. Et ce nom étrange de Marie-de-Massabielle que ma sœur choisit en entrant en religion… Elle eut beau expliquer à maman qu'il s'agissait d'un autre vocable pour nommer la Vierge de Lourdes apparue à Bernadette dans la grotte de Massabielle, maman en était triste comme d'une tare à cacher aux amis.

Il y avait deux occasions, surtout, où nous voyions maman s'adonner à la lecture. Le midi, après nous avoir servis à la table, elle allait s'étendre sur un divan dans le boudoir. Et là, pour se reposer un peu les pieds, ainsi qu'elle se sentait tenue de s'excuser, elle nous abandonnait à nos discussions et disputes fraternelles et se plongeait dans Delly, Magali, Bordeaux, Maupassant.

Mais c'était surtout en fin d'après-midi que nous la surprenions en flagrant délit d'évasion. Nous avions l'impression de la sortir d'un autre monde, avec notre arrivée bruyante de l'école: «J'ai faim!» Il y avait toujours des pommes qui nous attendaient et, quelquefois, de ces délicieuses tartines imbibées de mélasse épaisse. Tout en dévorant en silence notre goûter, nous la regardions nous revenir petit à petit. L'équilibre semblait se rétablir à grand-peine entre un univers de rêve et la lourde réalité.

Enfin elle en émergeait, avec son sourire tout particulier, que je n'ai jamais vu à personne. Ce n'est pas assez de dire qu'il lui venait des yeux aussi bien que des lèvres: il émanait de tout son visage surmonté d'une abondante chevelure argent. Je n'ai aucun souvenir des cheveux brun foncé qu'elle arbore sur certaines photos antérieures à ma naissance, survenue alors qu'elle avait trente ans. Ce sourire du cœur, on aurait dit qu'il s'épanouissait et rejaillissait sur tout son corps, que des grossesses rapprochées avaient déformé mais qu'elle comprimait par des corsets rigides; ce qui remontait sa volumineuse poitrine dont elle était fière et dont elle découvrait la naissance en des décolletés en V très profonds, sous prétexte qu'elle avait toujours chaud. Ce creux de ses seins... Elle y déposait son mouchoir et nous permettait à tour de rôle, à nous «les trois petites», d'aller l'y dénicher.

Au temps de Noël et en fin d'année scolaire, époques des «séances d'école», une scène énervante et tout à la fois délicieuse se répétait. Des «trois petites», il n'y avait que Thérèse qui frisait naturellement. Quant à Georgette, qui avait une chevelure très noire et dense — non seulement elle se croyait une enfant adoptée, ainsi qu'il arrive souvent, mais se percevait comme une négresse! —, et à moi-même, plutôt châtaine, nos cheveux ressemblaient à des crins de balai. Aussi les religieuses exigeaient-elles qu'ils soient ondulés, pour mieux représenter des anges. Maman devait donc, le midi de la représentation, en plus de nous servir à manger, nous friser toutes les trois. Même Thérèse, pas

assez bouclée, au goût des sœurs. Au bord des larmes, éner-
vées, craignant qu'on nous brûle les oreilles ou la nuque,
et surtout d'arriver en retard à l'école, nous nous blottissions
contre elle, tout en lui tendant nos têtes à friser. Et elle
répétait patiemment, d'une voix sécurisante à souhait: «Mais
non, mais non! Pleure pas. On a amplement le temps. Vous
aurez même cinq minutes pour reprendre du dessert.» C'est
de cette même voix douce qu'elle nous encourageait, lorsque
nous craignions de ne pas réussir un examen: «Mais non.
Tu la connais, ta leçon. La preuve: tu as peur de ne pas la
savoir. Ceux qui sont sûrs d'eux-mêmes sont peut-être ceux
qui devraient avoir peur.» Logique désarmante qui nous
consolait tout de même, tant son assurance tranquille était
contagieuse.

Les jours de Noël à Québec... S'y confondent le froid,
omniprésent depuis novembre jusqu'à mars, et tout ce que
maman faisait pour nous le faire un peu oublier. À commencer par des gâteries, tels le sucre à la crème comme deuxième
dessert; le pain doré le dimanche matin; la tire qu'elle façon-
nait, les mains enduites de farine; les biscuits à la mélasse
en forme de mains. Comme le réfrigérateur n'existait pas,
c'est le «tambour» qui servait, l'hiver, à conserver les
aliments. Cette petite rallonge de la cuisine, qui isolait
également la maison du froid, reste dans ma mémoire un
endroit obscur où nous nous aventurions comme dans un
lieu saint. Des étagères couraient le long des murs, avec
leur nourriture disposée dans des contenants de métal qu'on
aurait pu prendre pour les volumes d'une bibliothèque. Et
ces boîtes mystérieuses cachaient mille trésors: beignes,
tourtières, cretons, tête fromagée, confitures, gâteaux aux
fruits. Un petit paradis gustatif dont Noël verrait l'apothéose
avec sa dinde énorme, sa compote de pommes, sa gelée de
canneberges qu'on appelait «atacas».

Cependant, dans la semaine qui précédait Noël, papa
préparait des sacs de denrées pour la Guignolée, organisme
de la Saint-Vincent-de-Paul destiné à venir en aide aux
pauvres, coutume que nous devions retrouver plus tard à

Montréal. Des bénévoles, tous des hommes si je me souviens bien, passaient aux portes, se faisant précéder de l'un d'eux qui faisait sonner une petite cloche pour prévenir les gens de leur arrivée. Et la tournée attirait les enfants qui les suivaient par les rues, emmitouflés jusqu'aux yeux qui, seuls, dépassaient du «nuage» de laine tricotée qui leur entourait le cou et la tête.

Ils se fondent tous en un seul, ces Noëls hors du temps qui me donnèrent mes premières insomnies pour cause d'une trop grande joie. La nuit du 24 décembre, même si elle n'était pas fêtée par les tout-petits qui devront attendre leur arrivée à Montréal pour assister à la messe de minuit, n'en était pas moins épuisante. Dans l'attente des bruits que ferait certainement le père Noël en venant livrer ses cadeaux et décorer le sapin que nous avions vu sans boules ni glaçons, nous dormions d'un seul œil. Et le matin nous trouvait chiffonnés, ahuris de n'avoir entendu que des murmures et de légers froissements de papier et de rubans. De grands bas de filet rouge nous attendaient au pied du sapin rutilant, remplis d'une pomme, d'une orange, de cannes en sucre d'orge et de ces petites confiseries faites de pâte d'amandes et qui avaient, en miniature, la forme de bananes, de fraises, de framboises et d'ananas. Puis, en général, deux jouets chacun: une toupie multicolore et une poupée, une tirelire de métal en forme de coffre au trésor et un jeu de blocs, un kaléidoscope et des crayons de couleur, un petit animal de bois verni tenu en laisse et un coffret de peinture à l'eau, un cerceau et une petite auto ou un minuscule train, sans compter les jeux d'osselets, de parchési et les casse-tête. Et surtout: *La Semaine de Suzette* avec ses histoires de «Bécassine» et de «Jerry, détective». C'est dans cet album qui nous venait de France que j'ai vu pour la toute première fois une annonce publicitaire: une illustration en deux volets où l'on apercevait, dans l'un, des petits démons qui se chamaillaient et se tiraient les cheveux, et dans l'autre, des enfants sages et souriants, le nez dans un grand livre. Sous la première image, une légende: «Une maison où l'on ne lit pas»; sous la seconde — c'était à prévoir! —: «Une maison où on lit *La Semaine de Suzette*». Le volumineux album relié paraissait deux fois par année; mais comme nous ne recevions que celui de Noël, nous étions frustrés d'apercevoir, à la dernière page, la mention «suite au prochain numéro»... que nous ne lirions jamais. Nous ignorerions toujours comment Jerry avait résolu l'énigme d'un meurtre, comment Bécassine se tirerait d'un mauvais pas.

Les impressions sonores de Noël vibrent en moi chaque année, encore aujourd'hui. Étrangement, un courant de chaleur me parcourt le bout des doigts lorsque j'entends, dès la mi-décembre, le *Minuit, chrétiens, Çà, bergers, Nouvelle agréable* ou *Dans cette étable*. C'est peut-être qu'à la messe du matin de Noël nous portions pour la première fois de l'hiver nos manchons douillettement recouverts de fourrure et dont nous ne sortions nos mains que pour aller communier. Je ne comprenais d'ailleurs pas qu'à l'église on ne chante pas également *La Charlotte prie Notre-Dame*, que nous avions entendue maintes fois à la radio et qui tirait de maman quelques larmes que nous nous croyions obligées de verser à notre tour... Même si nous ne comprenions pas trop bien le drame de cette pauvresse qui semblait devoir passer la froide nuit de Noël sur le trottoir avec, sur le dos, son «pauvre manteau d'été qu'elle avait fait teindre en noir pour l'hiver» et qui priait la Vierge de lui faire trouver, «avant qu'elle soye ramassée», un porte-monnaie «rempli de galette» qu'aurait perdu un de ces richards dont elle semblait avoir peur! «À moi plutôt qu'aux balayeurs...» Et lorsqu'elle terminait sa prière en répétant par deux fois: «Priez pour nous, pauvres pécheurs», nos nerfs secoués hésitaient entre le rire et le sanglot.

L'enfance, pour moi, est représentée par la sécurité absolue où nous baignions, à Québec comme à Val-Saint-Michel. La mutation de mon père au siège social de sa banque à Montréal m'a jetée, sans préparation me semble-t-il, en pleine adolescence, avec la prise en charge personnelle qu'elle inaugure. Et cela, à onze ans et demi. Quitter le sein maternel n'a pas dû être un plus grand choc.

38

D'abord, nous nous éloignions de «memére», la mère de maman, devenue veuve l'année précédente. Nous ne comprenions pas comment il se faisait que nous ne reverrions plus jamais «pepére», qui nous impressionnait tant avec sa haute stature et un bras en moins. Il avait perdu ce bras étant enfant, à la ferme. Aussi l'avait-on fait instruire, puisqu'il ne pourrait travailler aux champs. Il est devenu instituteur et plus tard, fonctionnaire provincial. À cause de son handicap, c'est grand-maman qui lui hachait son tabac. Je revois l'appareil, muni de lames, où étaient insérées une à une les larges feuilles que nous avions plaisir à voir ressortir à l'autre bout en minces filaments odorants. Lors de nos visites dominicales, «memére» nous servait des biscuits qu'elle trempait dans son thé. Il s'agissait de grandes galettes rectangulaires qu'elle confectionnait expressément pour nous. Elle nous faisait un peu peur, pliée en deux par l'arthrite et vêtue d'une longue robe de deuil, comme une religieuse. Et le portrait se complétait par un chapelet qu'elle avait toujours à la main. Elle menait une vie de recluse depuis son veuvage, ne sortant que pour aller à la messe. Comme elle était analphabète, ma sœur Fernande lui lisait, agenouillée à ses pieds à peine visibles sous l'imposante jupe noire, les bandes dessinées de «Tarzan» que «memére» avait minutieusement découpées dans le journal et cousues bout à bout. L'émerveillement se lisait alors sur son visage, autrement si sévère. À quoi donc pensait-elle, assise à longueur de journée dans sa chaise berçante? Tous les êtres ont un passé, fait de douleur plus que de joies, de désenchantement au bout de l'espoir. Elle devait mourir bien des années plus tard, à l'âge de quatre-vingt-quatorze ans, sans que nous, les enfants, l'ayons jamais revue. Car entre-temps nous avions déménagé à Montréal.

En plus de notre grand-mère, nous perdions nos compagnes de classe car nous devions changer de logement et d'école, et nous retrouver dans un environnement où tout serait plus vaste, où même… on ne parlerait pas tout à fait comme nous! Ah! ces «poteaux» et ces «arrête», prononcés différemment par nos nouvelles compagnes de classe! Sans compter notre grasseyement, contre leur roulement des *r*.

Le déménagement en soi, qui est comme une ligne de partage des eaux dans ma mémoire, m'a laissé un souvenir indélogeable.

Je le revois dans tous ses détails un peu loufoques, ce trajet en train, Québec-Montréal, du 2 septembre 1937: deux adultes et sept de leurs enfants âgés entre dix-huit et quatre ans... Raymond, l'aîné des garçons, étant resté à Québec pour poursuivre ses études à l'Académie commerciale, et Yvette, la religieuse, ne nous suivant évidemment pas à Montréal. Neuf personnes, sans compter un serin dans sa cage et Val, le jeune chien que Jean-Paul avait reçu pour son quatrième anniversaire, le jour de la Saint-Jean. Il l'a tenu dans ses bras tout le long du voyage, lui parlant comme à une poupée, l'incitant à ne pas avoir peur de tout ce bruit et de tous ces inconnus, assurant le chiot, qui n'avait connu que Val-Saint-Michel, que lui, l'enfant, le protégerait des dangers de la grande ville. Quant au serin, nous nous passions sa cage entre nous, soulevant à tout bout de champ le tissu qui la recouvrait, pour nous assurer qu'il n'était pas mort d'effroi. Nous ne réussissions ainsi qu'à le sortir de sa torpeur et il se mettait à voleter en tous sens, se cognant les ailes aux barreaux et lançant des cris d'appel qui nous fendaient le cœur.

C'était la première fois que nous, les plus petits, prenions un «vrai» train; du type de ceux que nous avions si souvent vus passer à côté du chalet, et non pas le petit train d'excursion qui nous menait, tous les mois de juin avec nos enseignantes, en pèlerinage à Sainte-Anne-de-Beaupré. Notre joie bruyante était sans cesse tempérée par les «gros yeux» que nous faisaient papa et maman, plus respectueux que nous du confort des autres passagers. C'étaient des «Oh! as-tu vu?», criés plus que dits à chaque fois que nous apercevions des vaches dans un champ, un train que l'on croisait à une vitesse inouïe, une route parallèle à la voie ferrée où nous voyions les autos avancer «à pas de tortue», des enfants qui nous envoyaient la main depuis les maisons de ferme. Et nous n'étions pas loin de penser qu'ils nous faisaient leurs adieux, à nous qui ne reverrions plus la nature, emprisonnés

40

que nous serions dans cette grande ville dont nous nous étions fait une image assez surréaliste. Nous qui habitions le 166 de la 3ᵉ avenue, voilà qu'on nous apprenait qu'à Montréal notre numéro de porte irait chercher dans les 7600! Pour essayer de nous y retrouver quant à la longueur de la rue que nous habiterions, nous nous triturions l'imagination à mettre bout à bout les cinq ou six avenues qui menaient de la maison à l'église ou au couvent, tout en additionnant notre 166 aux adresses de nos compagnes de classe. Et cela ne nous donnait jamais 7600...

Arrivés à la gare Jean-Talon, nous eûmes la surprise d'apercevoir des tramways qui ressemblaient beaucoup à ceux de Québec. Mais c'est surtout l'entrée de notre petite tribu dans un restaurant situé en biais de la gare, qui m'est restée en mémoire. Il était six heures et nous mourions de faim. C'était d'ailleurs la première fois que nous, les petits, allions au restaurant. Nous attendions-nous à des merveilles? Toujours est-il que les pommes de terre «goûtaient drôle», que la viande était «de la vraie tiraille», que la sauce «ressemblait à de la colle», que nous comparions le lait à du bleu à laver et que nous faisions mine de ne pas trouver dans l'assiette la minuscule pointe de tarte qui s'y cachait. Si c'était ça, Montréal... Et tous ces gens qui nous dévisageaient: avions-nous donc écrit sur le visage notre statut d'«étrangers»?

Cependant, notre vie en famille s'accommoda peu à peu de notre nouveau logement, un grand appartement de huit pièces qui se distinguait de celui que nous habitions à Québec en ce qu'il était tout en longueur. Un corridor le divisait en deux: à droite en entrant se trouvaient le boudoir où nous nous réunissions autour du poste de radio et, en prolongement, le salon proprement dit où trônait le piano et qui était meublé d'une causeuse et de deux fauteuils en bois d'acajou recouverts de peluche. Puis venait, toujours en enfilade, la salle à manger que des portes de chêne vitrées et à coulisse séparaient du salon. À gauche en entrant se situaient la chambre de nos parents, celle de Fernande et

Marcelle, la nôtre, à nous «les trois petites», suivies de la salle de bains. Le couloir débouchait sur une immense cuisine que devaient traverser les garçons pour accéder à leur chambre, dont la fenêtre donnait sur la cour arrière.

Comme la maison était, d'un côté, séparée de sa voisine par «l'allée du garage», il n'y avait que le salon qui était dépourvu de fenêtre. Celle du boudoir donnant sur la rue, maman y passait des heures, un livre à la main, à rêvasser de Québec où elle avait laissé tant d'êtres chers: sa mère, son frère et sa belle-sœur, des collègues de travail de papa et leurs femmes devenus des amis au fil des ans. Sans compter Yvette et Raymond. «Nena» aussi lui manquait, et nous, les petits, ne comprenions pas qu'elle ne nous ait pas suivis à Montréal... C'est beaucoup pour faire plaisir à maman, qui elle-même écrivait peu, que j'entrepris dès cette année-là une correspondance assidue avec ma sœur religieuse, ma curiosité intellectuelle et une certaine ferveur mystique y trouvant en outre à s'épancher.

S'ennuyant à mourir dans ce quartier Villeray où elle ne connaissait encore personne, maman se laissait aller à la mélancolie, regrettant ses flâneries rue Saint-Jean, ses visites hebdomadaires à sa mère, les concerts du Palais Montcalm où, au bras de papa, elle se rendait parfois rejoindre des amis. Ce n'est qu'un an ou deux plus tard qu'ils commenceraient à fréquenter les nouveaux collègues de mon père et formeraient avec eux un club de bridge.

Cependant, elle se secouait et partait seule, un après-midi par semaine, pour le Château ou le Saint-Denis, cinémas qui présentaient exclusivement des films français. Et nous avions droit, le lendemain, au récit qu'elle nous faisait des histoires d'amour ou d'aventures mettant en vedette les superbes Danielle Darrieux, Michèle Morgan, Edwige Feuillère, Annabella, Elvire Popesco; les intenses Renée Saint-Cyr, Madeleine Robinson, Maria Casarès, Madeleine Renaud, Françoise Rosay; les séduisants Gérard Philipe, Charles Boyer, Jean Marais, Claude Dauphin, Pierre Blanchar, Jean-Pierre Aumont; les géants Louis Jouvet, Charles Vanel, Jean Gabin, Victor Francen, Jean-Louis Barrault, Michel Simon, Pierre Brasseur. Et surtout, les bouillants interprètes des films de Pagnol: Raimu, Fernandel, Orane Demazis, Harry Baur, Pierre Fresnay.

Nous aussi, «les trois petites», commencions à nous adapter à notre nouvelle vie. D'autant plus que, tout comme à Québec, nous avions une grande chambre à trois lits. Notre complicité pouvait continuer à s'ébattre, du lever au coucher. Premiers regards ensommeillés et langues muettes, au petit matin, contrastaient avec notre jactance du soir qui n'en finissait pas et que seul un «Silence!» courroucé de notre mère pouvait tarir.

Aussitôt notre prière à genoux terminée, nous éclations de rire, et à peine étions-nous étendues sur nos lits que nous nous adonnions à notre activité préférée: «jouer aux mots». «Étendues» est une façon de parler, du moins pour moi dont le lit était placé contre un mur. Je me couchais en travers, tête légèrement suspendue dans le vide, dos collé au matelas, fesses à angle droit avec le mur sur lequel grimpaient mes jambes. Alors pouvait commencer notre litanie, chapelet qui n'avait rien à voir avec celui que, plus tard, nous dirions, à genoux dans le vivoir où trônait le poste de radio, avec des milliers d'auditeurs du *Chapelet en famille* de l'archevêque de Montréal. Nous, c'est aux subtilités de la langue française que nous rendions hommage à notre façon. Par des coq-à-l'âne, des associations de mots imprévues, des nuances ou des contrepèteries loufoques. C'est ainsi qu'en jouant nous nous initiions aux divers sens que peuvent prendre les mots, ce qui du reste fascinait nos jeunes cerveaux en formation. Tout cela, dans la joie de la découverte. Dans les francs éclats de rire des mots d'esprit surgis à notre insu ou dans les ricanements un peu étouffés devant les expressions «pas très catholiques» qui montraient soudain le nez sans crier gare. Venaient enfin les *Fables* de La Fontaine, que nous enchaînions les unes aux autres sans nous soucier des contresens qui en découlaient; les recherchant plutôt. La plus petite de nous, Georgette, huit ans à l'époque de notre installation à Montréal, écoutait plus qu'elle ne participait à la véritable logorrhée à laquelle nous nous laissions aller, Thérèse, qui avait dix ans et qu'on surnommait «la pie», et moi-même. Mais soudain, nous entendions la petite voix de Georgette lancer un mot qui se rapportait à notre avant-dernière facétie. Et cet «esprit de l'escalier» redoublait nos rires et stimulait encore plus notre imagination.

Autre lieu où maman devait mettre le holà à nos débordements: la cuisine, le samedi. Nous chantions à gorge déployée, tout en lavant la vaisselle et en astiquant les poignées de porte et les bibelots en cuivre. J'avais treize ans lorsque les matinées du Metropolitan Opera de New York firent leur apparition à la radio, le samedi après-midi. *Carmen* était notre opéra favori et nous nous égosillions dans tous les rôles, y compris celui de Don José dont nous chantions à pleins poumons *La fleur que tu m'avais jetée* en croyant imiter notre compatriote Raoul Jobin. Un air de bel canto également nous ravissait: *Una furtiva lagrima* que chantait Tito Schipa avec une flamme dont nous nous inspirions. Et que dire de Lily Pons, la géniale coloratura de *Lakmé* dont nous chantions *L'Air des clochettes* avec ravissement... Mais ce qui devait par-dessus tout casser les oreilles des plus grands et de nos parents, c'est lorsque nous nous mettions à improviser. Nous forgions à mesure un texte, ou bien nous nous contentions de vocaliser sur des airs que nous fabriquions et sous lesquels une oreille attentive aurait pu reconnaître du Bizet ou du Gounod, agrémentés de Verdi ou de Rossini. Et, à la façon de *Louise* de Charpentier, dont le libretto nous paraissait dépourvu d'envolées lyriques, nous qui goûtions *Manon, Faust, Mignon, Lakmé*, nous chantions, en nous efforçant au *recto tono:* «Passe-moi les assiettes au lieu de rêvasser», ou «Ajoute un peu d'eau chaude à cette eau qui me froidit les mains» et autres balivernes qui nous faisaient éclater de rire.

«Les trois folles», avait fini par nous appeler mon frère René, du haut de ses deux ans de plus que moi et de sa science dont il nous faisait part aux repas. Nous en restions d'abord bouche bée mais bientôt, notre attention s'émoussant, nous nous mettions à le traiter de «frais». Et alors il nous toisait en silence durant de longues minutes. «Maman, il me regarde!»: combien de fois notre mère a-t-elle dû entendre cette plainte de la part de ses filles qui devenaient susceptibles aussitôt qu'elles étaient confrontées à l'incompréhension ou aux sarcasmes du reste de la famille. Mais si notre solidarité était totale face aux autres, nous ne nous en disputions pas moins entre nous. À ce point que j'ai eu la surprise, bien des années plus tard, à un retour de voyage où Georgette et moi avions visité la Provence, d'entendre maman nous demander — nous avions alors la quarantaine! —: «Vous ne vous êtes pas trop chicanées, j'espère?»

Maman... toujours prête à nous réconcilier et à prendre notre part contre les plus grands, dont sans doute elle écoutait tout de même les arguments, hors de notre présence. Et qui nous défendait toujours lorsque la sévérité de notre père montrait le bout du nez.

Elle s'en est toujours remise à lui pour ce qui était de nos études. Et lorsqu'une de nos questions l'embarrassait, elle se contentait de nous dire: «Tu demanderas à ton père.» Ce que longtemps j'ai traduit par: «Je n'ai pas le temps, tu vois bien, je suis en train de repasser (ou de repriser ou de préparer le repas).»

Vint un temps où ce conseil se transforma en: «Tu demanderas à Fernande.» En effet, l'aînée a tenu très tôt un rôle d'éducatrice à notre endroit: elle nous aidait à faire nos devoirs, à apprendre nos leçons. Mais ce dont je lui suis le plus reconnaissante, c'est de m'avoir fait lire mes premiers grands auteurs, au sortir de ma période de contes pour enfants et de *La Semaine de Suzette*. À notre arrivée à Montréal, elle s'était empressée de s'abonner à la Bibliothèque municipale, d'où elle rapportait une moisson de romans français. C'est ainsi que, voyant mon appétit insatiable pour la lecture, elle me fit lire, au fil des ans, Alain-Fournier, Isabelle Rivière, Léon Bloy, Raïssa Maritain, Péguy, Psichari, Henry Bordeaux, Paul Bourget, Georges Duhamel, Romain Rolland, Roger Martin du Gard, François Mauriac, Jules Romains, Bernanos, Claudel. Comme Gide et Zola étaient alors à l'Index, ce n'est que beaucoup plus tard que je devais m'en nourrir. Tout comme ce n'est que dans la vingtaine que j'abordai la littérature russe à travers Dostoïevski, Tchekhov, Gorki, Tolstoï.

Mais entre-temps, ces auteurs français me permettaient de découvrir une langue que je reconnaissais, bien sûr, comme mienne, mais qui, en même temps, différait tellement de ce que j'entendais autour de moi que j'ai longtemps cru que seule la transposition par l'écrit l'épurait ainsi. Ce en quoi je n'avais pas tout à fait tort, la langue de ces romans comportant un net décalage sur le langage des Français euxmêmes, ainsi que je le constaterais plus tard lorsque je serais mise en présence de nos «cousins» de France. C'est sans doute par ces lectures que se forgeait mon propre style d'écriture, lequel coule de source dès que je prends la plume.

Qui suis-je, derrière mon style écrit? Quelles strates de mon identité y trouvent à s'exprimer? Peut-être ne puis-je vraiment devenir ce que je suis que par la transposition littéraire? L'écriture comme forme de construction de soi, de réconciliation de ses contraires?

Toujours est-il que par ces auteurs la langue française m'entrait dans l'esprit et dans la peau, si je puis dire, avec son orthographe parfois capricieuse et sa syntaxe rigoureuse à souhait. Pour ce qui est de la langue parlée, nous avions toute une balise en la personne de mon père qui sans cesse nous reprenait et nous indiquait à tout moment le chemin du dictionnaire. Où avait-il pris sa science, lui que nous voyions plus souvent au piano qu'un livre à la main? Le sens de la linguistique est-il lui aussi un don inné? En ce cas, nous serions tous et toutes ses dignes héritiers, puisque chacun de nous est intéressé au plus haut point par la langue, ses difficultés comme sa richesse, en gagnant sa vie comme traducteur, rédactrice, enseignante ou journaliste. Et, en dehors du travail proprement dit, en étant constamment en émulation les uns avec les autres, en ce qui a trait au français.

Ce sont mes enseignantes, toutes des religieuses, qui ont développé en moi le goût de la qualité dans le parler et dans l'écrit. À Québec tout d'abord. Quelques-unes venaient de France et nous admirions leur accent, tout en en souffrant quelquefois, surtout à la dictée de fin d'année, donnée par la directrice, une Française. Combien j'ai pleuré de honte, la fois où, trompée par sa prononciation, j'avais écrit «maintenons» au lieu de «maintenant»… C'est dès les premières années du cours primaire que j'aspirai à écrire sans fautes et à me défaire de «la bouche molle» que dénonçaient nos enseignantes. Aussi, lorsque j'arrivai à Montréal, fus-je en avance sur mes nouvelles compagnes aux cours de diction. On m'a fait même «sauter» une classe, tant j'étais forte en français.

Qu'en était-il des autres matières? Je crois pouvoir affirmer que ma connaissance de la langue avait rejailli sur ma compréhension de l'histoire ou de la géographie. Il en fut de même, trois ans plus tard, lors de mon inscription au cours lettres-sciences: on me fit aussitôt passer en deuxième, même si cela m'obligeait à faire du rattrapage en latin, enseigné dès la première année.

J'ai peu de souvenirs concrets de l'école primaire Sainte-Cécile que je fréquentai entre mes onze ans et mes quatorze ans, sauf que nous portions encore une fois un uniforme noir, notre «planche à laver» comme nous l'appelions, car le devant rappelait un peu cette forme, avec ses lourds plis horizontaux. Nous avions droit aux bas beiges: ce n'est pas peu fières que nous délaissions les bas noirs «qui nous salissaient les pieds», comme nous nous défendions lorsque maman nous surprenait à négliger de nous laver entre les orteils. Mais quelle qu'en fût la couleur, c'est à l'aide de simples jarretières rondes qu'on les tenait en place. Les élastiques glissaient à tout bout de champ, surtout lorsque nous dansions à la corde, et nous n'avions de cesse de tirer sur nos bas, ce qui finissait par les trouer.

Une fois, entre autres, j'eus honte à l'école de mes bas déchirés. Honte qui se doubla d'un désarroi bien plus grand: étant au tableau noir, du sang m'avait coulé le long des jambes… C'est que nous étions bien sommairement équipées, à l'époque: de minces petits piqués que maman nous confectionnait dans des retailles de drap ou de serviette et qu'elle lavait à grande eau dans une cuve spéciale dissimulée dans la cave. Comme la discrétion avait toujours été de rigueur pour tout ce qui touchait les réalités sexuelles, j'avais éprouvé toute une surprise lorsque, à trois mois de mon douzième anniversaire, je fus pour la première fois menstruée. Sortant du bain, j'en étais à m'essuyer avec une serviette éponge blanche, lorsque je m'aperçus qu'elle se teintait de rose. Comme, à l'époque, nous nous lavions avec un savon d'une belle couleur saumon, je crus que je m'étais mal rincée… Je replongeai dans la baignoire et ne compris qu'il s'agissait de sang qu'en refaisant l'opération d'asséchage. Pourquoi est-ce ma sœur Marcelle et non ma mère que j'appelai à l'aide? C'était le jour de la Chandeleur et à l'église, je me sentis fière de mon secret et, ma foi, je regardais avec un certain dédain celles qui ne savaient pas encore…

Durant la période qui précéda mon entrée à l'École supérieure, un autre événement me marqua, bien que de façon différente: à quatorze ans, je gagnai comme prix de fin d'année un pèlerinage à Sainte-Anne-de-Beaupré. Moi, Québécoise de naissance, retourner là où, entre mes sept et onze ans, j'étais allée prier avec la classe dans ce lieu saint situé à quelque vingt kilomètres de Québec… J'étais aux anges! Nous partîmes en bateau pour le trajet Montréal-Québec. Puis j'eus la délicieuse surprise de prendre ensuite le même petit train de mon enfance, qui faisait toujours la navette entre Québec et Sainte-Anne. Première réminiscence, à quatorze ans… Enchantement du souvenir qui vient se superposer à la réalité du moment. Les rails truffés d'herbes folles qu'avalait vertigineusement le petit train d'excursion sous mes yeux d'enfant m'étaient restitués tels quels, mais avec un léger décalage dans le temps qui traçait comme une aura autour de l'événement et rendait celui-ci non pas irréel, mais plutôt doué d'une charge supplémentaire de réel.

Et avec le temps, la réminiscence elle-même se transforme en un souvenir de réminiscence. Cette troublante mémoire au second degré est un autre aliment pour mon écriture qui, au surplus, me libère un peu du vertige où me plonge parfois son irruption soudaine dans le présent, surtout lorsqu'elle prend la forme d'une impression de déjà vu.

Un tel phénomène survint au cours du voyage en Provence que je ferai bien des années plus tard avec Georgette. À l'été de nos quarante et quarante-trois ans, nous visitions le musée de Saint-Paul-de-Vence. Soudain, je me fige sur place. Georgette m'interroge du regard. Je suis tout oreilles, tendue vers la salle d'à côté qu'on époussette à cette heure matinale, avant la ruée des touristes. J'entends, sous le balai garni d'un chiffon que passe sur le plancher un employé d'entretien, le bruit sécurisant de la vadrouille de maman qui heurtait les plinthes de la cuisine et que nous entendions de notre chambre, le soir. Ce doux frottement qui m'endormait alors, voilà qu'il m'était restitué par-delà le temps, avec ma petite sœur à mes côtés. Et quelque cinq ans plus tard, la boucle serait bouclée par un autre son, faussement sécurisant cette fois. Du moins pour moi; car pour elle, qui sait si le froissement des pages du magazine que je feuilletais près de son lit de mourante ne joua pas le rôle de lui faire oublier l'affreux instant qu'il lui était donné de vivre? Toujours est-il que j'entendis Georgette me demander, en cette avant-veille de sa mort, quel était ce bruit que je faisais. En un éclair je perçus moi-même — du fond de notre passé commun de petites filles qui craignions d'être abandonnées de nos parents lorsqu'ils nous confiaient, les rares fois qu'ils sortaient, à la garde de notre grand frère Raymond — je perçus l'apaisant froissement du journal qu'il lisait dans le boudoir et qui nous confirmait sa présence. «Je ne lis pas vraiment, répondis-je à la mourante. Je veille sur toi. Tu te souviens du bruit...» En guise de réponse, ses yeux se fermèrent. Sur le fugitif souvenir sonore qui lui disait qu'aucun mal ne pouvait lui arriver? J'ose l'espérer, même encore aujourd'hui, douze ans s'étant écoulés depuis cette fin atroce contre laquelle elle n'a jamais voulu qu'on se révolte.

Des impressions religieuses ambiguës ont marqué mes douze-quatorze ans. Au cours de la semaine sainte tout particulièrement, la ferveur de ma foi me faisait pleurer sur mes péchés qui avaient contribué à crucifier le Christ, et l'adorer, avec une ardeur qui me faisait battre le cœur, sous les apparences de l'hostie. Mais aussitôt avais-je quitté l'église et rejoint mes sœurs ou mes amies, que le réel reprenait ses droits. Nous goûtions la douceur du jeune printemps en nous attardant dehors après les offices, ce qui nous lavait des miasmes de l'encens et des fleurs mortes des reposoirs, le jeudi saint où nous faisions la tournée rituelle des sept églises. Ce n'est pas ce qui manquait, les églises, dans le Montréal de ce temps-là, surnommé «la ville aux cent clochers». Ces cloches qui sonnaient à toute volée à l'heure de l'angélus du matin, à midi et à six heures, sans compter l'appel joyeux des mariages et des baptêmes, le glas des enterrements, l'annonce des vêpres ou du salut du saint sacrement... Le jeudi saint, donc, nous entrions d'abord à Sainte-Cécile, notre paroisse, puis revenions sur nos pas pour nous rendre à Notre-Dame-du-Rosaire, poursuivions jusqu'à Saint-Vincent-Ferrier et filions en sens inverse vers Saint-Édouard. Partout nous nous recueillions très pieusement, nous attristant sincèrement de la mort du Fils de Dieu dont nous croyions sans conteste à la réalité non seulement historique mais actuelle. Et pour faire le compte des sept églises, nous entrions deux fois dans celles qui avaient le plus beau reposoir. Nous gardions pour la fin Holy Family, paroisse irlandaise au coin des rues Saint-Denis et Faillon, qui n'était qu'un soubassement et qui l'est demeuré malgré les quêtes continuelles qui étaient censées servir à ériger une véritable nef... qui ne fut jamais construite. C'est aujourd'hui un hôpital chinois qui occupe cet emplacement...

Cependant, notre piété se doublait insidieusement de notre fierté d'exhiber un manteau ou un chapeau neufs: la mode était alors aux manteaux de coupe princesse et aux chapeaux de paille éclairés d'un ruban gros-grain, de fleurs en tissu diaphane ou d'une légère voilette dont on disait qu'elle ajoutait du mystère au regard. Mais c'est surtout le fait de sortir en souliers qui nous enchantait après tous ces mois d'hiver. Ah! ces premiers claquements sonores de nos talons sur le ciment enfin débarrassé de la neige... Si nous marchions la tête basse, ce n'était pas par compassion, en cette veille de la mort du Christ: nous fixions nos souliers de cuir verni qui nous faisaient la cheville fine. Après avoir été alourdies tout ce temps par nos bottes et nos multiples pelures de lainages, nous nous sentions si légères, le cœur bondissant, l'esprit alerte, les yeux brillants devant les signes avant-coureurs du printemps.

Les cierges et les arrangements floraux des reposoirs exaltaient une confusion des sentiments qui nous feraient, le lendemain, nous attrister sincèrement des souffrances et de la mort de Jésus, ponctuées par le silence des cloches «parties à Rome». Le vendredi saint, notre peine serait toutefois entrecoupée malgré nous de rires intempestifs. En effet, tendues par le silence absolu que nous nous imposions depuis le matin jusqu'à trois heures, nous avions bien du mal à garder notre sérieux, surtout au repas de midi où c'est par des mouvements et des mimiques exagérés que nous répondions aux questions de maman. Et lorsque le petit dernier, qui n'avait pas encore fait sa première communion et ne respectait donc pas la consigne du silence, nous relançait assez malicieusement afin de nous faire «tomber», là nous pouffions... mais en faisant le moins de bruit possible, afin de ne pas mettre en jeu l'exploit dont nous nous empresserions de nous vanter auprès de nos compagnes de classe, dès la sortie de l'office.

De toute façon, nous disions-nous, pourquoi tant nous attrister, puisque le Crucifié ressusciterait trois jours plus tard? Il sortirait du tombeau comme nous étions sortis de l'hiver. La vie et l'amour triompheraient de la mort et du froid. Le jour de Pâques nous verrait embellies, tout autant par nos atours fleuris que par notre état de grâce. Et nous attendrions, l'espoir au cœur, le mois de mai où nous déploierions nos charmes pour les garçons que nous croiserions tous les soirs aux cérémonies du mois de Marie. En attendant juin, le mois du Sacré-Cœur et sa procession de la Fête-Dieu, en légères robes blanches, autre occasion de nous exalter l'imagination, sous le couvert de l'ardeur religieuse. Prières murmurées, cantiques chantés à pleins poumons, nous marchions à pas lents, couronnées de fleurs, «fiancées» moins mystiques qu'il n'y paraissait...

Parmi nos jeux printaniers, nous passions des heures à «faire le tour du bloc» en patins à roulettes, n'ayant le droit de traverser aucune rue. La circulation automobile n'était pourtant pas très dense, rue Saint-Denis à l'époque. Par les dimanches après-midi de pluie, nous nous amusions à compter les voitures qui passaient: nous ne nous rendions jamais à cinquante!

Comme terrain de jeu, nous préférions les trottoirs à la minuscule cour arrière qui donnait sur la ruelle plutôt réservée aux garçons et où passaient le marchand de glace et le «guenillou» dont nous avions un peu peur. Maman nous faisait d'abord balayer le ciment devant la maison et, avec des craies de couleur, nous y dessinions les carrés du jeu de la marelle, que nous appelions «jouer au ciel». Nous y dansions aussi à la corde, y courions, nous y promenions sans fin, prenant pour ainsi dire notre revanche sur l'hiver, où les trottoirs avaient été recouverts de couches de glace qui, à la fonte des neiges, s'élevaient parfois jusqu'à un pied. Si les rues étaient assez bien déneigées, manuellement, «à la gratte», les trottoirs étaient laissés à l'action du soleil! Et comme nous habitions «du mauvais côté de la rue», c'est-à-dire du côté de l'ombre, mon père et mes frères devaient, le printemps venu, se servir du pic et de la pelle pour casser la glace compacte devant la maison. Les voisins en faisaient autant, mais lorsque l'un d'eux était négligent, nous devions enjamber les huit à douze pouces de glace qui, fondant peu à peu par-dessous, faisaient s'accumuler l'eau devant chez nous.

Comme autres sorties, si je puis dire, nous accompagnions papa à la biscuiterie si odorante, ainsi qu'à l'épicerie, à la pharmacie, chez le dégraisseur et à la cordonnerie Chez Jos, toutes boutiques situées dans le quadrilatère délimité par les rues Villeray et de Castelnau, Berri et Drolet. Quant au petit restaurant où nous pouvions nous procurer des bonbons pour un sou noir, nous y allions entre nous, les enfants, hésitant entre les lunes de miel, les petits outils en chocolat cireux et les animaux transparents à la cannelle.

Le pain et le lait nous étaient livrés à domicile dans des véhicules tirés par des chevaux qui, pour Pâques, arboraient des fleurs de papier crêpé. Il en était de même de la bicyclette du garçon d'épicerie, dont les guidons étaient décorés de fleurs multicolores qu'en fin de journée il lançait aux filles. Si, quelques années auparavant à Québec, c'est par bidons d'aluminium que le lait nous arrivait, à Montréal, c'était dans des pintes en verre et, par grand froid, il n'était pas rare de trouver le lait gelé à notre porte: un collet de deux pouces sortait de la bouteille, chapeauté du petit couvercle de carton qui s'était soulevé.

La sortie qui nous ravissait le plus, c'était lorsque nous accompagnions maman chez Dupuis Frères. C'est dans ce grand magasin, «où nous étions servis dans notre langue et qui faisait vivre des Canadiens français», que nos parents s'habillaient et achetaient tous nos vêtements. Nous nous y rendions en tramway et nous n'avions pas assez de nos deux yeux pour regarder les maisons qui défilaient à toute vitesse. Quant à maman, c'est plutôt les yeux baissés, bien que brillants d'une lueur inaccoutumée, qu'elle faisait le trajet. Car elle se faisait dévisager par les hommes qui nous faisaient face sur les longues banquettes. Il faut dire qu'elle était rayonnante, dans toute la splendeur de sa quarantaine; bien en chair il est vrai, mais à cette époque la mode n'était pas encore à la minceur.

Il se prénommait Léo, le premier garçon qui m'ait fait battre le cœur. Mes sœurs et moi le croisions le matin en allant à l'école, à midi en revenant manger à la maison, à une heure en y retournant et à quatre heures en rentrant chez nous. Nous ne nous sommes jamais parlé. Il me regardait passer, adossé à l'épicerie, rue Faillon, puis marchait derrière nous pour se rendre à l'école Philippe-Aubert-de-Gaspé, qui se trouvait presque en biais de Sainte-Cécile. Je crois bien qu'il a fallu mon entrée à l'école supérieure Sainte-Croix pour me l'arracher de l'esprit.

Inauguré l'année précédant celle où je m'y inscrivis, ce couvent m'a marquée de plus d'une façon. Peut-être était-ce dû au défi que j'avais à relever, puisque l'école paroissiale m'avait tout juste permis de rabâcher ce que j'avais appris au couvent de Québec. C'est du moins la conclusion à laquelle j'en vins, en voyant que je devrais travailler d'arrache-pied pour comprendre les matières nouvelles. D'autant plus qu'une émulation s'était dès le début établie entre moi et celle qui devait devenir ma meilleure amie tout au long de sa vie: Ghislaine. Non pas pour la première place, dont nous n'avons jamais pu déloger celle qui se l'était appropriée dès le premier mois avec une facilité déconcertante, mais plutôt pour la deuxième.

Nos élégants uniformes marine ajustés, agrémentés d'un collet de satin blanc et de boutons de nacre, nous changeaient des robes noires mal coupées de la petite école. Ghislaine habitant rue Saint-Denis entre Villeray et Gounod, je passais tous les jours la prendre et nous coutinuions jusqu'à Jarry, où nous tournions à gauche pour nous rendre jusqu'au boulevard Saint-Laurent où trônait, en face du parc Jarry et en plein champ à l'époque, l'école supérieure Sainte-Croix.

L'hiver, nous marchions de grands bouts à reculons, sur les trottoirs raboteux, afin de nous protéger un peu le visage du vent, de la neige, du grésil, de la giboulée. En passant, nous entrions quelquefois nous réchauffer à l'arrière de l'église Saint-Vincent-Ferrier où, à cette heure matinale, se disait encore une messe. Ce qui nous serait reproché, presque comme une profanation...

Le midi, par beau temps ou mauvais temps, nous faisions le trajet inverse pour aller manger à la maison. Nous nous dépêchions afin de ne pas manquer le radioroman de Jean Desprez, *Jeunesse dorée,* que maman écoutait religieusement avec nous. Puis, notre soupe et notre assiettée de viande et légumes avalées en vitesse, notre pointe de gâteau ou de tarte à la main, nous repartions pour notre longue odyssée dont nous reviendrions à quatre heures, mais cette fois en flânant et en nous arrêtant aux devantures des quelques magasins que nous croisions, avant de rentrer à la maison et de nous replonger dans nos livres pour faire nos devoirs et apprendre nos leçons. Pas surprenant que dès huit heures nous tombions de sommeil...

Au printemps, nous n'avions pas à aller bien loin pour confectionner l'herbier qui servait d'examen final au cours de botanique. Tout autour de l'école, qui n'était qu'un bloc de briques à trois étages sans recherche architecturale, les prêles et fougères voisinaient avec les plantes herbacées aux doux noms et aux formes éthérées. Les samedis et dimanches, nous mettions nos connaissances en pratique en allant, Ghislaine et moi, nous promener à bicyclette sur le boulevard Gouin où nous longions d'ouest en est la rivière des Prairies: du parc Belmont à Saint-Léonard-de-Port-Maurice, ce n'étaient que des champs cultivés, délimités par des maisons de ferme. Nous nous sentions véritablement à la campagne, en attendant d'y être pour vrai, dans les Laurentides, en juillet et en août. Nous arborions fièrement nos jambes nues que le soleil dorait comme du pain, le vent de la course retroussant nos jupes au-dessus des genoux. Les garçons que nous croisions ne se privaient pas de les reluquer, et nous secouions la tête, autant par bravade que pour mettre en valeur notre chevelure frisottée. Car nous étions passées par le salon de coiffure, comme nous le faisions à chaque début d'été pour nous faire donner une «permanente électrique». Après avoir enroulé chaque mèche sur un bigoudi spécial, la coiffeuse s'affairait à une espèce d'engin qui nous faisait un peu peur avec ses longs fils électriques au bout desquels pendaient des pinces qui venaient emboîter chacun des bigoudis. Elle mettait alors le courant et cela commençait à chauffer. Mais ne faut-il pas souffrir pour être belle?...

Quels étés nous passions! Trois années consécutives, j'ai été l'invitée des parents de Ghislaine qui louaient une grande maison à deux étages située au bord d'un lac près de l'Annonciation. Les étés précédents, je les avais passés non loin de Montréal, à Pont-David où mes parents louaient un des chalets échelonnés le long de la rivière des Mille-Îles. Au lac Castor, c'était tout à fait autre chose: nous baignions en pleine nature et n'avions pour voisins que des fermiers.

Avec les deux frères et la petite sœur de Ghislaine, nous vivions littéralement dehors. De pâlottes que nous étions à l'issue des examens de fin d'année, nous nous transformions en noiraudes pour la rentrée de septembre. Baignades interminables dans le lac Castor; promenades en chaloupe jusqu'au lac Boisfranc dans lequel se déversait le premier; marches feutrées dans les bois à la manière des Indiens et plus vives sur la route menant au village: tel était le menu habituel de nos journées, auquel venaient s'ajouter la cueillette de framboises et de bleuets ainsi que la rentrée des foins avec l'«habitant», au mois d'août.

Nous étions, je crois bien, vaguement éprises des fils de fermiers qui, tout en nous faisant sentir qu'on n'était que des «filles de la ville» incapables de distinguer le blé, l'avoine et le colza du foin proprement dit, ne nous faisaient pas moins les yeux doux et nous invitaient, pour le samedi suivant, à aller danser des «sets carrés» dans l'une ou l'autre ferme. Faussement sûres de nous, nous nous laissions enlacer le temps d'une danse, mais aucun d'entre eux ne réussit à nous voler un baiser, ne serait-ce que sur la joue.

Étions-nous prudes, ou tout simplement craintives parce que ignorantes? Bien qu'entre Ghislaine et moi il ne fût jamais question des «mystères de l'amour et de la naissance», je crois bien que tout comme moi il lui fallut attendre ses quinze ans pour être éclairée sur ce sujet. Étant devenue pubère trois ans plus tôt — en toute ignorance de ce qui m'arrivait! —, j'ai profité, le cœur battant de honte, de la retraite de fin d'année pour demander des éclaircissements au prêtre à qui je me confessais. J'ai été étonnée par son explication, sommaire mais précise, car jusque-là j'avais cru que les seins, seule différence visible entre les hommes et les femmes, étaient l'instrument de l'union charnelle qui menait à la naissance des enfants...

Ce que je retiens surtout de ces étés insouciants baigne dans la lumière de la tombée du jour. Tout de suite après le souper, nous partions en chaloupe et durant plusieurs heures, dans le calme du lac qui réfléchissait les troncs blancs des bouleaux et bientôt les étoiles, nous chantions. Oh! rien de classique; mais les chansons françaises du temps, dont les interprètes avaient pour noms Tino Rossi, Lucienne Boyer, Lucienne Delisle, Lys Gauty, Rina Ketti, Réda Caire, Charles Trenet, Ray Ventura et ses Collégiens. Nous connaissions par cœur toutes les paroles du *Chaland qui passe,* de *Fascination,* de *Parlez-moi d'amour,* de *Plaisir d'amour,* de *Sombreros et mantilles,* de *Marinella,* de *Quand notre cœur fait boum.* Nous en avions répertorié une cinquantaine que nous chantions dans un certain ordre, qui nous était dicté par des associations d'idées qui nous étaient très personnelles. Ainsi, *Les Roses de Picardie* succédait à la chanson qui déclamait «Quand on a vingt ans, parler d'avenir c'est mépriser les roses». Et une année, nous chantions, au lieu de «vingt ans», «quinze ans» et, l'année suivante, «seize ans» et ainsi de suite. Aussi n'avions-nous pas même à consulter notre petit carnet dans lequel nous avions inscrit les titres: un regard entendu entre Ghislaine et moi à la fin du dernier couplet, par exemple du *Pot-pourri d'Alain Gerbault,* qu'interprétait avec beaucoup d'expression Yvonne Printemps que nous imitions, et nous enchaînions avec *Les Trois Valses* où elle excellait. Et ainsi de suite jusqu'à ce que la voix de son père ou de sa mère se fasse entendre, car il était temps d'aller dormir.

Un été, celui de mes dix-sept ans, l'un des frères de Ghislaine se vit accorder, lui aussi, la permission d'inviter un ami pour les deux dernières semaines d'août.

C'est ainsi que j'ai connu Laurent...

Par lui, j'éprouvai pour la première fois de ma vie la réalité d'un sentiment qui, jusque-là, s'était contenté de tenir mon imagination en éveil: l'un des frères de Ghislaine me faisant secrètement battre le cœur. Avec l'arrivée de Laurent, ma passion s'allumerait et, surtout, elle aurait des suites après notre retour à la ville.

Je l'avais vu surgir parmi nous, grand et mince, l'air sérieux avec ses lunettes qui ne réussissaient pas à ternir son beau regard bleu-gris.

La nuit, je dormais mal dans le grand lit que je partageais avec Ghislaine, consciente de sa présence dans la chambre qui nous faisait face. Comme nous ne fermions jamais nos portes, je voyais parfois sa silhouette se profiler sur le mur où était placé le lit de camp qu'on avait ajouté pour lui dans la chambre des garçons. Car ils lisaient plus tard que nous, qui éteignions pour nous résumer notre journée et planifier celle du lendemain: nous alternions nos longues marches jusque chez l'habitant et nos interminables balades en chaloupe; nos baignades à la presqu'île de notre lac et celles sur la petite plage de sable du lac Bois-franc; la cueillette de framboises et de bleuets et nos escalades de la montagne qui adoptait vaguement la forme d'un castor, d'où le nom du lac. Activités que nous imposions ensuite aux garçons. Mais à partir du jour où Laurent fut de la partie, le nombre étant de leur côté, c'est eux qui le plus souvent décidaient. Bien plus, ils se mirent à nous abandonner à notre sort, se rendant à pied au village sans nous avertir, prenant la chaloupe pour aller explorer un lac lointain aperçu du sommet de la montagne.

Mais les repas nous réunissaient. Et les couchers et les levers. Un chassé-croisé de regards furtifs entre Laurent et moi exprimait mieux que des mots — impensables! — l'émoi que faisait naître le seul fait que tous deux nous ne faisions pas partie de la famille. La connivence de deux étrangers en face d'un groupe homogène.

Un après-midi, trop brûlant pour des activités loin de l'eau, nous réunit tous sur la presqu'île du lac, y compris Monique, la toute petite sœur de Ghislaine que nous nous arrangions habituellement pour ne pas emmener avec nous. Nous plongions sans cesse dans l'eau fraîche et nous laissions paresseusement flotter sur le dos. À un moment, Laurent lança: «Qui m'aime me suive!», tout en détachant la chaloupe. Je dus faire un effort pour ne pas bondir à sa suite: j'espérais tant être seule avec lui. Mais déjà Ghislaine s'ébrouait ainsi que l'un de ses frères. L'autre resterait avec la petite, à lire dans l'ombre maigre des bosquets. Je vis les garçons s'échanger un clin d'œil: ils laisseraient les filles ramer. Comme j'aimais assez cet exercice «bon pour développer la poitrine», je m'installai aux rames. Nous voguions en silence, Ghislaine dans mon dos, perchée sur la pointe de l'embarcation; son frère étendu sur le banc qui me faisait face et Laurent franchement couché dans le fond, la tête appuyée sur la banquette arrière. Nous allâmes ainsi sans presque prononcer un mot jusqu'à l'embranchement des deux lacs: un étroit couloir assombri par les arbres qui s'élevaient au-dessus, donnant à l'eau une apparence de mélasse. J'allais faire demi-tour lorsqu'une brève parole me vint du fond de la barque: «Déjà fatiguée?» Je ne l'étais pas vraiment mais la chaleur me laissait sans forces. Par bravade je décidai de franchir le court détroit, et nous arrivâmes sur le grand lac Boisfranc. Aussitôt, une légère brise me redonna la vigueur nécessaire pour traîner sur l'eau nos quatre grands corps presque adultes. Je ne pouvais savoir s'il me regardait car le ciel se reflétait dans ses lunettes. Quoi qu'il en soit, un trouble très agréable m'inondait et me faisait oublier l'effort de mes bras. Et c'est ainsi que nous traversâmes le lac en diagonale afin de profiter le plus possible du déplacement d'air qui se faisait plus intense loin des rives. Ce n'est qu'au retour, déjà engagés sur le lac Castor, que je laissai Ghislaine me relayer aux rames.

Rien ne se dit en cet après-midi qui se trouvait l'avant-veille de notre retour à la ville. Je m'attendais pourtant de sa part à une promesse de nous revoir. Le jour de la séparation arrivé: rien. L'automne devait passer et une partie de l'hiver sans qu'il me fît signe. J'hésitais à demander de ses nouvelles à Ghislaine, tant la pudeur est imbriquée à la première passion.

Arriva la Saint-Valentin; la veille plutôt. À la maison, le téléphone sonne. «C'est pour toi», me crie René qui était toujours prompt à répondre le premier. «Une voix d'homme», ajoute-t-il un peu ricaneur. Le cœur se met à me battre: je ne connaissais que Laurent en fait d'homme. Je crus étouffer en reconnaissant sa voix. Il m'invitait pour le lendemain à aller danser.

Il était arrivé avec des fleurs pour maman et, pour moi, une boîte de chocolats. «Il sait vivre, ce garçon», avait conclu ma mère qui sans doute vit d'un bon œil ce début de fréquentations.

Aurait-elle eu raison de se réjouir, si elle avait vu sa fille danser «collée» toute la soirée? Têtes unies, corps pressés l'un contre l'autre, doigts fébrilement entremêlés, yeux étonnés qui se scrutent entre deux slows: nous nous initiions au monde enivrant des sens, évitant toute parole qui eût pu trahir nos pensées ou dépasser l'attente de l'autre. Ce n'est qu'au retour, dans le «portique», que nos lèvres se joignirent. Je n'en dirai pas plus, tant la seule évocation du premier baiser parle à tous et à toutes. Non plus que je ne broderai sur le regard prolongé dont je gratifiai ensuite le reflet de ma bouche dans le miroir: rempli de curiosité à mon endroit, autant que d'interrogation sur les réactions que j'imaginais à Laurent.

Était-ce le bonheur que cette fièvre qui m'habita jusqu'au printemps? Comme je ne le voyais que le samedi ou le dimanche, tout le reste de la semaine je devais me contenter de nos chuchotements téléphoniques, qui ne pouvaient se prolonger comme je l'aurais voulu, pressée de conclure par quelque frère ou sœur qui m'arrachait littéralement des mains l'écouteur. Nous nous écrivions: des billets que nous nous remettions au moment de nous quitter, avec la consigne de ne les lire qu'une fois au lit. Si j'en ai oublié la teneur, je crois pouvoir dire qu'ils faisaient avancer notre relation, qui s'en trouvait exaltée pour le week-end suivant où nous faisions de longues promenades à pied ayant tour à tour pour but le Jardin botanique, le parc LaFontaine ou le mont Royal.

Il me faisait découvrir un peu la ville. Avant lui, je n'étais pas vraiment sortie de mon quartier, délimité par les rues Berri et de Gaspé d'est en ouest, Faillon et Jarry dans l'axe nord-sud. Des rues aux maisons modestes à deux ou trois étages, où grouillaient des ribambelles d'enfants et qui encerclaient l'imposante église Sainte-Cécile avec ses deux flèches élancées. En descendant la rue Saint-Denis pour nous rendre aux îlots de verdure dont nous faisions le but de nos promenades, Laurent et moi passions devant les cinémas Château et Rivoli où nous nous promettions d'aller un jour. Pour ma part, je n'avais vu qu'un seul film, *The Wizzard of Oz*, qui m'avait fait rêver durant des semaines. Rendus

60

à Beaubien, c'est la massive église Saint-Édouard que nous croisions et déjà je me sentais loin de chez moi. Il y avait bien eu mes longues randonnées à bicyclette avec Ghislaine qui m'éloignaient de la maison jusqu'à la rivière des Prairies. Mais là, avec Laurent, c'était en quelque sorte l'asphalte des rues, le ciment des trottoirs, la pierre grise des églises, la brique rouge des façades des maisons qui nous convoquaient à leur propre poésie. Nos ombres, selon l'heure, se cassaient au coin d'une rue, nous précédaient sur le trottoir ou bien, au retour, nous suivaient comme à regret de déjà devoir rebrousser chemin, tandis que nous regardions en face le soleil couchant, sûrs que notre avenir en serait éclairé.

Rue Rachel, en route pour le parc LaFontaine, nous passions devant la maison, très connue à l'époque, où habitait une famille de nains. Secrètement, j'aurais peut-être voulu y entrer pour voir les minuscules meubles dans lesquels ils vivaient. Toutefois, nos parents nous avaient inculqué le respect, plus que la curiosité, de tels phénomènes qui touchaient nos semblables. Arrivés au parc, nous nous asseyions sur un banc, et j'enviais les couples que je voyais s'embrasser, tout en étant retenue par une pudeur faite plus de peur que de vertu. Lorsque nous allions à la montagne, la lutte nous était plus difficile encore, face à nos pulsions amoureuses: l'herbe était si invitante... C'est au Jardin botanique que Laurent se permettait avec moi le plus de privautés, protégé des excès par le va-et-vient constant des autres visiteurs. Il m'embrassait dans le cou, me serrait la main avec un regard appuyé qui me troublait au plus haut point et osait me frôler de tout son corps, sous prétexte de faire de la place à quelqu'un qui voulait admirer les massifs de fleurs devant lesquels nous nous tenions sans vraiment les voir, perdus que nous étions en nous-mêmes.

Nous revenions parfois en tramway. Le doux ballottement du wagon haut perché sur les rails amollissait nos volontés, et je savais que pour pouvoir aller communier le dimanche suivant, je devrais auparavant passer au confessionnal, sans attendre la rituelle confession du premier vendredi du mois...

Il m'avait promis qu'il m'emmènerait voir l'édifice Sun Life, le seul «gratte-ciel» de la ville, que nous avions aperçu au loin depuis l'observatoire du chalet du mont Royal. Et moi de lui promettre en retour, pour une sortie subséquente, la visite de l'Oratoire. Car y étant allée avec un groupe d'élèves, accompagnées de nos enseignantes religieuses pour prier saint Joseph de nous conserver pures, je désirais, aux côtés de l'homme que j'aimais, avoir un avant-goût, face au grand autel, de l'union à laquelle j'étais sûre qu'un jour nous atteindrions.

Hélas, nous ne verrions ni la Sun Life ni l'Oratoire ensemble. Un des professeurs de Laurent, qui était en même temps son directeur de conscience, allait subitement mettre fin à notre idylle, pourtant pas bien périlleuse. Il le mettait en garde, à l'approche des examens de fin d'année, contre «les filles qui dérangeaient les garçons dans leurs études».

La douleur qui résulta de cet abandon a, je crois, forgé en moi le fonds de solitude que même les amours et les amitiés vécues au fil des ans n'ont jamais réussi à atténuer.

Alors, ne sachant plus quoi faire de ma passion contrariée, je me jetai plus que jamais dans la musique, et plus particulièrement le chant, que je pratiquais déjà depuis mes quinze ans, avec mon père comme accompagnateur-répétiteur.

Ayant vite compris que je ne jouerais jamais convenablement du piano et ayant constaté que j'avais la voix juste et bien timbrée, mon père m'avait fait prendre des leçons de chant d'une religieuse de Sainte-Croix, sœur Sainte-Cécilia. Je me rendais depuis deux ans, une fois par semaine, au collège Basile-Moreau. C'était toute une équipée, que de partir en tramway du quartier Villeray jusqu'à ville Saint-Laurent. Mais le jeu en valait la chandelle.

Si j'ai eu des moments de véritable bonheur, en ce temps de transition si délicat entre l'adolescence et l'âge adulte, c'est au chant que je le dois en tout premier lieu. Mon sentiment d'impuissance devant le clavier disparaissait comme par enchantement pour faire place à une exaltation qui drainait même les phantasmes naissants de mon imaginaire qu'alimentait l'éveil de mes sens. D'autant plus que le chant s'appuyait sur des poèmes. Je sus chanter Bourget, Sully Prudhomme, Théophile Gautier, Musset, Hugo, Mallarmé, Verlaine, Baudelaire, bien avant de me délecter à leur lecture. Je rêvais à l'amour — dont je me lamentais, dès quinze ans, qu'il fût si long à venir! — en chantant *Après un rêve* de Fauré, *L'Invitation au voyage* de Duparc, *Beau soir* de Debussy. Et surtout *Psyché* de Paladhile. Songez si j'étais troublée par ces vers de Corneille:

> *Je suis jaloux, Psyché, de toute la nature.*
> *Les rayons du soleil vous baisent trop souvent.*
> *Vos cheveux souffrent trop les caresses du vent*
> *Quand il les flatte, j'en murmure.*
> *L'air même que vous respirez*
> *Avec trop de plaisir passe sur votre bouche.*
> *Votre habit de trop près vous touche. (bis)*

Ah! ce «bis»… La deuxième fois que je prononçais ce vers, mon émoi était à son comble. La «folle du logis» des bonnes sœurs s'en donnait à cœur joie, et que n'imaginais-je pas, sous ce mot générique d'«habit»…

Mais tous ces poèmes n'étaient rien, si je puis dire: *Carmen* n'avait pas encore fait son entrée!

Des samedis après-midi de ma jeunesse, où nous étions rivés à la radio qui diffusait les opéras en direct du Metropolitan de New York, les souvenirs les plus brûlants que je garde sont les fois où *Carmen* fut à l'affiche. Et l'une de ces fois en particulier: c'était la guerre, et ma sœur Marcelle, mon aînée de quatre ans, allait se fiancer à son bel officier de marine qui était venu tout spécialement en permission. Il allait d'ailleurs être bientôt démobilisé… pour cause de «mal de mer» chronique! Pour un marin… Il deviendra fonctionnaire, et ils allaient se marier quelques mois plus tard. Quelle ne fut pas ma déception lorsque j'appris qu'ils avaient justement choisi, pour célébrer leurs fiançailles, le jour de l'anniversaire de ma sœur, qui tombait le samedi même où devait être radiodiffusé l'opéra de Bizet! Comme nous attendions cette audition depuis des semaines, je m'y étais tout spécialement préparée en travaillant, avec mon père au piano, tous les airs et récitatifs de *Carmen*. Ma voix de contralto y était on ne peut mieux adaptée, autant par le timbre que par le registre. J'en étais même arrivée à connaître par cœur non seulement le rôle titre mais ceux de Don José, de Michaëla et d'Escamillo; sans compter les rôles secondaires de Frasquita, Mercedes et Zuniga, ainsi que les chœurs et même les enchaînements dont papa n'escamotait aucune mesure. Au contraire, pour bien nous faire prendre conscience de la beauté de certains leitmotive, il les rejouait deux ou trois fois; en particulier le thème du Destin, sous-jacent à tout l'opéra.

Donc, cet après-midi-là, avec la complicité de René et des deux autres petites, je m'approchais sans cesse du poste de radio et augmentais le volume à chaque fois que s'annonçait un grand air de notre opéra favori. Ce qui nous valait les yeux courroucés de Marcelle et les regards ambigus de papa, où je ne savais trop démêler le reproche d'un acquiescement tacite, de la part de cet inconditionnel de la musique.

Papa prenait tellement soin de son piano, qu'il réglait le degré d'humidité de la maison en fonction de l'instrument, peut-être plus que pour notre confort. Il considérait le piano comme un hygromètre plus précis qu'aucun autre: lorsque l'air était trop humide, il pouvait aussitôt constater que le son montait de quelques comas, et quand c'était trop sec, toute la gamme se désaccordait. Alors, rien ne nous enchantait plus que de voir arriver l'accordeur de pianos, un aveugle dont nous admirions la très rare «oreille absolue»: il ne se servait en effet du diapason que pour vérifier, en tout dernier lieu, les 440 vibrations à la seconde du la.

Au fil des ans, je m'identifiai soit à la sensuelle Carmen, soit au vertueux mais velléitaire Don José, déchiré entre son devoir de soldat et sa passion pour la bohémienne. J'en vins cependant à le mépriser un peu pour ses sempiternelles tergiversations et à prendre en quelque sorte pour modèle cette femme libre qui ira jusqu'à la mort plutôt que de se soumettre. Une déclaration m'enchantait: «Jamais Carmen ne cédera! Libre elle est née et libre elle mourra.» Me sera-t-il jamais donné de vivre avec une telle fougue? me demandais-je.

Car déjà le désir d'amour m'habitait. Avec son corollaire dans la peur du péché: la culpabilité.

Élevée dans une famille catholique où mon père, surtout, était très strict en ce qui avait trait au dogme et à la morale telle que prescrite par l'Église; éduquée exclusivement par des religieuses qui nous prêchaient l'horreur du péché et l'obéissance absolue aux préceptes religieux, j'ai mis des années à libérer ma conscience du scrupule et du remords. C'est plus la peur, que le choix délibéré du bien, qui longtemps m'a dicté mes actes aussi bien que mes omissions. Ce que j'appelais ma foi était constitué des exemples pieux que je voyais autour de moi; d'un certain sentiment de sécurité qui se cristallisait surtout dans l'odeur de l'encens et des cierges; de lectures édifiantes, et aussi de la sérénité que je lisais sur le visage de mes enseignantes que l'âge ne semblait pas atteindre. Mais en contrepartie, mes faiblesses, surtout charnelles, me conservaient dans un état constant de crainte: celle de «mourir en état de péché mortel»...

Toute mon enfance, je me crus seule à pécher par «mauvaises pensées, mauvais désirs et mauvaises actions». Car jamais je n'aurais parlé de «ça» avec mes sœurs ou mes amies. Heureusement, mes étés à la campagne, aussi bien à Val-Saint-Michel qu'au lac Castor, me lavaient de cette morbidité. Et c'est à un retour de vacances, vers mes quinze ou seize ans, que je fis mon premier pas hors de cet étouffement qui me repliait sur moi-même. Je décidai de «faire une confession générale» et de me débarrasser de mon passé de pécheresse une fois pour toutes. Car ce qui me minait, c'était que ma toute première confession — à six ans! — avait été sacrilège... J'avais en effet été incapable de m'accuser des «mauvais touchers» auxquels, parfois au lit pour m'endormir, je m'étais laissée aller. Là, j'avouai tout: la malheureuse première confession et toutes celles qui en avaient découlé, aussi bien que toutes les communions que je m'étais trouvée à faire «en état de péché mortel». Puis je défilai une véritable litanie de tous mes «péchés d'impureté». Avec nombre approximatif à l'appui, en remettant même, de peur d'avoir un jour à tout devoir recommencer!

Mais — ainsi que chacun sait! — comme on est toujours puni par où l'on a péché, c'est par la chair que devait s'enfuir ce qu'on appelait alors la foi, mais qui n'était, en fait, que pratiques religieuses. Je devais en effet attendre la trentaine passée pour ne plus me présenter tous les dimanches à la messe et une fois par mois au confessionnal: lorsque Laurent reparut dans ma vie de femme mariée; marié lui aussi et père d'un enfant...

Qu'ai-je fait entre ma première rencontre avec l'amour à dix-sept ans et la passion vécue à trente-trois? Je me suis cherchée, ai tâtonné. Ai chanté, me suis écrit une vie parallèle sous forme d'un interminable journal totalement dépourvu d'humour.

Tout d'abord, je dois dire que je fus empêchée de terminer mon cours lettres-sciences, à la suite d'une appendicectomie qui me laissa dans un état de faiblesse peu propice à l'étude. Mon mal s'était déclaré par un événement qui ébranla chez moi la confiance toute naturelle que l'on a envers le fonctionnement de son propre corps et de son cerveau: sans avertissement d'aucune sorte, je perdis connaissance. En pleine classe, en présence de mes compagnes et de la maîtresse. Seul signe avant-coureur: quelques secondes avant l'évanouissement, les oreilles se mirent à me bourdonner, tandis que je ressentais une grande chaleur me monter de la région du cœur à la tête. Le noir se fit instantanément. Aussi ne comprenais-je pas comment subitement je me retrouvais étendue à l'infirmerie, une religieuse scrutant mon visage et me tâtant le pouls. C'est sans doute l'indigestion carabinée qui s'ensuivit qui éclaira notre médecin de famille, mandé à la maison le soir même: il diagnostiqua, sous réserve de l'avis d'un spécialiste, une crise d'appendicite.

C'est ainsi que je fêtai mes quinze ans à l'hôpital.

Si, à ma grande surprise, le temps m'avait totalement échappé durant les quelques minutes où je perdis connaissance, mon étonnement fut à son comble lorsque je m'éveillai après l'opération. La seconde précédente, j'obéissais à l'anesthésiste qui m'enjoignait de compter tout haut. J'en étais à cinq ou six lorsque, ouvrant les yeux... changement de décor complet: une chambre à l'éclairage tamisé remplaçait la salle d'opération aux réflecteurs éblouissants. Je marmonnai: «Pourquoi ne m'a-t-on pas opérée? — C'est terminé», m'affirma une infirmière penchée sur moi. Où donc mon esprit s'était-il trouvé, durant les quelques heures où un sommeil artificiel m'avait été inoculé? J'en revenais non seulement sans rêves, mais dépourvue de toute impression, même infime, du déroulement du temps. Un avant-goût de la mort?

Cette oblitération du temps se doubla d'une perte temporaire de la mémoire de certains événements qui avaient immédiatement précédé l'anesthésie. C'est ainsi que je me plaignis à notre médecin de famille, lequel m'avait fait entrer à l'hôpital et avait suggéré à mes parents le nom du chirurgien, qu'il n'ait pas tenu sa promesse d'être là pour me tenir la main au moment où je m'endormirais. C'est que j'étais secrètement amoureuse de ce bel homme de trente ans, depuis que mes parents l'avaient choisi comme médecin de famille. Il était venu une première fois à la maison à l'occasion d'un mal de reins que s'était donné Thérèse en ne se couvrant pas assez, dans le froid pinçant d'un soir d'Halloween. Il était revenu, au fil des mois, pour soigner la bronchite de l'un, les oreillons de l'autre. Il eut beau m'assurer qu'il avait assisté à mon opération, j'en doutai longtemps, jusqu'au jour où la mémoire m'en revint. Mais comme, entre-temps, mes phantasmes s'étaient portés sur le frère de Ghislaine, je ne crus pas utile de rétablir les faits.

Durant tout le mois de ma convalescence, je vis défiler chez moi mes compagnes de classe venues prendre de mes nouvelles. Je me souviens tout particulièrement de Claire, qui s'était trouvée assise près de moi lors de ma perte de conscience: elle en avait été si affectée, que la crainte que je ne récidive allait la hanter pour le reste de l'année. Car aussitôt ma convalescence terminée, je fis une tentative de retour aux études. Mais je ne pus reprendre le temps perdu et ne passai pas mes examens de fin d'année.

L'automne suivant, au lieu de me faire reprendre mon année escamotée, mon père m'inscrivit à des cours de chant.

Est-ce qu'aujourd'hui je regrette de n'avoir pu poursuivre mes études? En un sens, non: la musique m'a apporté de telles joies. Mais longtemps j'ai éprouvé de la rancœur à voir mon goût pour l'étude si brutalement tari. Car je m'y adonnais avec passion. Parmi mes matières préférées trônaient le français que j'aimais plus que tout et le latin qui me faisait approfondir la compréhension de ma langue. Puis venaient les éléments de philosophie qui m'ouvraient au monde de la pensée. Ensuite, la géographie et l'histoire. Enfin, les sciences qui, si j'avais eu la possibilité de les connaître mieux en quatrième, m'auraient elles aussi séduite, puisque mes lectures subséquentes en ce domaine allaient me fasciner.

Ce furent en effet d'abord les ouvrages de vulgarisation scientifique — astronomie, archéologie et paléontologie tout spécialement — que je choisis sur les rayons de la nouvelle succursale que la Bibliothèque municipale venait d'ouvrir près du marché Jean-Talon. Cela nous arrangeait bien de ne plus avoir à nous rendre rue Sherbrooke pour échanger nos livres à «la grande bibliothèque». Ce qui me fit lire plus que jamais, à défaut d'étudier.

Que s'est-il donc passé? Ma maladie, passagère après tout, suffit-elle à expliquer mon retrait du couvent? Je dois rappeler ici que dans les années quarante, on incitait moins les filles à étudier qu'on ne le faisait avec les garçons. Le cours classique — et que dire de l'Université! — fut l'apanage de mes frères. Une seule de mes sœurs, la religieuse, fit des études universitaires: elle obtint deux doctorats, en philosophie et en littérature.

Pour ma part, je continuais à me joindre parfois à mes compagnes qui en étaient à leur dernière année et dont quelques-unes entreraient l'année suivante au collège Saint-Laurent pour le cours classique ou à l'université en présciences. Je les accompagnais aux représentations que les Compagnons de Saint-Laurent donnaient de Molière, Racine, Corneille, que nous découvrions avec enchantement et dont je m'astreignais à apprendre par cœur les alexandrins tout comme mes amies qui, elles, le faisaient parce que les grands classiques étaient au programme de leurs études. Nous assistions également aux répétitions générales — qui étaient offertes gratuitement aux élèves du secondaire — de l'Orchestre symphonique de Montréal, qui avaient lieu au Plateau, seule salle de concert à l'époque, avec le His Majesty's. Et aux récitals qu'organisaient les Amis de l'Art.

C'est vers ce temps-là que, faute de poursuivre mes études, j'entamai une modeste carrière de chant. J'ai donné quelques récitals en compagnie d'une collègue ayant une belle voix de soprano qui contrastait bien avec la mienne. Nous étions accompagnées au piano par mon père et, dans un récital conjoint, notre interprétation du duo de l'opéra *Lakmé* fut particulièrement applaudie. J'ai aussi participé à des concours radiophoniques institués pour découvrir de «futures étoiles». Tout comme cela s'était produit au cours de lettres-sciences, j'arrivais toujours deuxième ou troisième, ce qui fit que je ne perçai pas. Il faut dire que la concurrence était féroce, avec des Louis Quilico et des Robert Savoie.

Un très vif souvenir m'est resté du printemps de 1945, année du dixième anniversaire de l'Orchestre symphonique de Montréal. À cette occasion, les Festivals de Montréal mirent sur pied trois grandes productions: les opéras *Carmen*, *La Bohème* et *Les Noces de Figaro*. Je faisais partie des chœurs, dirigés dès ce temps par Marcel Laurencelle, et nous chantâmes sous la direction du chef d'orchestre américain Emil Cooper. Je nous revois, nous les choristes, la semaine précédant les représentations, entre les mains d'une habilleuse qui nous distribuait ses oripeaux à la pièce. Il revenait ensuite à chacune d'agencer un costume qui se tienne, à partir d'une jupe de bohémienne trop grande, d'une blouse de paysanne étriquée, d'un châle disparate. Il y avait des choristes que les scrupules n'étouffaient pas: le soir de la générale, plusieurs d'entre nous s'apercevaient qu'on les avait pillées. Plus d'une entra en scène attifée «comme la chienne à Jacques»... Mais l'effervescence des coulisses nous mettait en train, et surtout le fait de côtoyer des prima donna comme Gladys Swarthout, interprète de Carmen.

D'autres souvenirs vivaces me viennent des amis qui se réunissaient soit chez nous, soit chez Doris Provençal, une amie de Georgette qui elle aussi faisait de la musique en famille, puisque sa mère enseignait le piano. Ces amis d'alors ont pour noms Robert Savoie, Claude Léveillée, Paul Vincent, Jean-Guy Crépault, dont les deux premiers, on le sait, ont fait des carrières musicales. Quant à Doris Provençal, elle vit de musique à la Barbade où son mariage avec un autochtone l'a conduite il y a trente-cinq ans. Elle y dirige une chorale mixte, anime une émission de radio et enseigne le chant aux plus doués de ses choristes.

Quel plaisir nous avions à passer à travers des partitions complètes d'opéras, Doris au piano, les autres mettant en pratique nos leçons de chant dans les duos, les trios et les quatuors les plus brillants du bel canto. Nous découvrions, émerveillés, la basse profonde d'un Robert Savoie, qui faisait vibrer murs et planchers et qui traversait portes et fenêtres. Quant à Claude Léveillée, qui était surtout un ami de mon frère Jean-Paul, je le revois chez nous, assis à notre piano qu'il utilisait d'une tout autre façon que ne le faisait mon père, le parcourant agilement des basses aux aiguës, sans partition musicale sous les yeux, dans des improvisations où s'exprimait toute la gamme des sentiments, depuis l'insondable tristesse jusqu'à l'espoir le plus exaltant.

Hélas, il me fallut bientôt mettre un frein à ces jeux qui auraient pu me conduire à faire du chant un état de vie. Encore là, je dois mettre en cause certaines restrictions qui me vinrent aussi bien de ma famille que des conditions d'existence de cette époque. Après un récital que j'avais donné à la radio, mon père, qui m'avait accompagnée au piano, s'entretenait avec le réalisateur de l'émission. Je les entends encore discuter des exigences d'une carrière dans le chant: études plus poussées afin de déboucher dans les grandes écoles américaines; donc départ du toit familial. Et surtout, dangers moraux des tournées où les deux sexes se côtoyaient librement... Comment ne me suis-je pas révoltée? Je me le suis longtemps demandé. Mais je n'avais pas vingt ans, ce qui, dans les années quarante, était encore l'adolescence. De plus, sans qu'il l'ait mentionné devant le réalisateur, je savais que mon père n'avait pas les moyens de me payer de telles études. Ainsi que l'avaient déjà fait Fernande et Marcelle et que s'apprêtait à le faire Thérèse, et plus tard Georgette, mon tour viendrait bientôt d'aller travailler pour apporter mon écot à la marche du foyer.

Marcelle... Elle aussi avait goûté à l'ivresse de l'expression artistique. Toute une saison, elle a fait partie des Compagnons de Saint-Laurent où elle a été de la distribution de la pièce mariale d'Henri Ghéon dont le titre nous amusait beaucoup, nous les plus jeunes: *Le Jeu de celle qui fit la porte s'ouvrir*. Marcelle s'est vu, elle aussi, couper les ailes: elle dut aller s'assagir derrière un comptoir de succursale bancaire.

Jusqu'à un certain point, mieux valait la banque — ou, pour ma part, l'Impôt sur le Revenu où j'entrerais quelques années plus tard — que rester à la maison et devenir en quelque sorte les aides ménagères de notre propre famille. Sorties du nid, nous pouvions du moins acquérir une certaine autonomie.

La solitude aiguise ma plume

Vers la vingtaine, contrairement à mon amie Ghislaine qui, après avoir terminé son cours de lettres-sciences, s'était inscrite à l'université de Montréal et était devenue diététicienne, je m'étiolais dans un travail répétitif, à l'Impôt, en compagnie de garçons et de filles qui semblaient n'avoir d'autre but dans la vie que d'augmenter leurs revenus en faisant du temps supplémentaire, afin de se marier au plus tôt et d'élever une famille. Peu d'entre eux lisaient ou écoutaient de la musique. «Quel vide!» me disais-je. D'autant plus que n'ayant pas d'amoureux, je ne pouvais même pas rêver de me marier et de quitter la famille qui commençait à me peser.

Je puis m'expliquer maintenant l'erreur qu'a constituée le mariage que je devais contracter trois ans plus tard. Car il n'y avait pas que le toit familial qui m'ennuyait, déserté par les aînés qui s'étaient entre-temps mariés. Il y avait infiniment plus: j'étais toujours vierge... puisque je n'étais pas mariée. Cercle vicieux pour les jeunes filles d'alors, qui soit se jetaient dans les bras du premier soupirant venu pour se marier, soit se desséchaient dans un célibat forcé, si nul prétendant sérieux ne se présentait.

Nous avions déménagé du quartier Villeray, à cause de la vente de la maison à un propriétaire qui désirait habiter le grand logement, vite devenu notre chez-nous. Grâce à la banque, papa s'était vu offrir un vaste appartement au-dessus d'une succursale, coin Saint-Denis et Laurier. Seulement, les bruits de la rue étaient infernaux: crissements de pneus et coups de klaxons au croisement alors dépourvu de feux de circulation empêchaient de dormir mon frère Jean-Paul qui occupait la chambre faisant coin. Quant à nous, les filles, nous n'en souffrions pas trop, nos chambres étant à l'arrière. J'ai bien dit *nos* chambres car, pour la première fois, j'avais mon coin bien à moi, tandis que Thérèse et Georgette continuaient à cohabiter.

Elle était bien minuscule, cette chambre à la fenêtre sans perspective. Juste de la place pour mon lit étroit placé en encoignure, pour une petite commode et pour une chaise. Dans un renfoncement du mur, on m'avait fabriqué une étagère pour mes livres, dont la tablette du bas, plus large, me servait de pupitre.

Et c'est là que je me mis à écrire tous les jours, systématiquement. Non plus seulement mon journal, que j'avais toujours un peu rédigé à la sauvette sur mes genoux ou dans mon lit, mais des pages sorties tout droit de mon imagination. Je me souviens d'un début de nouvelle: «La plage était déserte. Le vent, entre deux rafales, semblait recueilli comme pour une prière.» J'attribuais cette sérénité trompeuse de la nature à mon propre état d'esprit qui, sous son calme apparent, cachait des bourrasques de passions inutilisées. L'amour me venait au bout de la plume sous forme de fugitives rencontres impossibles. Angoissée, je transposais cette impossibilité de l'amour dans ma propre vie: pour moi — j'en étais maladivement sûre —, la rencontre n'aurait jamais lieu, laquelle s'était néanmoins produite pour Marcelle puis pour Fernande. Thérèse elle-même, pourtant ma cadette, fit un jour *sa* rencontre. Et pour elle — comble de la réussite à mes yeux non pas envieux mais tournés tristement vers Laurent et notre passion contrariée — pour elle donc, carrière et mariage coïncideraient: un jeune homme du quartier qui, détenteur d'un diplôme de l'École normale, avait déjà commencé à enseigner. Ayant entendu parler d'un collège commercial qui était à vendre à Shawinigan, il demanda à Thérèse, devenue sa fiancée, si elle accepterait de quitter Montréal. L'idée d'aller habiter dans une petite ville lui plut assez, et c'est ainsi qu'elle nous quitta et qu'elle vit toujours dans cette ville de la Mauricie où elle enseigne avec son mari.

Une telle rencontre ne se produit pas deux fois, me disais-je. N'avais-je d'ailleurs pas eu ma part de chance en connaissant Laurent? Je n'étais pas loin de penser que j'étais destinée à passer le reste de mes jours à regretter cet amour invécu. Toute ma prose du temps était remplie d'interdits de toutes sortes que surmontaient mes personnages. Du moins étais-je comblée par procuration.

Et c'est là que mon premier vrai désespoir me prit. Je ne me sentais à l'aise nulle part. À l'Impôt, je faisais presque figure de savante, parce que je lisais et que je m'exprimais correctement, moi qui n'avais même pas terminé mon cours secondaire. Entre-temps, ma grande amie Ghislaine s'était constitué un nouveau milieu de vie et allait bientôt se fiancer à un biochimiste rencontré à l'Université. Quant à Claire, elle avait suivi la voie qu'elle avait désiré prendre depuis le début de son cours de lettres-sciences: elle était biblio-thécaire et travaillait à l'université de Montréal.

Je me sentais si moche, que je me pris à douter que Laurent ait jamais été amoureux de moi. S'il m'avait vrai-ment aimée, n'aurait-il pas passé outre à l'interdiction de son confesseur? J'en venais à me moquer de ma naïveté. Le mépris n'était pas loin.

Je m'évadais dans la lecture. Je dévorais Balzac, Dostoïevski, Flaubert, Stendhal, qui avaient succédé aux trop pieux Péguy, Maritain, Bloy, Bernanos. Je deviendrais ainsi une autodidacte, me disais-je, avec la base solide d'une bonne connaissance de la langue, fondée sur quelques racines latines et grecques dont j'appréciais l'intuition qu'elles me donnaient du sens de mots lus pour la première fois.

Si mes lectures comblaient en un certain sens ma soli-tude, elles faisaient aussi surgir en moi une soif que nulle image vivante ne venait étancher. J'en étais réduite, à vingt-deux ans passés, à rêver comme une adolescente, l'imagi-naire rempli de baisers, de caresses et d'étreintes jamais réalisés.

Je maigrissais, mais au travail on me trouvait la taille fine. Mes yeux se cernaient, mais je reçus quelques compliments sur l'air mélancolique que cela me donnait. Croyait-on à un genre que j'aurais cultivé pour me rendre intéressante? Parmi ces garçons et ces filles qui n'avaient pas l'air de beaucoup s'interroger sur leur sort, je faisais l'effet d'une cérébrale qui aurait joué de son genre.

Ni intellectuelle, puisque la porte des études m'était fermée, ni franchement sensuelle, celle de l'amour paraissant ne pas vouloir s'ouvrir, j'évoluais dans un no man's land où la famille ne m'était plus d'aucun secours.

Sauf Georgette avec qui je constituais une sorte de trio tronqué, maintenant que Thérèse nous avait quittées pour se marier et avec laquelle j'échangeais de longues lettres où nous tentions de conserver le contact.

Il me fut tout naturel d'emmener Georgette lors des premières vacances que je pus me payer. J'ai conservé des photos d'une excursion au Saguenay où nous n'avions pas assez de nos yeux et de nos oreilles pour capter les merveilleuses découvertes que nous faisions. Bien que nées à quelques pas du fleuve, nous ne l'avions jamais vraiment vu, ce Saint-Laurent, si ce n'est des hauteurs de la côte de Beaupré lors des pèlerinages à Sainte-Anne, ou depuis la terrasse Dufferin, lorsque papa nous emmenait, le dimanche, faire un tour sur le traversier Québec-Lévis. Et voilà que nous y naviguions, de Montréal à Tadoussac, avant de nous engager sur le Saguenay et ses fjords, qui nous semblèrent si rapprochés, après l'immensité du fleuve. C'était la première fois — à vingt-deux et à dix-neuf ans! — que nous découchions, échappant ainsi à la surveillance de la famille.

Notre solidarité se transforma sur-le-champ en complicité, et c'est à partir de ce jour que nous commençâmes à nous confier des choses que, jusque-là, je n'avais dévoilées qu'à mon journal intime: ambitions qui tournent court, déception face au déroulement de la vie quotidienne, manque de cette espèce de tonus qui eût pu nous faire réagir contre le destin sans horizon qui était alors le lot de bien des jeunes filles, mais auquel, nous avait-il semblé, nous échapperions grâce à notre curiosité intellectuelle et à notre ouverture sur la musique et la littérature.

À quoi nous aura donc servi de nous démarquer des filles «légères», «communes», «excitées», «sans cervelle» que dénonçaient les religieuses et dont nous avaient tenues éloignées nos parents, si ce n'était pour nous placer dans les conditions de fréquenter celles qui nous ressemblaient? Pas de collège ou d'université pour nous les filles — trop nombreuses! — où nous aurions pu nous joindre à une jeunesse vivante et pleine de projets. Pas de cours avancés en musique, chant ou théâtre où nous insérer dans une communauté de goûts. La famille aurait-elle donc dû nous suffire? Quoiqu'elle fût un environnement bien adapté à l'enfance, elle devenait étouffante pour notre développement social. Et j'appris que Georgette était, tout comme moi, dans un état de constante insatisfaction, de déception face à notre piètre préparation à la vie adulte qui s'était étrangement arrêtée à peine étions-nous sorties de l'adolescence. Qu'avions-nous accompli depuis la fin de nos études? Nous avions pianoté, chantonné, pratiqué sans grande conviction quelques sports faciles, lu sans réelle directive et... avions aidé notre mère à tenir maison. Quel milieu prendrait la relève de la famille? Nous ne faisions partie d'aucun groupe de loisirs, d'études ou autres. L'isolement nous guettait.

Cependant, peut-être à la suite de ces conversations, Georgette décida de se joindre à un club de ski aussitôt qu'elle commença à travailler. Elle y fit la connaissance de celui qu'elle allait épouser quelques années plus tard.

Pour ma part, je me mis à trouver des qualités à certaines de mes compagnes de travail: je leur découvrais quelques-unes de mes aspirations. Elles ne remplacèrent bien sûr pas Ghislaine, Claire et mes autres compagnes de classe: les amitiés d'adolescence — tout comme les amours nées à cet âge — plongent leurs racines si profondément en nous, qu'aucune rencontre subséquente ne peut les égaler. Mais tout de même, mes nouvelles amies m'arrachaient durant quelques heures par semaine à ma solitude. Et me rendraient moins exigeante, le jour venu, quant au choix d'un mari...

J'allais parfois lire au parc Laurier, à deux pas de la maison. L'air y était bon, avec ses senteurs d'herbe; le silence, juste à point pour faire entendre le piaillement des moineaux. Des enfants jouaient, des parents les surveillaient. Douceur reposante, quoique mièvre: j'étais bien loin des bois de Val-Saint-Michel et du lac Castor! Le déroulement de mes jours, à cent lieues des promesses de l'enfance, des projets de l'adolescence. J'étais près de sombrer dans une mélancolie irréversible. Cependant, j'espérais encore une rencontre. N'allais-je pas jusqu'à prier Dieu dans ce sens?

C'est ainsi que je voulus croire au miracle lorsque celui qui allait devenir mon fiancé puis mon mari se présenta, aimanté par mon sourire, me dirait-il plus tard.

J'avais vingt-trois ans, et lui vingt-quatre. Il aimait la musique tout comme moi; bien qu'il préférât Respighi, Glazounov, Sibelius, Rimsky-Korsakov, Wagner, à Vivaldi, Mozart, Beethoven, Schubert, Brahms. Il lisait, lui aussi, mais surtout des magazines techniques. Il écoutait bien mais s'exprimait peu. L'ai-je aimé? Était-ce bien l'amour qui me faisait rétorquer à maman: «Je l'aime...», à sa question: «Est-ce qu'il te parle, quelquefois?» Mon père et ma mère me mettaient en garde contre un emportement dont ils refusaient d'admettre qu'il se terminerait par le mariage. «Qu'est-ce que tu lui trouves donc?» me demandaient-ils, désemparés. La seule réponse que je leur faisais: «Je l'aime...»

Et c'était vrai. La preuve, puisqu'on sait que l'amour est aveugle: je le trouvais beau. Il avait pourtant un visage crispé et n'avait aucune élégance, bien qu'il fût assez grand. Cependant, on aurait dit qu'il embellissait sous mon regard aimant. Et lorsque je me mis modestement à la peinture à l'huile, il en vint à ressembler au portrait que je fis de lui, où il avait le visage lisse: c'est que j'avais été incapable de dessiner les plis entourant sa bouche et la ride verticale qui se creusait entre ses sourcils. Ces traits trop marqués s'atténuèrent chez lui comme par magie, et je vis là la confirmation de la toute-puissance de l'amour.

En guise de fréquentations, nous veillions au salon «les bons soirs», c'est-à-dire les mardis, jeudis et samedis, à deux pas du reste de la famille réunie dans le boudoir pour écouter la radio. Les samedis et dimanches après-midi, nous nous rendions le plus souvent à la montagne. Le tramway numéro 11 grimpait Remembrance Road, rebaptisé plus tard voie Camillien-Houde. Jamais je n'aurais pu imaginer qu'un jour je referais quotidiennement ce même trajet, à bord d'un autobus portant toujours le numéro 11, pour me rendre dans le quartier Côte-des-Neiges que j'habite depuis plus de vingt ans et qui semblait alors inaccessible, tant il nous paraissait cossu, lorsque nous nous y égarions.

Nous égarer: c'est bien le mot juste. Dans les sentiers pour nous frôler comme par mégarde, dans l'herbe pour nous asseoir nonchalamment et sentir monter en nous le désir de nous y étendre. Nous étions tellement centrés sur ce qui se passait entre nous qu'un jour — je ne saurai jamais expliquer comment cela a pu se produire —, marchant en silence sur la voie ferrée, mains brûlantes s'étreignant, nous levâmes soudain les yeux: un tramway était là, arrêté devant nous. Abasourdis, nous nous jetâmes en bas du terre-plein, ne comprenant pas comment nous ne l'avions pas entendu venir. Perdus dans un monde parallèle où le temps n'existait pas? Et le conducteur qui n'avait pas sonné impatiemment sa clochette... Qu'est-ce que cela signifiait? Pourtant, nous n'avions pas rêvé: nous vîmes le tramway se remettre en marche et continuer son petit bonhomme de chemin.

C'est sans doute plus le désir charnel que l'amour qui me menait. Exacerbée par des «fréquentations bien catholiques», c'est-à-dire extrêmement frustrantes, la chair avait pris la première place dans mes pensées. Mes écrits reflétaient mon obsession, à ce point que je les déchirais aussitôt, tellement ils étaient fiévreux. J'y décrivais des actes encore inconnus de moi mais que je brûlais d'accomplir. Aussi aujourd'hui me paraît assez inexplicable le sacrifice que j'étais prête à faire à Dieu: Lui offrir ma nuit de noces... Nous suivions les cours de préparation au mariage alors dispensés dans les paroisses. En plus de renseignements d'ordre juridique, tels le contrat de mariage, les assurances, le testament, etc., les relations conjugales étaient traitées dans leur aspect médical par une infirmière, et leur aspect

spirituel par un prêtre à qui on pouvait demander une entrevue comme couple ou seul à seul. Sans doute voulais-je me
punir de ce que l'amour charnel avait chez moi préséance:
je décidai, sans en parler à mon fiancé, de «rester vierge»
durant ma nuit de noces... Ce que je croyais un acte de la
plus haute fidélité à Dieu — j'étais sans doute influencée
par le choix qu'avait fait le couple Raïssa et Jacques Maritain
— fut mal reçu par le prêtre à qui je confiai mon intention.
Après m'avoir parlé de la beauté de l'amour sanctionné par
le sacrement et axé sur la procréation, il me conseilla fortement d'oublier mon vœu secret. Et je ne fus pas loin de
conclure à la tiédeur de la foi chez ce prêtre...

Fallait-il que je sois obsédée par «l'œuvre de chair»!
Aussi, le soir des noces arrivé, fus-je comblée, tant je m'y
étais solitairement préparée. J'étais affamée: je n'avais qu'à
laisser parler ma nature et un homme y répondait. J'en rede-
mandais: ma chair infatigable trouvait sa proie dans un corps
inexpérimenté mais robuste. Je confondais plus que jamais
amour et désir, tendresse et étreintes. Je n'avais pas assez
de tous mes sens pour saisir ce présent si délectable.

Je m'épanouissais à vue d'œil. Moi qui n'avais jamais
pu atteindre les cent livres, voilà que je m'arrondissais aussi
bien des joues que de la silhouette. Mais c'était surtout mon
regard qui se ressentait de ma joie: la vie y affleurait et
même mon défaut avait disparu! Non seulement je pouvais
me laisser aller à mon ardeur avec la bénédiction de l'Église,
mais je me sentais aimée, sans doute plus que je n'aimais
moi-même.

Mon imaginaire s'en donnait à cœur joie, alimenté pour
la première fois par le réel. Coucher avec un homme! Me
faire palper sur toutes les coutures sans pécher! J'en étais
délicieusement honteuse. Il me semblait que, dans le tramway par exemple, tout le monde devait s'apercevoir que je
venais de passer des heures enivrantes. Cette gêne un peu
trouble me prenait surtout lorsque nous nous étions étreints
au petit matin. Voilà que je faisais face aux regards des
autres, mon intimité encore palpitante. D'ailleurs, la paix
des sens m'était presque inconnue: aussitôt mon mari m'avait-
il quittée que mon corps aspirait à son retour du travail.

Ces aveux aujourd'hui me désarment un peu, car il me faut d'un même souffle préciser que parallèlement à ce paradis charnel, l'ennui s'insinuait en moi. La conscience d'un vide dont il me fallait bien admettre que les ébats amoureux ne suffiraient pas longtemps à combler. J'attendais autre chose de la vie que d'entretenir notre modeste logis et de préparer les repas.

Sans la lecture, les nourritures psychiques — selon l'expression si juste de Raymond Ruyer — eussent été bien maigres, loin des séances de chant et de piano, des conversations intarissables à la table familiale. Mes auteurs étaient alors Camus, Sartre, aussi bien que Claudel, Martin du Gard, Gide et Dostoïevski, Tchekhov, Tolstoï.

En 1955, lorsque j'appris par la radio la mort de Paul Claudel, je fus si bouleversée que j'écrivis au fil de la plume un texte que j'intitulai *La Communion des saints*. J'y faisais jouer au hasard un rôle qui frisait la superstition: à l'heure même où s'éteignait le grand poète catholique, mon personnage avait ressenti un vertige dans lequel il avait fini par voir une intervention de la grâce, bien qu'il se fût éloigné de la pratique religieuse depuis quelques années. Et à l'annonce de la mort de Claudel, il avait marché durant des heures dans la neige. À la tombée de la nuit, levant les yeux vers le ciel, il lui avait semblé que, «parmi les étoiles, une nova venait de faire son apparition...»

La mort d'un autre écrivain allait, quelques années plus tard, me troubler: celle d'Albert Camus, survenue à quarante-sept ans dans un accident de voiture. Comme je commentais cette perte qui endeuillait tout le monde des lettres, un prêtre m'avait assommée d'une diatribe où il essayait de me convaincre que la mort d'un père de famille nombreuse était aussi regrettable, sinon plus, que celle d'une gloire internationale. Sa prise de position étroite n'avait fait qu'aggraver ma peine et me solidariser avec la grande fraternité intellectuelle des lecteurs.

Cependant, à l'époque de mon mariage, je n'avais personne à qui faire part de mes découvertes. Combien je regrettais les discussions animées avec mes frères et sœurs et l'écoute en commun des concerts radiophoniques que nous commentions longuement. Une année, on avait présenté à la radio une lecture de *La Chronique des Pasquier*. Pour nous, «les trois petites» qui avions dévoré la longue fresque de Georges Duhamel, cette demi-heure quotidienne était un véritable délice. Françoise Faucher prêtait sa magnifique voix à Cécile Pasquier, ajoutant ainsi une touche de réel à la musicienne à laquelle nous nous identifiions bien un peu.

Comment, après cette intense vie de famille, où l'art et la culture occupaient une place de choix, me contenter des tristes repas et des soirées interminables passés en compagnie d'un mari taciturne qui ne relevait aucune de mes tentatives de conversation?

Durant cette période charnellement comblée mais vide de tout défi intellectuel, j'écrivis un début de roman qui mettait en scène une femme qui vivait, contrairement à moi, une entente spirituelle parfaite avec son mari qui, d'autre part, ne la satisfaisait pas au lit. J'abandonnai ce roman, au chapitre où mon héroïne commençait à être attirée par un ami de son mari. Car j'y décelais un cul-de-sac pour ma propre situation et craignais sans doute qu'il ne me conduise moi-même à chercher ailleurs ce qui me manquait. La nouvelle qui succéda à cette ébauche de roman fut au contraire centrée sur l'érotisme. Je transposais à peine. Corps brûlants, soif inextinguible, état constant d'excitation de mes personnages: ma propre obsession y trouvait un exutoire et aussi, je crois bien, une exaspération que n'arrivaient plus à calmer nos ébats répétitifs.

Mon écriture, alors, était brutale, le recul de la mémoire n'y ayant pas fait son œuvre de décantation. Une photo mal cadrée dans un éclairage trop cru. Je finis par étouffer, aussi bien dans mes journées étriquées que dans les destins inventés, auxquels je demandais, en somme, une vie par procuration.

C'est à cette époque que Radio-Canada mit à l'horaire sa grande série de cours, «Radio-Collège». Une émission scientifique comme *Nature du sol, visage de l'homme* me rouvrit l'esprit et me mena à des lectures où la géographie, l'archéologie, l'ethnologie me dévoilèrent un peu de leurs secrets. Grâce à Fernand Seguin, le grand vulgarisateur scientifique lui-même biologiste, je découvris Jean Rostand dont je me mis à lire non seulement les ouvrages de biologie, mais aussi les *Pensées* et *Carnets* philosophiques. C'est «le solitaire de Ville-d'Avray» qui m'apprit à penser, à réfléchir à partir d'un texte lu. Côté théâtre, je m'initiais aux classiques grecs, par l'écoute des pièces de Sophocle, d'Euripide et d'Eschyle, jouées par nos plus grands comédiens: Tania Fédor, François Rozet, Henri Norbert, Jean Dalmain, Dyne Mousso, Charlotte Boisjoli. Une initiation à la philosophie vint également m'arracher au bovarysme qui me menaçait. Ma passivité s'animait et j'avais l'impression de poursuivre par moi-même les études que j'avais été si malheureuse d'abandonner.

Mais cela ne me suffisait pas. J'avais besoin du monde extérieur. Comme aucun enfant ne se montrait à l'horizon — et nous en étions très étonnés, mon mari et moi, nous qui vivions notre mariage en «bons catholiques pratiquants» —, je me rabattis bientôt sur la seule action qui fût alors permise à une femme mariée: le bénévolat.

Ce fut un événement fortuit qui devait secouer mon égocentrisme. Je m'étais rendue, un matin, à l'hôpital de la Miséricorde où pratiquait notre médecin de famille, pour y subir une prise de sang car il craignait pour moi un peu d'anémie. Je m'étais déjà rendue à cet hôpital sis au coin de Saint-Hubert et Dorchester, pour y rendre visite à mes sœurs Fernande et Marcelle qui y avaient accouché, comme le faisaient d'ailleurs la plupart des femmes à cette époque. Ne voulant pas rentrer à la maison l'estomac vide, je m'étais arrêtée, en sortant du laboratoire, au petit restaurant du rez-de-chaussée de l'hôpital pour y avaler une brioche et un café. L'endroit était mal éclairé, son étroite et haute fenêtre donnant sur l'arrière de l'édifice.

Soudain, je vis le serveur se raidir, son regard se glacer et ses traits se figer de mécontentement: une adolescente enceinte venait de faire son apparition.

— Ce restaurant est interdit aux filles-mères! lui lança-t-il durement.

Décontenancée, la jeune fille risqua un:

— Mais... c'est pour mes compagnes: juste des cafés pour apporter.

— Tu m'as pas entendu? Vous avez pas le droit de vous promener du côté des femmes mariées.

Même si je savais que les «filles-mères» et les «mères normales» étaient hébergées dans deux sections séparées et que leurs bébés étaient gardés dans des pouponnières différentes, je ressentis un choc à entendre ce serveur parler de façon aussi brutale. J'étais tellement abasourdie, que je ne réagis pas sur le coup en voyant la future maman rebrousser chemin, la tête basse et les mains vides. Je m'empressai cependant de quitter ce lieu où je me sentais maintenant à l'étroit. Sortie de l'hôpital, je marchais comme une somnambule: que pouvais-je faire? On ne peut être témoin d'une telle injustice sans réagir. Je me souvins alors d'une inscription que j'avais remarquée, une heure plus tôt, lorsque je cherchais l'emplacement du laboratoire. Elle indiquait: SERVICE SOCIAL.

Je retournai sur mes pas, rentrai dans l'hôpital, repérai le local en question et y frappai. Une voix m'invita à entrer: une religieuse était là qui me toisait des pieds à la tête en articulant d'un ton professionnel mais cependant empreint de douceur: «Qu'est-ce que je peux faire pour vous?» Je lui racontai la scène odieuse qui venait de se dérouler sous mes yeux, et ajoutai, lui évitant de s'embourber dans des explications et justifications au nom de l'ordre et du sacro-saint règlement: «Il y a longtemps que je veux faire du bénévolat...»

C'est ainsi que je devins, durant une dizaine de mois, à raison de trois après-midi par semaine, un peu la grande sœur de ces adolescentes dont la plus âgée n'avait pas vingt ans. Elles venaient de toutes les régions du Québec, aussi bien que des divers quartiers de Montréal.

Mademoiselle Dalmé, une assistante sociale spécialisée en travail de groupe, dirigeait les opérations avec une douce fermeté, invitant une diététicienne par-ci, une esthéticienne par-là à venir conseiller ces futures mères qui ne savaient pas grand-chose en fait d'hygiène.

Les jeunes pensionnaires passaient leur temps dans une triste oisiveté, parquées qu'elles étaient dans une salle impersonnelle aux murs nus que nous nous empressâmes — Noël approchait — de décorer de guirlandes. Comme il y avait un piano, dont quelques-unes se servaient maladroitement, je leur appris à chanter convenablement les cantiques de Noël, que les religieuses leur permirent d'interpréter, sous ma direction, à la messe de minuit. Celle-ci réunissait aussi dans la chapelle — puisqu'il n'y en avait qu'une... — quelques accouchées de l'autre section avec des membres de leurs familles qui, sans réels préjugés, ignoraient l'existence de ces femmes qui étaient logées sous le même toit. Et les religieuses n'étaient sans doute pas les seules fautives. Elles ne faisaient que refléter la société qui était alors si intransigeante envers la maternité hors-mariage, que maman elle-même, à chacun des mariages de ses cinq filles, soupirait de soulagement: une de plus qui ne serait pas «fille-mère»...

Je m'étais très vite fait accepter de la plupart et c'est même elles qui me suggérèrent l'idée de leur donner des mini-causeries sur les divers sujets qui surgissaient entre nous lorsque nous parlions à bâtons rompus, tout en tricotant ou en cousant des rideaux pour égayer un peu les hautes et sombres fenêtres.

C'est ainsi que mon habitude de m'asseoir tous les matins, un stylo à la main, trouva à s'exercer. Car j'avais délaissé l'écriture de mon roman en cours, ainsi que mon journal qui me paraissait tout à coup un miroir de moi-même trop complaisant. Aussi, après avoir rangé le quatre-pièces où je me sentais de moins en moins chez moi, je rédigeais de courts exposés que je livrerais à mes jeunes amies, qui étaient toujours au nombre de trente à quarante, celles qui partaient après avoir accouché étant régulièrement remplacées par des nouvelles. Je leur parlais d'hygiène et de saine alimentation, de l'utilisation intelligente des temps de loisirs, de la sincérité dans les relations interpersonnelles, de l'acceptation de soi et des autres, de la lecture qui peut faire oublier même la plus grande solitude. Et les discussions qui suivaient prouvaient amplement que mes propos avaient valeur d'exemple.

Si quelques-unes d'entre elles étaient fermées à toute influence salutaire, cyniques et soi-disant irrécupérables, la plupart semblaient plutôt avides de contacts chaleureux, ce qu'elles n'avaient peut-être pas connu dans leurs familles.

L'une d'elles — appelons-la Manon: celle qui avait été si vertement éconduite au restaurant, à mon grand désarroi — était tout particulièrement sensible à mon action. Je semblais combler en elle un manque qui était peut-être, du moins en partie, la cause de l'état où elle se retrouvait. Elle fut en quelque sorte ma préférée, même après son accouchement cinq mois plus tard.

Il me faut ici préciser que ni les religieuses ni les travailleuses sociales n'encourageaient les jeunes mères à garder leur enfant, les chances d'adoption étant plus grandes pour les tout petits bébés. Mais il arriva que Manon et l'une de ses compagnes, répugnant à se séparer de l'enfant qu'elles avaient porté et qu'elles allaient contempler à la pouponnière aussi souvent que le règlement le permettait, décidèrent de l'élever. Dans les années cinquante, c'était tout un exploit que de faire fi de l'hypocrisie qui ostracisait la fille-mère et son rejeton. Aussi, sans les y avoir encouragées mais voyant qu'elles ne se laisseraient fléchir par aucun argument, je décidai, secondée par Mlle Dalmé, de les aider à s'installer en appartement avec les deux bébés. Je leur trouvai un trois-pièces pas trop cher, qu'elles purent se payer à même leurs maigres salaires et leurs pourboires de serveuses, et que je les aidai à meubler en faisant appel à ma famille et à des amis qui vidèrent pour elles leurs caves des objets inutilisés. L'une travaillant le jour, l'autre le soir, il y en avait toujours une pour prendre soin des deux poupons. Les après-midi où je n'allais pas à la Miséricorde, je leur rendais visite, en partie pour m'assurer que tout se passait bien, mais surtout à cause de l'attachement que je commençais à éprouver pour les petits. Je n'ai jamais su ce qui se passa vraiment: une dispute entre les deux jeunes femmes si peu faites, en somme, pour cohabiter? Toujours est-il que tout se brisa en un week-end. Le mardi, c'est deux visages gênés qui m'accueillirent. Je ne fus pas longue à comprendre que tout était fini. Les bébés, qui avaient maintenant six à huit mois, furent remis en disponibilité d'adoption. Furent-ils adoptés? Je n'en eus plus jamais de nouvelles, non plus que de mes deux protégées...

Sans aller jusqu'à dire que le remords me rongea, je dois tout de même avouer que durant quelque temps je regrettai de n'avoir pas adopté l'enfant de Manon. Mais, pour mon mari, il n'en était pas question. Nous aurions des enfants bien à nous ou bien nous nous en passerions!

En désespoir de cause, je songeai à me préparer à faire des études en service social, afin d'être mieux en mesure d'aider les défavorisés de la société. Lorsque, à la mi-septembre — nous étions en 1956 —, je reçus une réponse favorable à la demande d'inscription que, quelques mois plus tôt, j'avais fait parvenir à l'Extension de l'enseignement de l'université de Montréal où l'on inaugurait des cours de création littéraire.

C'est folle de joie que je lus et relus la courte lettre, signée Ernest Gagnon, s.j. Il me disait qu'après avoir pris connaissance des textes que je lui avais soumis, il jugeait «leurs qualités telles, que vous pourrez tirer profit des cours de création littéraire».

Le nombre d'inscriptions était grand et nous avons dû nous diviser en deux classes: l'une dirigée par le père Gagnon, l'autre par l'écrivain Robert Élie. Ma sœur Marcelle, qui elle aussi s'était inscrite et avait été acceptée, eut pour professeur le jésuite, tandis que j'étudierais avec le romancier.

Au fil des ans, j'en étais venue à douter de mon écriture, ayant essuyé de multiples refus. Notamment de Radio-Canada où, deux ans plus tôt, j'avais soumis un conte. Si on en avait apprécié «l'aisance du style», on me conseillait tout de même de le retravailler car, «en littérature comme dans les autres domaines, il y a un apprentissage». Refus également de *La Revue moderne* qui me suggérait d'écrire «des choses moins littéraires et où l'intérêt sentimental serait dominant»...

J'avais donc jusque-là œuvré dans le noir, me demandant si je ne me leurrais pas sur ma pulsion scripturaire. Peut-être n'était-elle qu'un simple besoin d'épanchement? Qu'un élément stabilisateur entre le réel et sa projection dans mon imaginaire? Déboucherait-elle un jour sur l'œuvre littéraire? C'est un peu une réponse à ces questions que j'attendais des cours de création.

Dès le premier, je fus conquise. L'éclairage que jetait Robert Élie sur les grands mythes et symboles me fit prendre conscience de mes propres thèmes qui revenaient d'un texte à l'autre: le hasard, qui n'est pas toujours que pure coïncidence; les correspondances secrètes entre des événements qui, de prime abord, n'ont rien à voir les uns avec les autres. Et lorsque notre professeur nous raconta la légende du prince de Samarcande, j'eus presque une impression de déjà vu, tant j'attendais depuis longtemps la confirmation d'un filon obscur qui parcourait tout ce que j'écrivais.

Je rappelle ici cette fable orientale que quelque vingt-cinq ans plus tard j'allais inscrire en exergue à mon troisième roman publié, *Le Rendez-vous de Samarcande:*

> Autrefois, un prince, se promenant dans les rues de sa capitale, aperçoit soudain la Mort, voilée de noir comme on a l'habitude de la représenter. Pris de panique, il fait seller son cheval le plus rapide et, durant des heures et des heures, il galope loin de la ville. Le soir venu, il s'arrête enfin et se cache au plus profond de la forêt de Samarcande. Mais la Mort était au rendez-vous. Avant d'être frappé, le prince eut le temps de lui demander: «Mais pourquoi m'as-tu fait signe ce matin? — Je ne t'ai pas fait signe, répondit la Mort. J'ai simplement eu un geste de surprise, car je savais que c'est à des lieues et des lieues de la ville que je devais te prendre ce soir même.»

Après nous avoir raconté cette légende, Robert Élie nous demanda de rédiger un conte qui en illustrerait le thème sous-jacent. Durant quinze jours, je fus littéralement hantée par le thème du destin inéluctable. Puis j'écrivis, presque d'un seul jet, une histoire que j'intitulai *L'Enfant et l'Oiseau de proie*. Un père vient de perdre sa femme heurtée mortellement par une voiture, en pleine rue de Montréal. Craignant que le même sort lui arrache son fils de cinq ans, il part avec l'enfant loin de la circulation urbaine. Mais rendu au bord de la mer, c'est la crainte d'une noyade qui commence à l'obséder, car le petit Pierrot s'obstine à jouer au bord de l'eau malgré son interdiction. Il lance des galets, tout en parlant aux mouettes à qui il confie que sa mère est montée au ciel. Dans l'esprit du père, la prémonition se fait de plus en plus forte. Un après-midi où l'enfant dort, il le prend dans ses bras, le dépose sur le siège arrière de sa voiture et se met en route pour un lieu moins dangereux. Pris dans ses pensées, il ne s'aperçoit pas du réveil de son fils. Soudain l'enfant, qui s'était mis debout derrière son père, lui place les deux mains sur les yeux en s'écriant: «Coucou papa!» Perte de contrôle du conducteur. Écrasement contre la falaise. Tandis qu'une mouette vole en rond au-dessus du petit corps désarticulé que le père serre contre lui.

Avec le mythe d'Oedipe — qui tuera son père et épousera sa mère ainsi que l'oracle l'avait prédit et bien qu'il ait été éloigné de sa ville natale durant toute sa jeunesse —, avec ce destin incontournable, celui de Samarcande et son rendez-vous macabre me semblait le plus puissant ressort dramatique qui soit. Aussi les récits que j'écrivis et soumis à Robert Élie tout au cours de l'année étaient-ils tous plus ou moins axés sur la fin brutale d'une existence. Dans l'un d'eux, c'était une très jeune fille qui, sous le regard admiratif d'un passager d'autobus, se découvre femme. Gênée par l'insistance de l'homme, elle se précipite vers la sortie au premier arrêt... pour se faire happer par un camion que dans son trouble elle n'avait pas vu surgir... Dans une autre nouvelle, une vieille mère difforme, pauvre, délaissée, apprenant un jour que son fils n'est pas le modeste travailleur honnête qu'il se disait mais un escroc qui mène une vie de pacha en la laissant dans la misère, coupe le dernier lien qui la retenait à son fils, en éteignant un soir la veilleuse qui nuit et jour brillait depuis des années au-dessus de la photographie de son enfant... Autre intrigue dramatique écrite cette année-là: un vieux raccommodeur de jouets voit ses derniers jours éclairés par une petite infirme qui lui laisse sa poupée à rafistoler; la nuit où l'enfant malade mourra, dans un demi-sommeil il en recevra un message ultime, par les yeux de porcelaine de la poupée qui brillent étrangement dans le noir. Le lendemain, on le retrouvera étendu entre les étagères de jouets.

Textes imparfaits sans doute, mais qui me donnaient confiance dans ma capacité de traduire en mots les réflexions qui m'habitaient. Je devais, l'année suivante, poursuivre le cours mais cette fois avec le père Ernest Gagnon qui paracheva mon apprentissage. Je pourrais dorénavant voler de mes propres ailes et aspirer à voir mes récits publiés, me disais-je, encouragée en cela par nos professeurs eux-mêmes, qui nous mettaient en garde contre le complexe du chef-d'œuvre: attendre d'être le Camus ou le Proust du Québec avant de se lancer! Je devrai avoir sorti mon premier livre d'ici deux ans, me disais-je. Si j'avais su que ce ne serait que vingt ans plus tard que paraîtrait mon premier roman, *Tout un été l'hiver...*

Tout de même, ma trentaine s'inaugurait bien. Tout se précipitait. À peine un mois après avoir entrepris mes cours avec Robert Élie, l'on vint chercher, à la Miséricorde, la travailleuse sociale spécialisée en activités de groupe. C'était l'année — 1956 — où les Hongrois virent leur pays envahi par les troupes soviétiques. L'Archevêché de Montréal mit aussitôt sur pied un organisme destiné à accueillir les réfugiés qui fuyaient la Hongrie en pleine révolution. Malgré mon attachement à mes fonctions auprès des jeunes mères célibataires, Mlle Dalmé réussit sans trop de mal à me convaincre de la suivre.

Je m'éveillais enfin à moi-même: comme écrivain et comme personne sociale. C'est du moins ce que je croyais.

Mais les choses n'allaient pas être aussi simples. Une autre dimension viendrait s'ajouter, qui me renverrait plus que jamais à moi-même.

J'avais placé mon mari devant le fait accompli: je travaillerais désormais à salaire et à temps plein. Cela eut pour effet d'épaissir le silence qui s'était peu à peu établi entre nous. Mais ce qui allait accélérer la rupture fut, chez moi, la confrontation soudaine avec d'autres cultures; cela me transforma en un temps record. Je n'étais plus celle qu'avait aimée mon mari, et lui demeurait trop fidèle à lui-même. Le fossé entre nous devenait à jamais infranchissable, et le point de non-retour allait être atteint de façon tout à fait inattendue.

Mon travail consistait à inscrire quotidiennement sur des fiches d'identification des noms à consonance étrangère: Tóth, Nagy, Verebes, Fodor, Mészáros; des prénoms: Ilona, Katalin, Erzsébet, Zsuzsi, Imre, István, Lajos, Zoltán, László, Ferenc, György, Dénes. Puis j'établissais les premiers contacts en vue de trouver du travail et un logement pour ces réfugiés, des écoles pour leurs enfants, de l'aide monétaire auprès des organismes de charité et des diverses instances gouvernementales.

Je me sentais enfin utile aux autres. Mon sourire n'était plus simplement destiné à plaire, et ma plume à me complaire dans mes phantasmes. Je prenais conscience du malheur de peuples entiers, moi qui étais passée à côté de la Deuxième Guerre mondiale sans savoir ce qui s'y déroulait d'atroce. J'avais quand même quatorze ans, en 1940! Et rien — ou si peu de chose — n'était parvenu à nos oreilles. Jamais nos parents n'en parlaient devant nous, les plus jeunes. Une seule fois mon père sortit de sa réserve. À la fin: Hiroshima... Je n'appris que vers la vingtaine l'enfer des camps d'extermination nazis. Dans la trentaine, j'en vis la preuve irréfutable sous la forme d'une atroce photographie montrant un monceau de cadavres, qu'un rescapé du ghetto de Varsovie me mit sous les yeux... Cette horreur sans nom n'était pas encore connue du grand public d'ici, et un instant, je crus à une hallucination: j'avais sûrement mal vu, cela ne se pouvait pas... Allais-je, après cela, comme le stipulait le questionnaire à remplir pour chaque réfugié ou immigrant, insister pour connaître la religion de chacun? Car certains prenaient un air traqué à cette seule question. N'avaient-ils pas suffisamment connu la panique de la chasse à l'étoile jaune? De connivence avec les interprètes, j'inscrivais: «aucune», lorsque la réponse «catholique» ou «protestant» ne fusait pas spontanément.

Ainsi apprenions-nous que les atrocités s'étaient pour-suivies ailleurs, durant la douzaine d'années qui s'étaient écoulées depuis la fin de la guerre. La Hongrie, l'un des pays satellites du géant rouge, s'était révoltée, renseignant ainsi l'Occident sur le supposé paradis marxiste... et ses goulags.

Je travaillais avec ardeur pour aider les réfugiés à s'in-sérer dans notre société. Nous les dirigions vers des cours de langue; faisions des pieds et des mains pour fléchir des propriétaires méfiants qui hésitaient à louer à des étrangers; nous adressions aux paroisses en vue de trouver des foyers pour les orphelins; insistions auprès des patrons d'usines ou de commerces pour qu'ils emploient les chefs de famille.

Toutes tâches qui m'occupaient entièrement, me lais-sant peu de temps pour m'inquiéter de mon foyer qui s'en allait à la dérive. Car j'avais commencé à me refuser à mon mari. Non pas seulement parce qu'il me devenait de plus en plus étranger, mais parce qu'un autre homme, un «étran-ger» justement, m'occupait l'esprit.

Notre organisme avait peu à peu étendu son action aux immigrants de toute nationalité. Nous étions secondés dans notre travail par des interprètes dont quelques-uns connais-saient jusqu'à six ou sept langues: hongrois, polonais, roumain, russe, allemand, italien, espagnol, sans compter le français et l'anglais. L'un d'eux m'était tout particuliè-rement affecté. Il me regardait avec une telle intensité tout en me traduisant les réponses de l'immigrant que j'inter-viewais, que j'en inscrivais de travers les noms dont pourtant j'avais fini par apprendre l'orthographe. Et lorsque j'entre-prenais mes démarches téléphoniques, il restait quelques minutes dans mon bureau, le temps d'une cigarette, avant d'aller répondre à la demande d'un autre agent social. Était-ce parce qu'il se plaisait en ma compagnie, ou bien se donnait-il tout simplement un peu de répit? Ainsi qu'il s'attardait et me retenait à la fin des pauses café que nous prenions tous en commun dans un local vaguement transformé en cuisine. Il complétait, à mon intention, les propos de l'un ou l'autre interprète qui venait de raconter ce qui l'avait amené à quitter sa patrie en butte au terrorisme. Et j'avais l'impression qu'il ne cherchait pas uniquement à me convaincre de la violence inhérente à toute dictature, qu'elle fût de gauche ou de droite, car il terminait en réitérant son bonheur de vivre désormais dans un pays libre où les gens ne se doutaient pas de leur chance. Et c'est là que son regard plongeait dans le mien, plein de sous-entendus, me semblait-il.

J'en rêvais durant tout le long trajet en autobus qui me ramenait chez moi le soir. Nous habitions Rosemont, et l'Oeuvre était située à l'autre bout de la ville: boulevard Dorchester près d'Atwater. Et je n'avais qu'une hâte: retourner le lendemain à l'Accueil pour le voir dans toute sa blondeur, entendre sa voix à l'accent slave si troublant, sentir sa présence même à travers la cloison lorsqu'il servait d'interprète à l'un ou l'autre de mes collègues.

Le soir, en cachette de mon mari qui écoutait son Wagner, j'écrivais des poèmes de solitude:

Avoir le cœur sur les lèvres
Et devoir taire l'essentiel.
Sentir son corps s'ouvrir
Devoir réprimer ses frissons.
Il te faut t'habituer
Nul ne viendra plus t'habiter.

J'étais prête à accueillir l'adultère. Il aurait suffi que mon bel étranger pour qui je brûlais de désir réponde à mon appel. Dans mon désarroi, je m'interrogeais sur ce que risquait d'être désormais ma vie, si je ne savais pas séduire qui me faisait battre le cœur. Me dessécher sans amour? Apaiser mes sens avec le premier venu?

Car la notion que j'avais eue jusque-là du mal s'était peu à peu détachée des préceptes étroits qui m'avaient conduite vierge au mariage. Le jour n'était pas loin où je romprais avec ce que j'avais autrefois pris pour de la foi mais qui se révélait n'être qu'une morale dictée par la peur et l'ignorance.

Et je me demandais si les quelques connaissances scientifiques que j'avais pu acquérir au fil des ans n'étaient pas en train de tuer en moi la foi et, par ricochet, de m'éloigner de l'Église. Mon détournement de mes devoirs conjugaux ne serait-il ici qu'un alibi? C'est un peu ce que devaient insinuer quelques amis qui s'accrochaient encore aux pratiques de leur enfance. Ils les laisseraient toutefois eux-mêmes tomber quelques années plus tard, dans le sursaut de la libération des années soixante. Plusieurs se révolteraient en effet contre l'Église, ne préservant en eux aucune forme de sacré. Pour ma part, je ne serai jamais tentée par le matérialisme pur. Le spirituel s'intensifierait au contraire, d'être libéré d'obligations arbitraires. Je le nourrirai aux œuvres de Bachelard, d'Alain, de Valéry, de Platon et d'autres penseurs, libres de toute religion établie.

Cependant, un événement se préparait. Ce n'est pas l'étranger qui déclencherait ma passion. Il n'avait fait que préparer la voie. Que me rendre consciente de mon besoin d'aimer, de séduire et d'être séduite. Sans remords, sans pécher.

L'amour se présenta par un après-midi du printemps de 1958, sous les traits d'un agent du Bien-Être social qui venait nous offrir de mettre en commun nos fichiers et ceux de la Ville de Montréal, afin de coordonner l'aide apportée aux immigrants ainsi qu'aux itinérants dont nous avions commencé à nous occuper.

L'aventure amoureuse, invécue à dix-sept ans, faisait rebrousser le temps, reléguant au néant un mariage où, je m'en rendis compte en un éclair, il y avait eu erreur sur la personne.

Il était devant moi, avec un retard de quinze années, celui dont j'avais été séparée par l'intransigeance d'un prêtre.

Nous nous reconnûmes instantanément, le temps n'ayant rien modifié de l'essentiel qui passe dans le regard.

Nous avions chacun devant les yeux l'être qui nous avait fait connaître nos premiers émois. Sa femme et son fils ne s'interposaient pas encore entre nous: j'en ignorais l'existence. Je vivais cette minute dans une antériorité préservée de tout obstacle.

Est-il besoin de préciser qu'il s'agissait de Laurent?

Le retour du passé transforme la vie en roman

— Monsieur... Que puis-je faire pour vous? prononçai-je en une sorte de jeu destiné à endiguer l'émotion qui m'étreignait.

— Mais... si ce n'est pas...

Et mon nom me parvint comme un appel.

— Oui, Laurent, c'est moi.

Son prénom, comme une invite à reprendre le temps perdu. À vivre le présent.

Ce qui passa dans nos regards, ce qui se dit derrière nos mots entrecoupés de silences qui étaient loin d'être muets est indicible. Tout se passa comme si je m'étais vue de l'extérieur: façonnée par les événements marquants qu'a-vaient constitués mon mariage par lequel j'étais devenue femme, mon action sociale qui m'avait ouvert les yeux sur le monde et même la tentation d'adultère avec mon beau Slave qui m'eût sortie de l'étouffement d'une union mal assortie. Tout cela ne m'avait-il pas préparée à tourner la page d'une vie surprotégée par la famille, stérilisée par la religiosité? Aussi le retour, à l'âge adulte, de mon premier amour ne m'apparaissait-il aucunement comme un danger d'infidélité. Au contraire, ma passion enfin vécue avec Laurent signifierait un retour fidèle à l'état d'esprit de mes dix-sept ans.

— Qu'es-tu devenue?

— Qu'est-ce que tu deviens?

Nos deux questions se télescopèrent, et nous éclatâmes de rire. Son visage reprit de la couleur, qui avait pâli en me reconnaissant.

Durant l'heure qu'il passa avec la directrice de l'Oeuvre, je revécus son arrivée parmi nous au lac Castor: ma déception des premiers jours, car il venait déranger le petit groupe compact que nous formions, Ghislaine, ses deux frères et moi. Et ne m'enlevait-il pas à l'un d'eux dont je m'étais secrètement éprise? Je revoyais, comme si c'eût été hier, la promenade en chaloupe où les deux garçons nous avaient laissées ramer, Ghislaine et moi, et où Laurent s'était étendu dans le fond, me regardant ironiquement m'esquinter sur les rames. Était-ce à cet instant précis que mes émois d'adolescente s'étaient transformés en passion amoureuse?

Les «Te souviens-tu?» fusèrent aussitôt que, son entrevue terminée, il m'emmena dans un restaurant où nous parlâmes du passé pendant des heures. Ce chevauchement du temps eut pour effet de m'arracher totalement au présent, à ce point que je ne me souciai pas de l'effet qu'aurait mon retard à la maison.

— C'est drôle, je ne te vois pas mariée...

— Tu t'attendais peut-être à ce que je t'attende?... dis-je, moqueuse.

L'attendre... Il me semblait tout à coup que je n'avais fait que ça depuis...

— Seize ans... Tu te rends compte!

— La vie passe et on ne la voit pas passer.

Il n'y a pas de maladresse d'expression ni de lieu commun pour la mémoire qui défile à toute vapeur par crainte que cette première fois se révèle la dernière.

Car il m'avait dit, dès notre sortie de l'Accueil, qu'il était marié et qu'il avait un fils.

Mais voilà qu'il regardait l'heure. Et nous n'en étions encore qu'à revivre nos facéties de cet été lointain. Inoubliable, surtout parce qu'il devait être suivi, l'hiver venu, du jour marquant de la Saint-Valentin et des mois brûlants qui en découleraient.

Je me sentis tout à coup fautive: la femme mariée se montrait le bout du nez. Mais la femme tout court?... La vraie était là, dans le présent. Face à cet homme, mon ami d'enfance, mon presque frère, qui avait priorité sur l'autre apparu dans ma vie et accepté par moi, comme mari, que parce que celui qui aurait dû le devenir m'avait été arraché au nom d'une foi que je ne pratiquais plus que par habitude.

— Fais-tu ta religion? demandai-je.

— J'ai cessé dernièrement d'aller à la messe. Et toi?

— Je crois bien que j'y suis allée pour la dernière fois dimanche...

Le temps était venu de faire coïncider ma vie avec mes pensées. Il y avait longtemps que je ne voyais plus que le symbole, dans le dogme de la transsubstantiation.

Long regard silencieux. Puis, se levant:

— J'aurai à revenir à l'Oeuvre. Le jeudi comme aujourd'hui, ça t'irait?

Rentrée chez moi, je me demandai ce que j'y faisais. Que devenais-je, aux côtés d'un conjoint avec qui je n'avais plus rien en commun? Quelle continuité ma petite vie plate et silencieuse avait-elle avec ma riche existence d'autrefois dans ma grande famille remplie de chant, de discussions, portes s'ouvrant aux amis de chacun des enfants, sans compter ceux de mes parents? Ici, aucune fantaisie, aucune visite-surprise. Nous n'avions pas d'amis, et j'avais peu en commun avec mes beaux-frères et belles-sœurs.

Heureusement qu'il y avait mon travail, où je me meublais l'esprit. Mais justement: qui donc faire profiter de mon évolution? Mon mari semblait plutôt regretter la solitaire un peu triste et résignée qu'il avait connue. M'épanouissant sans lui, je lui devenais étrangère. Et c'était tant mieux: le jour venu de la «séparation de corps», la rupture serait moins brutale pour lui, puisque nul attachement profond ne subsistait plus entre nous.

Mais pour l'instant, l'instinct de possession le tenait encore. Il me fallait être très prudente: la seule pensée que je lui serais infidèle pourrait déchaîner une réaction qui, chez les doux, se mue parfois en une violence inattendue.

Aussi lui cachai-je mes rendez-vous du jeudi en recourant au mensonge: la transformation de l'Oeuvre des réfugiés hongrois en Service d'accueil aux immigrants puis aux itinérants exigeait beaucoup de moi et je devais y consacrer quelques heures le jeudi soir... C'est peut-être ce qui me déplaisait le plus, car je voyais dans le fait d'avoir à mentir une entrave à ma liberté. Qu'est-ce que j'attendais donc pour me libérer de ces liens devenus un boulet? Il faut dire qu'à l'époque les séparations de couples étaient rares. Je fus d'ailleurs la première de tout mon entourage à oser m'engager dans les procédures menant à la séparation légale. Cela me fut facilité par le fait que nous n'avions pas d'enfant et que je ne demandais aucune pension alimentaire.

Cependant, pour Laurent et moi, une fois que nous eûmes fait le tour de notre mince passé commun, le présent commença à distiller entre nous une curiosité pour l'inconnu, l'inconnue, que nous étions devenus l'un pour l'autre. Et le coup de foudre se produisit alors. La passion nous inonda. Il nous fallait de toute urgence reprendre le contact là où nos «danses collées» et nos baisers avaient été suspendus.

Nos conversations devant un sandwich et un café ne nous suffirent plus. Il m'emmena un soir dîner dans un grand hôtel où nous dansâmes à satiété. Sans me le dire, il alla réserver une chambre. Quoique gênée par les regards entendus du personnel, j'acquiesçai, tant le désir m'avait envahie. Cependant, notre étreinte fut entachée par le décor impersonnel, qui nous donnait l'impression d'une passade. La clandestinité nous attristait plus qu'elle ne nous aiguillonnait.

Ce fut la seule fois que nous eûmes recours à une telle solution expéditive. Nous louâmes une chambre, au mois, à mi-chemin entre son bureau et le mien. Nous nous y familiarisions en allant y déjeuner à l'occasion, seuls ou ensemble. Le jeudi soir pouvait maintenant venir: nous nous y sentions chez nous.

Lorsque je m'y retrouvais sans lui une heure ou deux, j'écrivais. Des poèmes pleins de passion et des «pensées en forme de dialogue». Que je lui remettais ensuite pour qu'il les lise hors de ma présence, tout comme nous le faisions dans le temps. «C'est toi que j'aurais dû épouser», nous répétions-nous comme un leitmotiv. J'en venais même à croire les inventions que je me fabriquais: une certaine ressemblance physique existant entre lui et mon mari, j'insinuais que j'avais choisi la copie à défaut de l'original... Pour illustrer mes dires, je lui montrai le portrait à l'huile que j'avais exécuté au temps de mes fiançailles: mon mari ne s'y était jamais reconnu, et j'en accusais mon incapacité de rendre la ressemblance. Mais devant Laurent, j'interprétais plutôt cet échec comme une tentative de retrouver, sous les traits de mon mari, ceux dont j'avais gardé l'image bien vivante en moi. Et il n'était pas faux que le regard du portrait avait une lueur un brin ironique, plus en accord avec le tempérament de Laurent qu'avec celui du modèle original, mon mari ayant plutôt l'air sévère.

— Tu peins donc..., m'avait-il dit.

— Malheureusement, je n'ai pas persévéré.

Dans les premiers temps de mon mariage, nous partions avec notre attirail d'amateur dans les champs qui prolongeaient alors le Jardin botanique jusqu'au boulevard Rosemont. Et là, tandis qu'il s'essayait à reproduire arbustes et fleurs, je m'inspirais d'un petit étang bordé de saules et exécutais des paysages qui me rappelaient ceux du lac Castor.

— On a donc fait le même cheminement, commenta Laurent, nostalgique.

— Ne me dis pas que toi aussi...

— Je ne fais que dessiner. Au fusain. Je ne me suis jamais vraiment équipé pour la peinture.

Le jour de son anniversaire venu, je n'eus pas à me creuser la tête pour lui choisir un cadeau. Et jusqu'à ces toutes dernières années, il devait me rappeler que c'est grâce aux tubes et pinceaux que je lui avais offerts s'il a peu à peu bifurqué vers le domaine des arts: peinture à l'huile et aussi sculpture sur métal.

Par lui l'amour était entré dans ma vie. Par lui j'étais à la fois comblée et malheureuse. D'où l'intensité de la flamme qui m'habitait nuit et jour. Sans lui en vouloir vraiment de sa fidélité envers sa femme et son fils, que n'avaient pas l'air d'altérer nos ébats amoureux, le partage me faisait souffrir. Ce n'était pas encore de la révolte. Je crois bien que je m'en délectais, mesurant ma passion au degré de frustration que m'infligeait l'impossibilité de la vivre au grand jour.

Cependant, cette liaison se frayait en moi un chemin vers la libération. Elle m'apportait une autonomie inaugurée par mon bénévolat auprès des jeunes mères célibataires, poursuivie avec les cours de création littéraire, consolidée grâce à mon travail auprès des immigrants. Ma passion elle-même allait se révéler une étape décisive vers la prise en charge complète de ma propre vie.

C'est ainsi que je me préparai à me séparer d'avec mon mari. Ce qui devint possible grâce, encore une fois, à un coup de pouce du hasard. Ce hasard qui, jusque-là, m'avait si fidèlement fait signe dans mes moments les plus creux.

Un dimanche d'août 1960. J'étais en visite chez mes parents. Mon mari ne m'y accompagnait pas. J'avais commencé de confier à ma mère les désaccords qui m'éloignaient de plus en plus de lui. Le mot «séparation» fut alors prononcé pour la première fois. Ce qui sembla inquiéter plus que tout maman, c'était non pas tant le déshonneur rattaché à un tel acte, que la difficulté pour une femme seule de subvenir à ses besoins. Et ce n'était pas avec mon maigre salaire annuel de 3 000 $ que je pouvais espérer vivre décemment!

C'est alors que, me regardant feuilleter machinalement *La Semaine à Radio-Canada* à laquelle mes parents étaient abonnés depuis l'arrivée de la télévision, elle formula tout uniment ce vœu: «Je serais fière de voir ma fille écrire dans cette revue...»

Je ne fis ni une ni deux: dès le lendemain, j'appelai à Radio-Canada, demandai à parler au directeur de la publication, dont j'avais noté le nom dans l'exemplaire de mes parents. Si j'obtins facilement un rendez-vous, c'est que je mentionnai avoir suivi les cours de création littéraire de Robert Élie. Eh bien, il se trouvait que l'écrivain-professeur était le fondateur de *La Semaine*... Coïncidence, toujours. Signe, quand on sait être à l'écoute.

Je crois pouvoir dire que ce qui me motiva à entreprendre des démarches pour entrer à Radio-Canada fut non pas surtout le besoin d'améliorer ma condition pécuniaire, mais plutôt le désir de répondre à la confiance que maman mettait en sa fille. Eh oui! même à trente-quatre ans, l'image que me renvoyait de moi ma mère était prépondérante. Elle savait que je griffonnais depuis toujours et, sans avoir jamais rien lu de moi, elle ne manifestait aucun doute sur ma capacité de gagner ma vie de ma plume...

Armée de quelques spécimens de ma prose, je me rendis donc à la convocation du chef des publications qui me fit passer un test, que je réussis haut la main. Il me prévint toutefois qu'aucun poste de rédacteur n'était vacant, mais il m'assura qu'il me téléphonerait aussitôt qu'il se présenterait la moindre ouverture.

«Aussitôt», m'avait-il dit? Je me butai sur ce mot et sur la promesse d'embauche prochaine qu'il comportait. Une semaine passa, puis deux, puis trois: aucune nouvelle. Je travaillais à l'Accueil avec de moins en moins de zèle. Et même Laurent me voyait distraite, moins ardente et aussi moins abattue devant la situation inextricable où me mettait sa fidélité à sa femme et à son fils. Quant à mon mari, s'aperçut-il seulement de mon attente fébrile? Il était surtout agacé par les cours de philosophie auxquels je m'étais inscrite comme auditrice libre. Il se plaignait, le samedi soir, de me voir étudier au lieu de l'accompagner au cinéma ainsi que nous le faisions depuis des années. Et le dimanche après-midi, de préférer la lecture de mes philosophes à sa famille que nous ne recevions plus et à qui j'avais cessé de rendre visite.

Au bout de trois semaines, donc, n'en pouvant plus d'impatience, je rappelai à Radio-Canada: toujours aucun poste vacant. On m'incita toutefois à ne pas me décourager: il y avait des mutations en vue. C'est ainsi que pour ne pas me faire oublier, je les harcelai toutes les deux semaines durant les mois d'octobre et de novembre. Toujours la même réponse dont je ne me satisfaisais pas.

Arriva enfin décembre: je n'eus pas à appeler. C'est le bureau du personnel qui le fit, m'invitant à m'y présenter avec mon certificat de naissance.

Ayant peine à cacher ma joie, j'avertis de mon départ prochain la directrice de l'Accueil ainsi que mes compagnes et compagnons de travail. Cependant, durant le mois qui s'écoula entre mon engagement proprement dit et mon entrée effective à Radio-Canada, prévue pour le 3 janvier, le doute m'envahit. Serai-je à la hauteur des tâches qui m'attendaient: rédaction et révision de textes de promotion pour les émissions de radio et de télévision, correction d'épreuves?

Deux ruptures allaient survenir coup sur coup en cette fin d'année 1960, bien que le mot «rupture» ne s'appliquât pas tout à fait à mon détachement progressif de Laurent, dont j'acceptais mal qu'il ne me fasse qu'une place secondaire dans sa vie. Et comme, d'autre part, je n'aurais voulu en rien être la cause du malheur de sa femme et de son fils, je m'éloignais, plutôt que de revendiquer. Nos soirées du jeudi s'espacèrent et en décembre, nous ne renouvelâmes pas la location de ce qui avait été notre nid d'amour. Nous continuions à nous voir en amis, comme si la passion autrefois contrecarrée s'était tarie d'avoir été vécue librement dans notre âge adulte. Cependant, une complicité toute singulière, de type fraternel, et donc inatteignable — du moins le pensions-nous —, nous liait, et nous nous imaginions très bien cheminer parallèlement tout le reste de notre vie sans jamais nous perdre de vue. Nous nous aimions toujours: nous nous ressemblions tant. Mais comme j'étais peu masochiste, je préférai faire taire ma sensualité. Je me promis toutefois de ne plus jamais m'éprendre d'un homme marié! L'avenir allait me faire réfléchir sur le mot «jamais»...

Quant à mon mari, la séparation devait se précipiter, un dimanche après le déjeuner pris dans un silence étouffant. Je m'étais levée de table à peine la dernière bouchée avalée. Je me mis en frais de transporter dans la pièce du devant, mieux éclairée, le fauteuil dans lequel je voulais m'installer pour étudier en paix. Je l'entendis soudain se lever avec fracas, frapper la table de son poing et me lancer, sur un ton coléreux que je ne lui connaissais pas: «Si tu ne pars pas, ce sera les coups!» Puis il prit son manteau et sortit en claquant la porte.

Restée seule, j'eus un vague étourdissement. Et c'est le cœur battant à tout rompre que je commençai à empiler dans des cartons mes livres et le contenu de mes tiroirs. Puis je téléphonai à maman, que je mis au courant de la situation en quelques phrases brèves. Compréhensive comme toujours, elle me dit: «Qu'il voie ta décision de partir dès qu'il remettra les pieds dans la maison.» C'est pourquoi je plaçai les boîtes bien en évidence dans le corridor, non loin de la porte. Et en effet, à son retour, il eut ce simple commentaire: «Je vois que tu t'es enfin décidée!» Ces mots devaient être les derniers que j'entendis de lui; car le vendredi suivant, ayant toute la semaine fait les démarches nécessaires auprès d'un avocat, m'être trouvé un appartement non loin de mon travail et passé mes soirées jusque tard dans la nuit à empaqueter mes affaires, il n'eut aucune réaction lorsque je lui annonçai que les déménageurs viendraient le lendemain matin à dix heures. Il se contenta de se lever très tôt et il sortit sans même prendre un café. Ce furent là nos adieux. Je ne devais le revoir qu'une fois, cinq ou six ans plus tard, chez son frère et sa belle-sœur qui m'avaient invitée à l'occasion d'une fête en l'honneur de leur fille dont j'étais la marraine. «Tu n'as pas changé, m'a-t-il alors déclaré. On dirait même que tu rajeunis.» Puis: «Je vois ton nom dans *La Semaine à Radio-Canada...*» Il était l'un de nos abonnés, au nombre modeste de 3 000!

Quelques années plus tard, le 2 janvier 1969, ma sœur Marcelle me téléphone:

— Ton mari s'appelait bien Roger?

— S'appelait! Mais... est-ce qu'il serait mort?

— Justement, je lis dans *La Presse:* «Le 31 décembre à Montréal, à l'âge de quarante-deux ans...»

— Ha!

— Margot! Tu es toujours là?

Un voile noir me passa devant les yeux, et je dus aller m'asperger d'eau froide le visage. C'était la première fois que j'étais confrontée à la mort de quelqu'un de mon âge; quelqu'un que j'avais côtoyé de si près et que j'avais aimé, à ma manière. Je devais apprendre par son frère qu'il était mort sur la table d'opération, d'une tumeur au cerveau.

Durant toute une semaine, je fis de l'insomnie. Ma mémoire en éveil, je revoyais tout ce qui avait meublé notre vie à deux et, étrangement, les beaux moments avaient plus d'acuité que les autres que j'avais peine à me remémorer. Le sommeil ne me revint que lorsque j'eus épuisé tous les souvenirs que je gardais de lui. C'est de ce jour, je crois bien, que la brièveté de la vie m'apparut dans toute sa dérision. Je devais hélas, au cours des ans, trouver bien d'autres occasions de m'interroger sur notre destin à tous...

Ma séparation inaugurerait pour moi un état auquel m'avait peu préparée ma vie au sein d'une famille nombreuse: la solitude. Certes, elle avait déjà pointé le nez lors des départs successifs de quelques-uns de mes frères et sœurs pour se marier. Mais dans ces années creuses où j'en étais encore à attendre un mari, j'avais tout de même vécu entre mon père et ma mère, Georgette la dernière des «trois petites», ainsi que Jean-Paul le benjamin. Avec ma séparation, je m'établissais seule dans une pièce et demie où je dormirais sans mari ou sœur à qui confier les fantaisies de mon imagination.

«Je vais enfin respirer!» avais-je dit à maman, vivre seule me faisant moins peur que l'enfermement du couple qui n'a plus rien à se dire et dont les regards ne se rencontrent plus. Silence pour silence, je préférais affronter celui de l'absence de l'autre, plutôt que ses reproches muets, lourds de sous-entendus butés. Je pourrais du moins meubler le manque de paroles par la musique de mon choix aussi bien que par le léger froissement des pages que je tournerais librement, sans remords. Oui, je préférais vivre seule que devant un témoin critique de mes choix les plus vrais, en musique comme en philosophie, que j'étudiai cette année-là avec une ardeur telle que je voulais, un peu naïvement, en arriver à connaître en quelques mois Aristote, Socrate, Héraclite, Platon, en plus d'Augustin, Thomas, Kant, Descartes, Spinoza, sans compter Maritain ou Gabriel Marcel. Je m'ouvrais néanmoins l'esprit à la pensée pure, et acquérais un mode de réflexion qui contrebalançait l'absence de questionnement où m'avaient longtemps maintenue les dogmes religieux. Je travaillais à penser par moi-même. Je me forgeais une individualité, une liberté qui contribuerait à m'aider, justement, à affronter la solitude sans m'y engloutir.

Le service de publicité de Radio-Canada avait alors ses bureaux au douzième étage de l'édifice de la Northern, situé à l'angle des rues Guy et Dorchester. J'y travaillerai jusqu'au regroupement de tous les services de la Société dans son immeuble actuel, que je ne quitterai qu'en septembre 1984 pour prendre une préretraite; après vingt-quatre ans.

Cependant, lorsque je m'y présentai pour la première fois, j'étais loin de penser que j'y ferais carrière. C'est ainsi que l'employée du bureau du personnel qui me renseignait sur les avantages sociaux auxquels j'aurais droit et dont les cotisations me semblaient élevées me parut tout à fait fantaisiste lorsqu'elle me répondit qu'il me fallait bien me préparer pour ma retraite... Je ne savais alors pas que la trentaine rejoint plus rapidement la soixantaine que l'enfance ne nous mène à l'âge adulte. Les années filent à la vitesse supplémentaire que leur confère la conscience que l'on prend de la précarité de l'existence. L'idée de la mort inéluctable accélère le processus de la vie, comme si on voulait nier le sort absurde, lui faire un pied de nez en le remplissant à ras bords de nos propres réalisations.

C'est le cœur battant, les yeux brillants sous une montée d'adrénaline, que je me présentai, le jour venu, au chef des publications que je n'avais pas revu depuis qu'il avait accepté de me faire passer un test de rédaction, quatre mois plus tôt. Il ne parut pas me reconnaître de prime abord. C'est que j'avais changé; j'avais travaillé à me libérer. Même de Laurent? me demandais-je.

J'avais recommencé à le désirer après une période de révolte. Nos corps se retrouvaient désespérément, sans se repaître mais au contraire en rallumant sans cesse une flamme dont, pour ma part, je craignais qu'elle soit à jamais inextinguible. J'avais beau me morigéner au nom même de ma liberté fraîchement reconquise, régulièrement ma chair exigeait son tribut. Et, paradoxalement, plus j'avais l'esprit occupé par mes nouvelles fonctions, plus mon imaginaire affectif s'activait.

Car j'avais vraiment de quoi m'occuper l'esprit. Mon nouveau travail m'ouvrait des perspectives sur ce qui, après la musique, m'intéressait le plus: la langue.

J'étais à peine installée au pupitre que m'avait assigné le rédacteur en chef de *La Semaine,* qu'il m'apporta un jeu d'épreuves à corriger. Il m'avait remis comme instruments de travail un Larousse, un Grevisse et *L'Art de conjuguer.* Également: une liste des signes utilisés universellement pour les corrections d'imprimerie. Je m'appliquai à lire les épreuves, toute contente d'y déceler facilement les coquilles, les fautes de ponctuation, les inversions de lettres. Tout à coup, je sursautai: une faute d'orthographe. Fière de ma perspicacité, je vais remettre les épreuves corrigées à mon patron. Deux minutes ne se sont pas écoulées qu'il se pointe et se tient debout à côté de mon bureau, une froideur un peu condescendante inscrite sur le visage.

— C'est vous qui avez ajouté ce n?
— Oui... il n'y en avait qu'un.
— Aviez-vous vérifié au dictionnaire?
— Ce n'était pas nécessaire!

Mais le doute s'insinuait en moi: se pourrait-il...

Oui, il se pouvait. C'était même certain: «résonance» ne prend qu'un n, contrairement à «résonner», tout comme «consonance».

J'étais honteuse; en même temps qu'emballée: moi qui croyais connaître mon français, je constatais qu'un nouveau défi se présentait. D'autant plus que le rédacteur en chef venait d'ajouter à mes instruments de travail le *Dictionnaire des difficultés de la langue française* de Thomas.

— Il devrait être la bible de tout correcteur d'épreuves qui se respecte, avait-il commenté en me le remettant.

Impressionnée, curieuse et l'esprit de doute tout spécialement en alerte, non seulement je le consultais à tout propos, mais je le feuilletais au hasard, enregistrant les barbarismes, les faux amis, les fautes de syntaxe les plus courantes, les règles des participes passés. Je m'arrêtais aux adjectifs verbaux dont l'orthographe diffère parfois de celle des participes présents; au genre étonnant de certains noms: apogée, ébène, hémisphère, oasis, pétale, tentacule, effluves. J'arrivais même plus tôt le matin et grugeais sur mes heures de déjeuner, pour étudier le petit livre à couverture jaune si utile pour qui aspire à écrire sans fautes. C'est ainsi que j'appris qu'on dit *au* pied levé et non *à; tenir* pour acquis et non *prendre*. Qu'il faut se garder de dire des problèmes *pécuniers* mais *pécuniaires*. Qu'on doit bannir le disgracieux et fautif *de* d'autres; ainsi que *un* espèce de, sous prétexte que le mot «espèce» est suivi d'un nom masculin. Dire à *longueur* d'année et non à l'année *longue*.

Mon zèle fut récompensé: je devais bientôt avoir ma revanche sur mon patron... en le prenant à mon tour en défaut! Je découvris un jour dans une épreuve qui lui était pourtant passée entre les mains le substantif *repartie* surmonté d'un accent aigu. Je venais justement de lire, dans ma «bible», que ce mot qui vient du verbe repartir (répondre vivement, sur-le-champ) et non de répartir (partager, distribuer) ne prend pas d'accent.

Nous étions quittes, du moins pour l'instant. Car l'émulation devint si forte entre nous que, pour corriger le retard que j'avais sur lui, je me mis en frais de lire systématiquement, d'un couvert à l'autre, le petit dictionnaire dont j'usai trois exemplaires au fil des ans.

Ma vie avait changé. Même si je retrouvais toujours des traces de mon enfance et de mon adolescence dans mes tentatives d'écriture, je me sentais dans la position de qui tourne le dos à son passé pour mieux aller de l'avant. Je ne serais jamais une musicienne, soit! Je ne chantais plus guère que lors de mes visites mensuelles à mes parents.

De mes frères et sœurs, je n'étais régulièrement en contact qu'avec Marcelle, qui faisait partie du cercle littéraire que nous avions modestement formé avec quelques collègues des cours de création. Je ne côtoyais les autres qu'en famille, à l'occasion de la naissance de l'un ou l'autre de leurs enfants. Quant au trio des «petites», s'il s'était quelque peu effrité au temps de nos mariages successifs, il se maintenait de loin par la correspondance assidue que j'avais toujours eue avec Thérèse et par les week-ends que j'allais régulièrement passer chez elle à Shawinigan, ainsi qu'avec Georgette qui m'invitait, l'été, à la rejoindre, elle, son mari et leurs trois filles, à leur chalet des Laurentides.

Je revenais de ces plongées dans la nature avec un fourmillement d'images champêtres qui avaient nourri, quelques années plus tôt, ma longue nouvelle intitulée *Poussière d'été* et dont l'action se passe dans la Mauricie. Stimulée par les cours de Robert Élie, j'avais transformé le récit en roman, que je présentai à un éditeur en 1960. Un espoir fébrile, traversé de doute, m'habita tout au cours des nombreux mois d'attente qui m'étaient imposés.

Je reçus enfin de l'éditeur une lettre... de refus: «Il y a indiscutablement dans votre manuscrit un sujet intéressant. Mais je trouve que vous n'avez fait que l'effleurer. Il faudrait peut-être un Bernanos pour traduire le côté démoniaque de Mariette, tout en lui laissant un côté humain qui la rendrait pitoyable. En ce qui concerne la forme, elle est généralement correcte et il ne lui manque guère que d'être fluide. Je pense qu'il vous faudrait laisser longtemps dormir ce manuscrit avant de vous y réattaquer.»

Profondément déçue mais ne voulant pas me laisser aller au découragement, je l'envoyai à un éditeur de Québec et l'attente stressante recommença. Ce fut un nouveau refus: «Je vous retourne votre manuscrit qui est bien celui qui m'a le plus retenu de tous ceux que j'ai refusés cet automne. Je vous avoue que j'ai longtemps hésité avant de vous le retourner.»

Cette histoire, je la retravaillerai quinze ans plus tard. Elle parut finalement en 1977, sous le titre de *Debout dans le soleil*. J'en reçus de bonnes critiques et le livre connut un certain succès.

Mais pour l'instant, depuis mon entrée à Radio-Canada, si j'écrivais toujours autant, la publication éventuelle de mes écrits n'était pas au premier rang de mes préoccupations. Cette demi-désaffection, qui se poursuivit jusqu'en 1974, explique en partie ma «vocation tardive». C'est que mes trente-cinq ans trouvaient leur épanouissement de plusieurs autres façons. Le travail, d'abord. J'aimais ce que je faisais à *La Semaine*. Mon temps se partageait entre les entrevues avec des auteurs, des réalisateurs ou des interprètes de télé-théâtres dont je lisais les textes avant d'assister aux répétitions, et la révision des articles des autres rédacteurs, la correction d'épreuves ainsi qu'une séance hebdomadaire à l'atelier de composition et chez l'imprimeur pour donner le bon à tirer.

L'esprit d'équipe faisait aussi son entrée dans ma vie. Bien que je l'eusse déjà quelque peu connu à l'Oeuvre des réfugiés et à l'Accueil aux voyageurs, j'avais été empêchée d'y participer entièrement à cause d'un sentiment assez paradoxal: c'est moi qui me sentais l'étrangère! Face aux divers interprètes, qui se laissaient parfois aller à parler allemand, hongrois ou polonais devant nous, je me sentais si éloignée de tout ce qui les avait marqués, que tout en me laissant imprégner par la richesse de leurs diverses cultures, j'étais restée en retrait. Cependant, avec mes collègues de la publicité, aussi bien rédacteurs que préposés aux renseignements et à la photo, les affinités étaient multiples et nous n'avions de cesse d'échanger des propos sur nos lectures, les concerts ou pièces de théâtre auxquels l'un ou l'autre avait assisté. Peu à peu j'en vins à déceler de vrais amis parmi mes collègues aussi bien féminins que masculins.

Et ce qui devait arriver arriva: je m'épris de l'un d'eux.

Je n'ai jamais, je crois — depuis mes quatorze ans et la passion secrète que j'ai longtemps couvée pour mon beau cousin Guy, qui devait faire carrière comme attaché d'ambassade —, je n'ai jamais vécu plus de six mois consécutifs sans un homme à qui penser amoureusement. Toutes ces amours restèrent ignorées de ceux-là mêmes qui les suscitaient. Le désir prenait toute sa force dans la tête et y restait. Était-ce dû au fait que, le transposant sur le papier, je l'épuisais? Ainsi, son objet réel me semblait-il toujours en deçà de l'amant imaginé. Il est vrai que la «vertu» exigée par la morale catholique, tout en m'interdisant les «plaisirs de la chair», s'était trouvée à encourager ma propension à fabuler. Car les «mauvaises pensées» et les «mauvais désirs» étaient quand même considérés comme moins graves que les «mauvaises actions»!

Cependant, depuis que j'avais conquis ma liberté face aux préceptes religieux et que j'avais laissé Laurent s'éloigner, j'aurais peut-être continué de rêver à vide, si un jour quelqu'un ne s'était présenté, presque aussi rapide que mon imaginaire...

Je l'avais remarqué dès les premiers jours. Distant, peu loquace — appelons-le Vincent —, il m'était apparu comme un être secret qui ne se découvre qu'aux intimes. Il m'intriguait et souvent je parlais à son intention dans nos discussions entre collègues: je m'ingéniais à tenter d'ébranler la retenue derrière laquelle il se cachait.

Ainsi finis-je par penser à lui en dehors du bureau. Il éveillait ma curiosité avec son air raffiné presque aristocratique.

Un jour, j'en vins à me demander ce qu'il pensait de moi. La disponibilité aurait-elle un code de reconnaissance? Toujours est-il que je n'eus pas à attendre longtemps une réponse à mon interrogation: l'après-midi même il m'invitait à aller prendre un café à cinq heures.

C'est un vermouth qu'il m'offrit. Et je n'avais pas sitôt porté mon verre à mes lèvres, qu'il attaqua:

— Vous a-t-on déjà dit que l'on vous aime?

Ma main se mit à trembler et je prononçai sourdement:

— Ce n'est pas une chose que l'on dit à une femme...

— Et à qui d'autre peut-on dire ce genre de chose?

Je levai les yeux de mon verre et fus séduite en un éclair. Mille mots se pressaient sous mon front et nul ne me semblait assez fort pour exprimer ce que j'éprouvais. En était-il ainsi de lui? Sait-on jamais: les hommes sont si différents de nous, en amour...

— Et vous êtes marié..., murmurai-je imperceptiblement, brûlant déjà pour lui.

— J'envie un type comme G..., que sa foi protège, répondit-il curieusement, se référant à l'un de ses amis, fervent catholique.

Je fus touchée par son allusion au problème religieux de l'infidélité conjugale, même si je le considérais comme dépassé lorsque l'amour n'y est plus.

— Si l'on ne doit compter que sur le Ciel pour se protéger des tentations…, murmurai-je.

— Vous n'avez pas la foi? demanda-t-il doucement.

— Je ne pratique plus. Mais la question me semble ailleurs. Si le sentiment d'un homme pour sa femme ne suffit pas à l'éloigner des autres femmes, les préceptes de l'Église ne seront qu'une triste béquille. Ce qui n'a pas grand-chose à voir avec la foi. Ni avec l'amour, d'ailleurs.

— Oui, la vraie place de l'amour, à mesure qu'on avance dans la vie… Avec le mariage, on se croit à l'abri des tempêtes. On ne s'attend pas qu'à trente-cinq ans la passion…

Se pourrait-il…? Enfin un écho à mes désirs! Laurent pouvait reprendre sa place dans le passé! Sans doute ferait-il toujours partie de mon paysage intérieur, mais à la manière d'un témoin d'une période importante mais vraiment révolue.

— Je veux vivre dans le présent, laissai-je échapper.

La tristesse voila son regard, et je compris que je ne devais pas le brusquer. Il était visible qu'il n'avait pour l'instant rien à m'offrir. Sa lutte entre l'amour et le devoir était encore trop peu engagée pour que la souffrance tranche pour lui.

Mon attente devait durer jusqu'en avril. Deux mois à avoir mal. À être obsédée hors de sa présence, à trembler de désir à sa vue. J'avais l'impression que tout le bureau avait conscience de ce qui se tramait entre nous. L'air était rempli des effluves d'un désir que ne faisait qu'amplifier notre refus de le vivre. Lui, par fidélité à la parole donnée au pied de l'autel; moi, par respect pour le débat qui se jouait en lui.

Temps d'attente insoutenable, n'eût été mon journal intime où je déversais ma brûlure.

«Il ne se passe jamais rien, me disais-je au temps où nul amour ne me hantait. Aujourd'hui que je suis en proie à la passion, je voudrais courir vers lui, nue dans la montagne. Ma trop grande solitude traversée par son absence m'enlève toute liberté.»

Sous le titre général de «Pensées», je tapais, à l'endos de feuillets aux armes de *La Semaine à Radio-Canada*, des réflexions où j'exprimais ma «graphomanie»:

«Écrire peut être une urgence de liberté. M'exprimer est pour moi une urgence de vérité.»

«Il faut créer des mensonges. Des mensonges qui correspondent à notre vérité. Qui nous compromettent vis-à-vis de nous-mêmes. Et s'arranger pour qu'ils deviennent vrais en s'intégrant à notre moi.»

«Que serait la réalité sans les mots pour la cerner? Le langage la fait s'évader du néant.»

«Écrire jusqu'à en épuiser l'envie. Écrire pour que ce ne soit plus à faire.»

Le romancier Jean-Marie Poirier m'avait écrit, en réponse à l'envoi d'un manuscrit de roman: «[...] le métier d'écrivain exige tant de labeur et de patience. Seuls y parviennent les possédés. Ce démon, je vous le souhaite de tout cœur. Mais... n'en êtes-vous pas déjà habitée? Écrivez. Que l'œuvre soit publiée ou non, la création comporte sa propre récompense: cette vertu de libération qui est déjà un dépassement et une communion.»

Cependant, mon écriture me semblait fade, en regard de l'amour dont je brûlais. Mais paradoxalement, c'est sur quelques spécimens de *Pensées secrètes* que je comptais pour abattre les derniers scrupules de Vincent. Je lui avais fait lire quelques-unes de mes nouvelles, parmi lesquelles j'avais glissé, comme par inadvertance, quelques réflexions intimes où le désir appelait de ses cris rauques la volupté.

Au début d'avril, la veille de mon anniversaire, il me dit, en me remettant mes pages manuscrites:

— J'aimerais vous en parler. Êtes-vous libre, demain à cinq heures?

— Cette fois, c'est moi qui vous offre un verre. J'ai justement une bouteille de vermouth à la maison.

Ce midi-là, j'allai m'acheter une chemise de nuit soyeuse avec insertion de dentelle...

Nul cynisme dans ma démarche délibérée de séduction. L'œuvre de chair alliée à l'ardeur amoureuse ne m'a jamais

114

créé de problème de probité. Seul un relent de culpabilité face à l'infidélité conjugale entachait ma joie. Car, marié depuis dix ans, Vincent n'avait jamais connu d'autre femme. Il ne me suffisait cependant pas de me dire que c'était là «son» problème, car je m'interrogeais moi-même sur ma capacité d'amour véritable. Cela m'arrangeait peut-être d'avoir encore une fois affaire à un homme marié, même si, au sortir de mon aventure avec Laurent, je m'étais promis de ne plus jamais m'y frotter. Ce sont les commencements qui me troublent par-dessus tout: les tremblements de l'attente, l'angoisse du doute, les regards éperdus, les hésitations des premiers gestes. Ai-je jamais connu le sentiment stable qui succède aux premiers feux? Je ne m'en vante pas: mon inaptitude à transformer ma flamme en tendresse allait générer, chez moi, bien des solitudes. Cependant, ces périodes en apparence creuses m'étaient peut-être nécessaires pour me permettre de bien m'imprégner du fait vécu, pour en dégager tous les sucs. L'exaltation des sens sans l'action de la conscience eût risqué de transformer ma quête d'amour en recherche éperdue d'aventures uniquement sensuelles. Je me suis demandé si mon habitude de faire constamment le point, même en dehors de la page à noircir, n'est pas une séquelle des «examens de conscience» auxquels la pieuse petite fille avait autrefois été astreinte.

La pieuse petite fille… Elle se permit même de montrer le bout du nez lors de la première visite chez moi de Vincent.

Il était arrivé, fébrile, dans mon minuscule appartement dont, une fois la porte franchie, on avait une vue complète. On entrait de plain-pied dans l'unique pièce qui servait à la fois de salle de séjour et de lieu pour dormir, et qui se prolongeait par une étroite cuisine où le réfrigérateur, la cuisinière et l'évier entouraient une toute petite table carrée et deux chaises.

Nul moyen de faire ma marque entre ces quatre murs blanchâtres avec, pour tout ameublement, des reliquats de mon mariage raté: le divan qui me servait de lit, ainsi que deux fauteuils, une table surmontée d'une lampe, une radio et un tourne-disques. Mes livres étaient tout simplement déposés par terre le long du mur, et ma machine à écrire ne trouvait de place que dans le placard qui me servait de garde-robe et de fourre-tout.

Un émoi pudique me faisait trembler les mains, et j'avais peine à verser correctement le vermouth dans les verres qui s'entrechoquaient. Il m'avait apporté un recueil de poèmes d'Alain Grandbois, son poète préféré, dont il me demanda de lire quelques pages à haute voix. Ce que je lisais me restait obscur, tant sa présence me troublait. Il en fut de même lorsque je fis tourner une sonate de Beethoven: les notes glissaient sur moi sans aller au-delà des impressions auditives. La pensée de ma chemise de nuit neuve me fit, à un moment donné, rougir: cet homme plein de dignité et à la spiritualité à fleur de peau n'était certainement pas venu pour coucher!

Il resta deux heures. Deux heures qui me parurent sur le coup à la fois courtes et interminables dans leur long déroulement en porte-à-faux: m'être préparée pour l'amour et être perçue comme une simple amie avec qui partager lecture et musique...

Cependant, une fois seule, le temps s'arrêta un instant puis repartit à toute vitesse à rebours, me faisant revivre en accéléré tout ce qui n'avait pas été nos regards qui se croisaient et se fuyaient, au ralenti les gestes de nos mains qui avaient failli se frôler sur un disque, se heurter sur un verre, s'attarder sur un livre. «Je vous aime», me suis-je répété sans fin toute la soirée où je tournai en rond jusqu'aux portes du sommeil.

Le lendemain au bureau, c'est un visage énigmatique qu'il me montra. Tout au cours de la journée s'y inscrivirent une tristesse diffuse, une passion rentrée et comme une interrogation qui se serait teintée de reproche. Que lisait-il, lui, en moi qui balançais entre une fausse impassibilité et une invitation directe?

Le surlendemain, je cessai de m'interroger... Il rendait les armes. Rempli d'une fougue qui me faisait perdre pied. Que serait la vie sans passion? Une suite de jours, parfois lumineux certes, mais sans rapport réel avec le souffle mystérieux qui nous y maintient.

Nous sourîmes du malentendu qui, l'avant-veille, nous avait fait passer outre à une même pulsion érotique, ayant peur de blesser l'autre par une précipitation inconvenante. La chemise de nuit non étrennée le soir de mon anniversaire devait pour longtemps, entre nous, devenir un clin d'œil de connivence.

Cependant, notre liaison, si elle nous apporta des joies immédiates, fut surtout un continuel déchirement. Non pas tant par mes récriminations, que j'essayais de faire taire le plus possible, que par l'ardeur même de la passion qui nous faisait nous affronter plus qu'elle ne nous comblait. J'enviais sa femme, surtout durant les week-ends où elle l'avait tout à elle, tandis que je m'ennuyais à mourir toute seule entre mes quatre murs tristes. Et il se permettait d'être jaloux! De mes conversations avec les rédacteurs, de mes rires, des heures de déjeuner que lui et moi évitions de prendre ensemble. Ces cachotteries me minaient. Nous sommes même allés séparément à des premières au théâtre, en nous asseyant à deux rangées de distance! Le vouvoiement, imposé par le secret absolu dont il voulait entourer notre relation aux yeux des collègues, me charmait cependant plus qu'il ne m'embarrassait. Ce «vous» faisait tellement partie de l'image que nous avions l'un de l'autre, qu'il nous accompagnait même dans l'intimité la plus brûlante. Et quinze ans plus tard, nous retrouvant en amis, c'est en vain que nous nous efforcerons au tutoiement, qui nous donnait l'impression de jouer un rôle.

Je crois pouvoir dire qu'enfin j'aimais vraiment. À preuve — mais en est-ce réellement une? —, j'aurais voulu avoir un enfant de lui. Non pas pour lui forcer la main et lui faire rompre son mariage, mais plutôt pour combler un besoin d'osmose à laquelle ma chair aspirait. Je me sentais prête à affronter le jugement des autres en élevant seule un enfant qui m'aurait du moins arrachée à une solitude qui paraissait vouloir s'installer à demeure dans ma vie. Chaque mois, j'étais partagée entre le soulagement et la déception.

Entre-temps, j'avais emménagé dans un appartement plus confortable d'un édifice tout neuf, à proximité de Radio-Canada. Aussi nous retrouvions-nous parfois le midi et même quelquefois il venait me réveiller le matin, disant à sa femme qu'il se rendait tôt au bureau pour y travailler en toute tranquillité. La volupté nous submergeait. Le matin dans la chaleur de mon lit, témoin brûlant d'une nuit trop sage; ou dans la fébrilité d'un hâtif déshabillage au milieu du jour; ou lors de ses rares visites impromptues durant le week-end où, inoubliablement, un midi il me surprit en short, en train de garnir ma nouvelle bibliothèque. La *Sonate pour violoncelle et piano* de Beethoven, qu'il m'avait offerte et qui tournait à ce moment-là, s'accompagne toujours pour moi, même aujourd'hui après vingt-cinq ans, d'une réminiscence involontaire que le temps n'a pas émoussée: exigence subite de la chair entretenue rythmiquement et poussée à son paroxysme jusqu'à ce qu'une parcelle de raison nous amène enfin, exténués, à la délivrance.

Ces visites éclair ne me consolaient toutefois pas de mes week-ends passés sans lui. Sans compter les Fêtes et les vacances annuelles que nous voyions venir sans réelle joie.

Dans mon entourage, nous étions plusieurs à vivre en célibataires. Ainsi pris-je l'habitude de recevoir chez moi, les veilles de Noël et du jour de l'An, des amis esseulés: Nina, une ex-collègue des cours de création littéraire nouvellement séparée; Thérèse, une compagne de mes années de chant, encore célibataire à l'époque, et Fernand, mon fidèle collègue de la rédaction qui devint un confident. Il savait écouter et ne manifesta jamais aucun signe d'impatience à entendre mon trop-plein de frustration amoureuse. J'avais raison de me fier à sa discrétion que jamais je ne trouvai en défaut. Nous nous recevions à dîner le samedi soir, temps dangereux entre tous pour les solitaires. Il dressait de jolies tables aux serviettes qui s'harmonisaient avec les chandelles, et mijotait de savoureuses bisques et des poissons succulents. De la musique sur disques accompagnait notre repas arrosé d'une bonne bouteille: ma contribution si je dînais chez lui, la sienne dans le cas contraire.

Autres sources d'amitié: le modeste cercle littéraire que j'avais réuni à l'issue des cours de création. Les séances, dont la plupart avaient lieu chez moi, consistaient en lectures à haute voix de nos derniers textes pondus; à la suite de quoi chacun y allait de son appréciation critique. Plusieurs de ces apprentis écrivains devinrent des amis, et quelques-uns ont persévéré dans l'écriture.

L'amitié prenant de plus en plus de place dans ma vie, je me rendais régulièrement à Ottawa où vivait maintenant ma grande amie Ghislaine, entourée de son mari et de leurs sept enfants. Nous ressassions le passé, surtout nos étés au lac Castor. Nos rires fusaient, abolissant le temps. Nous nous rappelions des incidents cocasses que je croyais effacés de ma mémoire. Mais sont inoubliables, je crois, les souvenirs d'enfance et d'adolescence. Nous entendant ricaner et jacasser, les enfants de Ghislaine regardaient leur mère avec étonnement: elle avait donc elle aussi été jeune et avait ri pour des riens?

Autre trajet en autobus que je faisais régulièrement, à l'époque de ma liaison avec Vincent: j'allais voir ma sœur Thérèse à Shawinigan. Et elle que la famille appelait «la pie» méritait toujours son surnom! Nous nous promenions interminablement le long de la rivière Saint-Maurice et ses billots flottants, non seulement en nous rappelant des souvenirs, mais en nous faisant part de nos lectures, des concerts auxquels nous avions assisté, de nos amitiés, de notre travail, elle comme enseignante. Et lorsque nous revenions, son mari nous demandait: «Mais qu'est-ce que vous avez bien pu vous raconter durant toutes ces heures?» Comme réponse, nous recommencions à parler, nous interrompant sans cesse l'une l'autre et empruntant des raccourcis qui rendaient nos propos incompréhensibles aux non-initiés. Nos belles-sœurs et beaux-frères sont d'ailleurs tous d'accord sur au moins un point: pas moyen pour eux de placer un mot dans les réunions de famille! Raymond est le champion de la parlotte avec ses références continuelles aux connaissances encyclopédiques; Jean-Paul, l'ingénieur, dans la dénonciation du piètre état de la langue écrite de ses collègues et secrétaires; Fernande, dans ses découvertes culinaires ou de médecine naturelle, aussi bien que dans les détails des faits divers lus ou entendus; Marcelle, dans le récit de ses entrevues comme journaliste; Thérèse, dans la narration vivante et détaillée des moindres péripéties de leurs nombreux voyages; Georgette, en rapportant les dernières finesses de ses filles ou en nous annonçant la parution de nouveaux disques qu'elle nous fredonnait. Pour ce qui est de René, le traducteur, en plus de nous faire part de ses découvertes linguistiques ou de commenter longuement une symphonie ou un concerto récemment entendus, il a le don de faire surgir entre nous deux un courant télépathique qui n'attend pas les mots pour nous placer sur une même longueur d'onde. À preuve, il y a deux ou trois ans, alors que nous étions tous à table, chez Marcelle, sans autre lien avec la discussion en cours qui portait sur le genre du mot «octave», il commença:

— Ça me rappelle la fois...

Et moi de poursuivre:

— ... du concert sur la montagne où Désiré Defauw avait dirigé la *Symphonie italienne* de Mendelssohn, très mal, à notre goût.

— Mais... elle m'enlève les mots de la bouche! s'exclama-t-il, ébahi, en prenant les autres à témoin.

Je ne l'étais pas moins que lui, d'être tombée pile sur le souvenir qu'il s'apprêtait à évoquer, et cela, sans réfléchir! L'événement en question datait d'une quarantaine d'années... Et comment le nom de ce chef d'orchestre avait-il fusé spontanément, moi qui n'aurais pu me le rappeler si on me l'avait demandé?

Si on ajoute à cela que nous n'en finissons plus de nous reprendre les uns les autres sur la justesse d'une expression ou la découverte d'un mot nouveau, on comprendra qu'aussitôt réunis nous reproduisons toujours l'atmosphère qui régnait à la table de notre enfance. Seulement, aujourd'hui nos parents ne sont plus là pour nous faire baisser le ton et nous inciter à ne pas parler tous en même temps...

Georgette et ses fredonnements... Même devant le cercueil de notre père, elle m'a chantonné un concerto de

Mozart! Et comme j'ai eu l'air un peu surprise, elle a cru bon de préciser que «papa apprécierait, lui qui a vécu de musique…»

Nous nous voyions beaucoup, elle et moi, durant ces années où mon aventure frustrante avec Vincent m'obligeait à meubler mes loisirs loin de lui. Avec son mari et leurs trois filles, elle passait l'été au bord d'un lac près de Rawdon. Elle m'invitait durant mes vacances, et nous nous baignions, allions aux framboises et aux bleuets, reprenant auprès des enfants le rôle qu'avaient joué avec nous nos parents: celui de les initier à la découverte de la nature, si vivante à la campagne. Plus secrète que les autres membres de la famille, elle m'avoua un jour qu'il lui fallait parfois faire un effort pour participer à la conversation, la parole lui semblant trop souvent vaine: valait-il la peine d'exprimer telle ou telle chose? Renfermée, elle se livrait peu, mais nous nous comprenions à demi-mot. Je la sentais souvent triste: la communication avec son mari se faisait de plus en plus orageuse. Elle devait divorcer quelques années plus tard.

Je lui confiais que moi aussi j'étais déçue par l'amour; nul avenir du côté de Vincent qui ne m'accordait que des miettes de son temps. Aussi mes sentiments à son endroit étaient-ils de plus en plus ambivalents. Si ses absences me faisaient mal, ses visites intempestives commencèrent à m'agacer. Qu'avais-je besoin d'un amant qui arrivait à l'improviste, à l'heure où je me préparais à me rendre au travail? Ma soirée et ma nuit avaient été douloureusement solitaires et voilà que la douce paix du petit matin où seule la musique me tenait compagnie depuis des années se trouvait bousculée inopinément par une fougue à laquelle je finissais par ne répondre qu'à regret. J'en vins à lui en vouloir de me déranger au réveil, plus qu'à désirer sa présence à l'heure du sommeil.

Aussi, l'année où je fis mon premier voyage en Europe, est-ce avec un certain sentiment de délivrance que je m'éloignai de lui. Qu'il se rende compte que je peux vivre sans lui! Et m'instruire et parfaire ma culture et m'amuser! Je lui écrivais à ma propre adresse, car je lui avais confié mes clefs pour qu'il ramasse mon courrier et arrose mes plantes. Je lui racontais ma joie de «reconnaître» le Paris de mes lectures, l'impression que j'avais de m'y «retrouver chez moi». En arrivant à Rome, je lui narrai l'émotion qui m'étreignit à contempler le mariage harmonieux du marbre blanc et du vert brillant de la nature. Je lui décrivis Stresa la belle et les îles Borromées dont j'aurais tant voulu qu'il hume avec moi l'air embaumé. Et j'ajoutais, cruelle sans doute, que ce voyage me transformerait à ce point que je doutais que nous puissions jamais nous rejoindre...

Quatre ans et demi passèrent ainsi, avec d'autres vacances qui participaient à nous séparer. Entre autres, les plages brûlantes de l'île du Prince-Édouard où je séjournai, un mois de juin, avec Lise, la fille de Marcelle, seize ans à l'époque. C'est la mer toute chaude, le soleil qui se couche tard, qui furent, cette année-là, ses rivaux les plus sérieux. Car il était plus jaloux que jamais. Plus je me libérais de lui, plus il aurait voulu que je ne vive qu'à travers lui. Je revins de Cavendish toute dorée mais surtout les yeux pleins de cette terre rouge qui fait paraître plus vert le feuillage. Surtout que ce printemps-là j'avais étrenné mes premières lentilles cornéennes. Aussi regardais-je tout avec la vision émerveillée de mon enfance, corrigée alors par des lunettes disgracieuses et maintenant par des verres invisibles.

Une fois de plus, ce sont les modifications qui survenaient en moi qui m'éloignèrent peu à peu de mon amant, devenu, à mes yeux, trop sérieux, triste même, sans projets à notre endroit. J'avais été attirée par sa gravité; son amertume vis-à-vis de ma joie de vivre, qu'il avait l'air de percevoir comme de la légèreté, m'éloigna de lui. Et bientôt l'amour ne fut plus au rendez-vous.

Changements de tous ordres dans ma vie. Au travail d'abord: j'occupais maintenant les fonctions d'assistante au rédacteur en chef. Mon traitement s'en était ressenti, et je pus enfin emménager dans un véritable appartement, un trois-pièces, et non plus me contenter de nicher dans une «garçonnière» impersonnelle. Je demeure encore aujourd'hui à la même adresse, n'ayant monté que de deux étages pour m'établir dans un quatre-pièces ensoleillé donnant sur les arbres du mont Royal et qui fait toujours mes délices.

Je m'affirmais. Je sentais que l'avenir s'ouvrait devant moi et que Vincent n'en ferait pas partie. Une vie de solitude, alors? À trente-neuf ans, j'étais trop jeune, me disais-je, pour vivre de mes souvenirs d'amour. Au fil des ans, j'en étais venue à attirer le regard des hommes. Une joie intérieure faite d'épanouissement physique et de liberté d'esprit me refaisait chantonner dès le matin, comme aux jours insoucieux de mon enfance. Laisserais-je un amour finissant entacher ma sérénité?

Ainsi qu'il arrivait parfois le dimanche, ce matin-là il avait déserté pour quelques heures son foyer, prétextant qu'il allait à la grand-messe et qu'après il ferait un saut au bureau pour y terminer un travail en cours. En fait, il m'avait emmenée dans la région d'Oka pour y admirer les érables roux, spectacle à son apogée en ce week-end de l'Action de grâces. Nous avions déjeuné dans un casse-croûte et il me conduisait maintenant à la Comédie-Canadienne où j'allais entendre le professeur Guillemin, que j'avais interviewé quelques jours plus tôt pour *La Semaine à Radio-Canada*. Deux billets m'y attendaient et je devais néanmoins y assister seule… Sans l'homme qui disait m'aimer mais qui n'était pas libre de me le manifester. Je rageais. Ça ne pouvait plus continuer. Aussi laissai-je échapper:

— Ah! si je pouvais rencontrer un homme libre!

Sa réponse: «Vous rêvez en couleurs!» me fit mal. Étais-je donc trop vieille à ses yeux pour susciter un nouvel amour?

Le hasard, encore une fois, veillait. Qui me prit par la main et me sortit d'une situation devenue intenable.

Cher Henri Guillemin, que je recevrai deux semaines plus tard à ma table en compagnie d'ex-collègues des cours de création et avec qui j'échangerai une correspondance durant l'année. Sans le savoir, il fut l'élément déclencheur d'une merveilleuse aventure qui devait me faire passer le cap de la quarantaine dans la joie la plus fulgurante.

123

J'entrai donc seule dans le hall de la Comédie-Canadienne et pris place dans la file de gens qui attendaient au guichet. J'étais plutôt triste et sans grand enthousiasme pour la conférence à laquelle j'allais assister. J'en avais presque oublié que c'était de Pascal qu'il serait question.

Soudain, monsieur Guillemin fit son entrée dans le hall. Vif, rapide, il disparut aussitôt vers l'arrière sans regarder autour de lui. C'est alors qu'une voix à l'accent méridional se fit entendre derrière moi, s'enquérant à la cantonade si c'était bien là le professeur.

Je répondis aussitôt, en me tournant à demi, que oui, c'était bien Henri Guillemin.

— Comment pouvez-vous en être sûre?

Quel toupet! me dis-je. Je daignai quand même préciser, pour ce Thomas un peu «fendant»:

— Parce que je l'ai interviewé pas plus tard que lundi.

— Ah bon! Et pour quel journal? poursuivait-il, presque inquisiteur.

— Pour *La Semaine à Radio-Canada,* fis-je en jetant un regard sur le magazine que j'avais à la main, car je devais l'apporter dans les coulisses à monsieur Guillemin, à l'issue de la conférence.

— Vous permettez? ajoutait l'autre en tendant la main.

Je lui confiai *La Semaine* en l'ouvrant à la page de l'entrevue. Ce qui m'en débarrassa, le temps de prendre mon billet au guichet.

Après avoir acheté le sien, il alla s'appuyer à un mur latéral et se mit en frais — c'était le cas de le dire! — de lire mon papier, sans plus se préoccuper de moi.

Quel culot! pensais-je, mi-amusée mi-choquée de son sans-gêne.

Il me remit enfin mon article sans le commenter, mais prononça, l'air imperturbable:

— On pourrait se retrouver après la conférence? Pour échanger nos impressions. Je vous attendrai ici. C'est d'accord?

Des propos mêmes d'Henri Guillemin, ma mémoire a conservé peu de chose. Non pas que j'aie été distraite durant l'exposé sur Pascal; j'étais curieuse de connaître ce qu'en pensait le professeur jugé iconoclaste. Ce serait plutôt que certains événements bien délimités dans le temps se gomment parfois d'avoir été vécus juste avant de fortes émotions. L'éblouissement de celles-ci empêche l'œil intérieur d'enregistrer ce qui se trouve dans son champ. C'est ainsi que non seulement je ne me souviens pas vraiment des deux heures que dura la conférence, mais que même l'accueil que le professeur réserva à mon article, dans les coulisses, n'a laissé en moi aucune trace. Pourtant, dans l'état d'admiration où j'étais à son endroit, je ne doute pas que j'en aie été sur le coup impressionnée.

Cependant, ce que je n'oublierai jamais, c'est le détail de toutes les heures qui allaient suivre.

En me dirigeant vers le hall, je me rappelle très bien m'être dit, au sujet de l'étranger de tout à l'heure: il se sera impatienté et ne m'aura pas attendue.

Mais il était bien là, contre le mur, plus jeune qu'il ne m'avait d'abord paru, car il était presque souriant, l'œil vif. Il vint à ma rencontre, et nous sortîmes en devisant de Pascal et de Guillemin, après nous être nommés.

Arrivés dans la rue longeant le théâtre, il me dirigea vers une petite Renault et me demanda, en ouvrant la portière, s'il pouvait m'inviter à dîner, bien qu'il fût à peine cinq heures.

L'image de Vincent se présenta à mon esprit une courte seconde, surgissant d'un temps déjà brumeux qui allait très bientôt se révéler comme faisant partie d'un passé à jamais révolu.

J'acquiesçai à l'invitation de l'inconnu dont je n'avais pas bien saisi le nom, étrange à mes oreilles, et nous roulâmes vers le Vieux-Montréal et ses «Filles du Roy».

Attablés devant des vins apéritifs, il se présenta à moi: Français d'Algérie ayant opté pour le Canada français après l'exode vers la France auquel il avait été contraint comme des centaines de milliers de ses compatriotes, au moment de la déclaration d'indépendance de sa terre natale. Un exilé... Je le regardai d'un œil neuf et décelai, derrière son air désinvolte, une tristesse que je qualifiai intérieurement d'atavique. Depuis son arrivée à Montréal, il enseignait le français aux anglophones. Ce qui me réjouit: nous étions à la fin de 1965, dans l'effervescence qui précéda l'Expo et son explosion de fierté et d'affirmation nationale.

Mais il y avait un hic. Je devinai qu'il était beaucoup plus jeune que moi, bien qu'à première vue l'écart ne fût pas vraiment perceptible: les épreuves l'avaient mûri et ses traits en avaient été prématurément burinés. Cependant, lorsqu'il riait, je reconnaissais en lui une jeunesse qui ne trompe pas.

Nous mangeâmes uniquement des plats de chez nous qu'il appréciait, tout comme il aimait nos chansonniers et qu'il était curieux de connaître le plus possible nos coutumes et manières d'être. Il désirait s'intégrer à notre pays, qu'il espérait voir jouer le rôle de terre d'accueil: ce que la France semblait avoir échoué à faire adéquatement.

Je me demandais bien un peu ce qu'il attendait de moi lorsque, le repas terminé, il me proposa d'aller danser. Jamais je n'avais remis les pieds dans une salle de danse, depuis Laurent. Cela ne me ressemblait pas; mais pouvait-on demander à un homme que je ne connaissais pas six heures plus tôt de deviner mes goûts et mes aversions?

C'est ainsi que je me retrouvai dans les bras d'un inconnu, quand le matin même j'avais refusé de me blottir dans ceux d'un homme qui avait été mon amant durant quatre ans. Et la journée n'était pas terminée...

Je lui donnerai ici comme prénom celui d'Albert Camus, son compatriote auquel il vouait un culte quasi religieux. C'est en venant me reconduire chez moi que nous parlâmes du grand écrivain. Nos goûts se rejoignaient, et je me promis de relire *L'Été* et *Noces* pour le climat méditerranéen de l'Algérie, qui expliquerait en grande partie le mélange de tragique et d'exaltation du corps qui caractérise l'auteur de *L'Étranger*.

Arrivés chez moi, il descendit de voiture pour me reconduire jusque dans l'entrée. Et là, il sortit son carnet d'adresses en me demandant mon numéro de téléphone. Que je lui donnai sans réticence. Nous nous tendîmes la main et j'esquissais déjà un pas vers l'ascenseur lorsqu'une voix tout humble me fit me retourner:

— Vous ne m'offririez pas un café?

Pourquoi ai-je dit oui sans hésiter? À cause de la sensualité qui m'avait effleurée en dansant? Je me demande plutôt si ce n'est pas l'évocation de Camus et de son dualisme qui avait éveillé mon intérêt pour lui. Quelque chose me disait bien que mon acceptation de recevoir à minuit un inconnu était risquée. Mais étrangement, je me sentais à l'abri d'avances trop poussées: il avait certainement perçu notre différence d'âge. Je me disais en outre que je ne représentais sans doute pour lui qu'une occasion de plus d'élargir ses connaissances des Québécois. Car il m'avait dit n'être pas d'accord avec quelques-uns de ses compatriotes qui se tenaient entre eux sans faire l'effort de fréquenter les gens d'ici.

Je préparai donc un café, presque sans arrière-pensée. Il y en avait tout de même une toute petite qui était apparue à l'instant où je tournais la clef dans ma porte: pas plus tard que le matin même, c'est Vincent que j'y avais accueilli. Assez froidement, il est vrai; le temps d'un café, justement, avant qu'il m'emmène admirer les couleurs de l'automne. «Si je pouvais donc rencontrer un homme libre!» lui avais-je dit en le quittant à la porte de la Comédie-Canadienne. Se pourrait-il qu'un souhait fortement exprimé, et qui corresponde à une attente profonde, aimante une autre attente?

J'eus tout lieu de le croire, car nul hiatus ne me rejeta dans ma solitude, après ma rupture implicite du matin. Déjà mon après-midi et ma soirée avaient été riches en péripéties; et voilà que ma nuit allait sceller mon passé et m'ouvrir une nouvelle tranche de vie. Dorée, celle-là; solaire, méditerranéenne; jeune, pleine de fougue. Qui allait m'apprendre que l'amour peut se vivre autrement que dans le drame et qu'une partie de moi était faite pour la joie.

Nous ne devions nous quitter que le lundi soir, passé minuit... Trente-six heures à mêler nos souffles, à entre-croiser nos mains et nos membres, même endormis.

Tout ce temps, je me suis dit: même si ça ne devait pas durer, j'aurai du moins connu cette passion immédiate qui fait de deux êtres des complices face au monde incompréhensible. Éphémère impression de coller à la nature, de baigner dans une mer sans traîtrise, d'arrêter le temps même. Nulle tristesse devant la vie ne pouvait s'immiscer entre nos deux corps confondus, nos regards troublés ou rieurs, nos paroles prononcées dans la même langue aux accents bien marqués. L'incommunicabilité n'était pas loin de me paraître une notion intellectuelle dépourvue de fondement véritable. Le malentendu, qu'un thème littéraire bien commode. Quant à l'absurde, ne pourrait-on pas penser qu'il a fallu à Camus qu'il sorte de son Algérie ensoleillée et se frotte aux existentialistes parisiens pour que son œuvre en soit marquée?

Les bouleaux dorés qu'il m'emmena, le lundi, admirer du côté de Sainte-Adèle ressortaient, lumineux, sur le fond sombre des conifères, rivalisant avec le soleil; ce qui ne m'avait pas frappée la veille, aux côtés de mon amant sévère.

C'est au volant de sa voiture qu'il me dit son âge, que j'avais deviné à trois ans près, la nuit précédente devant sa fougue. J'en fus ébranlée: vingt-sept ans... Douze ans nous séparaient! Il parut incrédule devant l'aveu que je fis de ma presque quarantaine et eut pour moi un geste de tendresse; ce qui ne fit que confirmer mon appréhension: notre belle harmonie ne durerait pas. Il me quitterait ce soir; je ne le reverrais plus. Je retournerais au bureau demain comme si rien ne s'était passé durant ce week-end de l'Action de grâces. Une chose, pourtant, se serait modifiée en profondeur: je n'accepterais plus d'amour sans liberté. Avec Vincent, c'était terminé à tout jamais. D'autant plus que je ne me voyais pas revivant l'intimité avec lui, après que mon corps en eût connu un autre. Tout comme il n'aurait pu se faire que je recouche avec Laurent, une fois que Vincent fût devenu mon amant.

Albert ne me quitta donc que bien après minuit, le lundi soir: il nous fallait tous deux nous reposer et nous préparer à reprendre nos fonctions habituelles le lendemain à neuf heures, moi à Radio-Canada, lui à la Commission des écoles protestantes du Grand Montréal.

Il réintégra sa garçonnière, tandis que je me retrouvais seule chez moi, dans mon décor qui me semblait renouvelé d'avoir abrité une présence si intense. Seule mais non pas solitaire: je me sentais habitée. Il me fallait apprivoiser un peu mon état de femme désirée et dont on recherche la conversation, mais à qui on ne se sent pas obligé de jouer la comédie du grand amour.

Le mardi matin, ma confrontation avec Vincent fut dénuée de tout artifice. De sa place, il scrutait mon air détaché. À un moment, il s'approcha sous prétexte d'un point de langue à éclaircir: doit-on écrire «couper» ou «fendre» les cheveux en quatre? «Fendre, bien sûr: pour marquer la quasi-impossibilité d'un argument.»

Se pourrait-il qu'il y eût là quelque allusion secrète? Quoi qu'il en soit, c'est d'un tout autre ton qu'il chuchota:

— J'ai essayé de vous appeler dimanche soir et toute la journée hier...

— J'étais sortie, répondis-je laconiquement.

Puis, sans ménagement:

— J'ai rencontré quelqu'un à la conférence de Guillemin: un célibataire.

Aussi impensable que cela puisse paraître, là s'arrêta net notre relation. Jamais plus nous ne nous parlâmes. Et comme il ne s'était jamais joint à ceux avec qui j'allais déjeuner, ce n'est pas après notre rupture qu'il allait changer ses habitudes!

Il devait m'avouer, quelques années plus tard, lorsque les cicatrices furent guéries et qu'il pouvait me considérer comme une amie, que chaque matin il scrutait mes traits, se réjouissant presque lorsque j'avais l'air triste, mais souffrant quand mes yeux brillaient ou qu'ils étaient cernés par une nuit épuisante...

Car, on l'aura deviné, mon jeune étranger revint. En force, si je puis dire; avec armes et bagages puisque peu à peu il s'installa chez moi, gardant tout de même au début sa petite piaule, comme il disait. Notre différence d'âge ne semblait pas le rebuter outre mesure, du moins dans l'intimité. Il en était autrement devant ses amis qu'il me présenterait dès les premières semaines: il faisait tout pour leur cacher nos liens amoureux, allant jusqu'à faire mine de partir avec eux en fin de soirée lorsque nous les recevions à la maison. À moins que la véritable raison de son comportement fût un relent de puritanisme, car il était protestant. Un soir, une invitée ayant remarqué dans ma baignoire un de ces petits oreillers à la taie imperméable dont mon jeune amant usait pour lire dans le bain, s'exclama naïvement: «Albert a le même chez lui!» Et lui de garder un air imperturbable.

Cela valait bien la peine d'avoir dans ma vie un homme libre de toute attache conjugale, si c'était pour dissimuler notre liaison!

Du moins, dans l'intimité le jeu en valait la chandelle. L'égalité sous tous rapports: objet sexuel l'un pour l'autre en temps et lieu, tout autant que réceptacle mutuel de tendresse. Nous étions comme des enfants qui auraient hésité à plonger dans un monde mal adapté à l'amour, soit qu'il s'en moque, soit qu'il s'en scandalise. L'indifférence des autres à notre endroit était notre meilleure protection. Nous formions à nous deux une cellule que nous voulions étanche; aussi la tenions-nous secrète.

Il est sûr que ce n'était pas sans me frustrer. C'est sous le masque de deux grands amis que nous allions ensemble au théâtre, au cinéma ou simplement nous promener. Jamais de marques de tendresse hors de chez moi, ni de regards appuyés. Mais revenus à la maison... Dès la porte franchie, il me soulevait par les coudes à bout de bras, me faisait toucher le plafond, et je riais comme au temps de ma petite enfance lorsque je criais à papa «Encore!» aussitôt qu'il voulait reprendre haleine. Albert m'amusait avec des réflexions du genre: «Quel corps magnifique tu devais avoir à dix-huit ans, si j'en crois ce que je vois aujourd'hui! Comme j'aurais aimé te connaître à cet âge!» Et moi de répondre, dépourvue de toute coquetterie: «Tu oublies que quand j'avais dix-huit ans, tu en avais six!» «Mon pied-noir», comme je l'appelais affectueusement, ne ressemblait en rien à la plupart des hommes d'ici qui, à l'époque, arrivaient au mariage encore puceaux. Lui, c'est dès l'adolescence qu'il avait connu la femme. S'il était plein de pudeur en public, les barrières ne faisaient pas long feu dans nos ébats amoureux. Puissant, ludique, s'il m'épuisait physiquement, il me laissait intacte nerveusement. Et je me sentais meilleure parce que heureuse sensuellement.

130

Ses absences jusqu'ici avaient à peine été perceptibles. Bien qu'il vécût encore dans sa garçonnière, il n'y dormait qu'en semaine, nous consacrant tous les week-ends. Noël arriva, qu'il avait l'habitude de passer chez son parrain qui vivait aux États-Unis. Je le vis partir avec tristesse: je serai donc toujours seule pour les Fêtes?

Mes amis furent de nouveau invités pour le 24 décembre au soir, et j'allai chez Fernand à la Saint-Sylvestre.

Quant à Noël même et au jour de l'An, ce devait être la dernière fois que papa et maman, vieillissants, nous recevraient pour les grands soupers réunissant toute la famille: vingt-six personnes, dont neuf petits-enfants. C'était peu, en un sens: seulement cinq d'entre nous ayant une progéniture. La table était immense et bien pourvue, joyeuse et bruyante. Une dizaine d'années allaient encore s'écouler avant que la mort frappe. Coup sur coup: Yvette la religieuse, un an plus tard papa, suivi de Georgette à neuf mois de distance. Quant à maman, elle devait survivre trois ans et demi à celui auquel elle avait été unie soixante ans.

Pour l'instant, ils étaient bien vivants, mes parents, bien que maman souffrît d'arthrite et que papa eût subi une thrombose quelques années auparavant. Maman... toujours aussi prompte à couvrir les frasques de ses filles. À preuve, cette fois où, les recevant à ma table, je la vis tout bonnement ouvrir la petite penderie de ma salle à manger qui me sert aussi de bureau. Qu'y aperçoit-elle? Des complets et des chemises d'homme! Elle s'empresse de refermer la porte afin que mon père n'en voie rien. Elle n'eut sur le coup aucun commentaire et c'est sans reproche — et au contraire en s'en réjouissant pour moi — que le lendemain elle fit part de sa découverte à Fernande et à Marcelle: «Comme je suis contente pour elle! Ce n'était pas normal, vivre sans homme...»

J'écrivis, durant notre première séparation pour cause de vacances, de longs épanchements sous forme d'une interminable lettre que je lui remis à son retour. Retour qui fut fougueux, comme le laissait présager une missive brûlante qu'il m'avait envoyée de Columbus.

Depuis que je le connaissais, je ressentais de moins en moins le besoin de tenir mon journal, ma vie concrète répondant on ne peut mieux aux desiderata de mon imaginaire. Si on ajoute à cela le fait que ma plume trouvait largement à s'exercer dans mes fonctions de rédactrice à Radio-Canada, on comprend en partie la rémission temporaire de ma graphomanie, à cette époque sensuellement riche.

Le printemps venu, Albert vint habiter dans l'appartement plus grand où j'emménageai. La pièce supplémentaire lui servait de bureau; il s'y enfermait le soir pour étudier et rédiger une thèse en linguistique. Durant ce temps, je lisais des soirées entières: Kafka, Proust, Gide, Anaïs Nin, Miller. Nos vies s'imbriquaient de plus d'une façon et nous utilisions gaiement le mot «concubinage» pour nommer notre relation. Aucune promesse de fidélité mais une confiance réciproque tacite.

Je lui avais parlé des deux hommes qui l'avaient précédé dans ma vie: Vincent, que je côtoyais tous les jours au travail mais qui me traitait désormais en pure étrangère, et Laurent, que j'allais régulièrement rejoindre à l'atelier qu'il avait loué avec un ami et où il peignait de vastes paysages sombres et sculptait des objets aux formes tourmentées. Nul trouble ne subsistait entre nous et nous étions redevenus très simplement des amis d'enfance. Son mariage coulait à pic et il songeait à la séparation. J'en ressentis bien quelque amertume, ainsi qu'il arrivera plus tard avec Vincent qui divorcerait: n'avais-je donc été que l'élément déclencheur de leur libération? Dans les deux cas, ce devait être une autre femme qui profiterait de leur reprise de liberté. Me croyant sans doute plus forte que je ne l'étais, on me laissait voguer seule, un jeune partenaire en amour n'ayant rien d'un compagnon pour la vie.

Pourtant j'étais heureuse. D'un bonheur immédiat qui n'engageait que le présent. L'été allait venir; j'irais alors rejoindre mon Méditerranéen à Nice où il m'attendait après avoir passé quinze jours avec ses parents dans le nord de la France.

Nous longeâmes la Côte d'Azur de Menton à Marseille, avant de partir à la recherche de la Provence antique avec les ruines de Glanum, l'arc de triomphe d'Orange, les arènes d'Arles, la Maison Carrée à Nîmes: grandioses témoins du passé qui nous invitaient au silence plus qu'aux exclamations. Aix nous retint par le calme de son cours Mirabeau ombragé de platanes; Vaison-la-Romaine, par son majestueux portique de Pompée; Arles, par son reposant cloître Saint-Trophime et son fantomatique cimetière des Alyscamps. Nous plongions dans un passé qui était loin de nous être étranger: le Méditerranéen et l'Américaine s'y rejoignaient par leurs racines communes, et nous nous sentions comme deux enfants antiques qui se seraient égarés dans un XXe siècle futur. Nous chevauchions les siècles, avec le pèlerinage littéraire du moulin de Daudet à Saint-Rémy; l'amour idéalisé de Laure et Pétrarque à la fontaine de Vaucluse; les déboires et splendeurs de la papauté à Avignon; l'industrie moderne de l'aluminium avec les Baux et leurs carrières de bauxite. Nos oreilles s'emplissaient du chant omniprésent de la cigale; nos yeux, des oliviers aux feuilles argentées, des tilleuls aux grappes vert tendre, des riches vignes à flanc de coteau. Notre épiderme était fouetté par le mistral qui nous obligea, lors de notre visite aux Baux, à nous protéger en nous accroupissant à l'abri d'un muret.

J'avais l'impression d'un surcroît de vie qui nous aurait submergés sans s'user: une halte dans la progression fatale qui nous mène d'hier à demain. Vieillir était impensable dans ce décor où le temps flânait, distrait de son inexorable course en ligne droite.

Je me sentais aimée. J'avais plus que jamais le sentiment d'aimer moi-même.

Période faste dans ma vie: amour, travail, amitié, fréquentation accrue du théâtre, des concerts, du cinéma. Et lorsque l'Expo viendrait, le pli serait pris: mon appartement ne serait plus qu'un simple dortoir durant des mois.

Je voyais plus que jamais Georgette dont le mariage s'en allait à vau-l'eau. Elle était entrée à *La Presse* par un subterfuge qui ne ressemblait guère à ce à quoi elle nous avait habitués. Répondant à une annonce où le grand quotidien demandait un rédacteur-traducteur publicitaire, elle avait postulé en s'identifiant comme Georges Beaudry... croyant, non sans raison à cette époque, qu'un homme avait plus de chances de décrocher l'emploi qu'une femme. Je vous laisse deviner la surprise du chef de service qui la reçut en entrevue! C'est que ma petite sœur avait du caractère, sous ses dehors réservés. Quand elle voulait une chose, elle prenait les moyens pour l'obtenir. Il lui fallait être forte pour décider d'élever seule ses trois filles, une fois la séparation d'avec son mari devenue inévitable.

Tout le printemps et l'été 1967, deux ou trois fois par semaine, les petites — onze, dix et sept ans — venaient nous rejoindre au métro de l'île Sainte-Hélène où Georgette et moi nous donnions rendez-vous à la sortie de notre travail. J'ai conservé mon passeport: tous les pavillons y figurent, sauf le Labyrinthe que nous avions trop tardé à visiter et dont les interminables files d'attente de la fin nous rebutèrent.

Les week-ends, c'est avec Albert que j'allais dans les îles. Nous dînions aux pavillons de la France, de la Suisse, de la Belgique, de la Tchécoslovaquie, de l'Italie, quand avec ma sœur et mes nièces nous nous contentions des casse-croûte. Cette année-là, justement à cause de l'Expo, mon Méditerranéen décida de ne pas aller en France. Durant deux de mes trois semaines de vacances, nous partîmes à la découverte de la Virginie où nous campâmes dans une chaleur qui lui rappela celle de son Algérie.

Et c'est ainsi que nous manquâmes le «Vive le Québec libre!» de De Gaulle... C'est peut-être aussi bien, car la perception qu'avait Albert du Général était entachée par la douleur qu'avait occasionnée la prise de position du grand Charles lors de la guerre d'Algérie. Aussi devais-je retenir mon enthousiasme. Tout comme je devrai avaler, en mai 1980, son «Non» et celui d'un trop grand nombre de nos amis venus de France, d'Algérie ou du Maroc qui ratèrent là une occasion unique de se solidariser avec nous qui revendiquions démocratiquement notre souveraineté.

L'effervescence de l'Expo retombée, la vie quotidienne reprit son cours: enseignement de sa part, travail de rédaction et de révision pour moi qui allais bientôt devenir rédactrice en chef de *La Semaine,* malgré la déclaration presque rageuse du chef de service d'alors: «Tant que je serai à la tête de la publicité, jamais une femme n'occupera le poste de rédacteur en chef!» Il était allé jusqu'à solliciter des candidatures extérieures par le biais d'une annonce dans les journaux. Il dut enfin se rendre à l'évidence, non sans avoir fait éplucher par un de ses adjoints les numéros de *La Semaine* que j'avais réalisés depuis trois mois, mon prédécesseur ayant déjà quitté son poste pour occuper ses nouvelles fonctions dans un autre service. On ne trouva nulle erreur grossière dans les textes ou dans l'importance relative à donner aux émissions à publiciser; nul retard dans la sortie hebdomadaire du magazine; nul problème sérieux de direction des rédacteurs; aucun manque à l'éthique dans mes rapports avec les imprimeurs. Et il ne daigna même pas annoncer officiellement ma nomination, qui passa pour ainsi dire inaperçue.

Ma tâche était relativement lourde, mais comme je ne rédigeais presque plus, ma plume recommença à me démanger. Au fil des ans, j'en étais arrivée à une assez bonne maîtrise de la langue, de l'avoir tant triturée dans les textes à corriger, et la fréquentation des dictionnaires et des divers autres manuels m'était maintenant très familière. À quoi désormais faire servir mon amour des mots, qui n'avait fait que s'amplifier à l'usage? Mon journal était muet depuis deux bonnes années, mes «pensées en forme de dialogue», taries par l'amour vécu. Qu'attendais-je pour écrire le roman auquel j'aspirais depuis les cours de création littéraire déjà vieux de dix ans?

Ce furent des nouvelles qui jaillirent et que je regroupai sous le titre de *Multiples solitudes.* Le ton en était dégagé, puisque cette solitude si souvent subie faisait relâche depuis quelques années. La distanciation n'était toutefois pas entière, ces récits ayant été ébauchés du temps où je vivais sans homme et craignais que ce fût là mon seul avenir. Mais j'y faisais mes gammes; aiguisant ma plume, sans le savoir, pour le récit douloureux de la mort d'une sœur dont j'étais loin de me douter qu'il constituerait la trame de mon premier livre publié.

Mais en ce temps-là, Georgette ne manifestait aucun signe du cancer qu'elle couvait pourtant déjà. Elle s'épanouissait au contraire dans son travail: elle maniait tout comme moi les mots en rédigeant et en traduisant des textes publicitaires. Elle se joignit à mes amis esseulés, pour fêter la Noël qui suivit l'Expo. Car, encore une fois, Albert avait pris le chemin de Columbus pour y passer les Fêtes.

Allaient venir les grandes vacances où il avait décidé, cette année-là, d'aller camper sur la Costa del Sol après être allé visiter ses parents en France. Et ce sera là la fin de mon beau rêve que j'avais toujours considéré comme sans avenir mais qui aura tout de même duré presque trois ans.

Il était parti en juin, encore suffisamment amoureux pour que je m'émerveille de sa fougue. Mais depuis quelques mois déjà, je le sentais moins attentif en dehors de nos ébats. Il sortait de plus en plus sans moi, et même Pâques, ce printemps-là, fut pour lui l'occasion d'un séjour dans les Cantons de l'Est avec un groupe de collègues.

Et pourtant, malgré ces signes avant-coureurs, j'eus un choc lorsque la rupture proprement dite survint à la fin d'août, le lendemain de son retour d'Espagne. Comme chaque fois que nous nous retrouvions après une absence plus ou moins longue, il me manifesta sa joie de me revoir avec une telle ardeur, que je n'y vis que du feu. Aussi sombrai-je, cette nuit-là, dans le sommeil sans me douter que je venais de goûter pour la dernière fois à ses élans passionnés.

C'est au petit déjeuner que tout prit fin. Comme je lui suggérais de voir au plus tôt le concierge afin de réserver de nouveau une place dans le garage pour sa voiture, laissée chez un ami durant l'été, il me répondit, évitant mon regard:

— Ce ne sera pas nécessaire.

— Comment ça? demandai-je un peu étourdiment.

Un court silence, puis:

— Je songe à déménager.

Un nouveau silence durant lequel mes pensées défilaient à une vitesse folle. Je nous revis, les premiers temps de notre relation, chez lui dans sa garçonnière où il m'avait invitée à dîner. Il s'affairait autour du réfrigérateur et de la cuisinière lorsque le téléphone avait sonné. À son silence entrecoupé de monosyllabes excédés, je devinai que c'était une femme qui le relançait. L'écouteur raccroché, il me confia en peu de mots que j'avais succédé à une belle Slave de vingt-deux ans... Je m'étais alors promis que, mon tour venu, je ne le harcèlerais pas: c'est inutile, disgracieux, humiliant pour les deux.

Eh bien, elle était là, cette minute à vivre honorablement. Une petite phrase surgit en moi et me répéta en leitmotiv: «Tu ne vas quand même pas t'apitoyer sur ton propre sort!» Ce qui tout haut se traduisit par le calme:

— Bon... Si ça t'arrange, je pourrais t'aider à te trouver un logement.

Ce qui résulta en un doux regard de lui, en l'esquisse d'un sourire, en l'attouchement tendre de sa main sur la mienne, en un lent rapprochement de nos deux têtes. Et, un quart d'heure plus tard, le raccompagnant à la porte car il partait plus tôt que moi en ce premier jour d'enseignement: en une longue embrassade teintée de reconnaissance pour la sobriété de mon attitude. Je devais en être la première bénéficiaire: aucun désespoir ni amertume ne m'abattit. Une page venait d'être tournée, rouge de passion vécue; une autre, encore blanche, y succéderait, qu'il ne tenait qu'à moi de ne pas déchirer rageusement mais bien plutôt de remplir patiemment au jour le jour des fruits d'une nouvelle solitude.

Une solitude qui fut étonnamment la bienvenue dès les tout premiers jours. Je me sentais dans l'état d'une nomade du désert pour qui les oasis ne seraient qu'occasions clairsemées de renouveler sa réflexion. La solitude me serait-elle devenue à mon insu une seconde nature? La compagnie des autres ne me semblait désirable que lorsqu'elle était fragmentée. Après une soirée passée entre amis, j'avais hâte de me retrouver libre d'aller et venir entre mes livres, ma musique, mon pupitre jonché de cahiers et de feuilles volantes. Même mon grand lit ne me semblait pas déserté… sauf lorsque ma chair se souvenait.

Je fis en sorte qu'elle oublie au plus tôt. Comment guérir de l'obsession d'un corps sans retomber dans les phantasmes adolescents? Autour de moi évoluaient plusieurs hommes nouvellement séparés. Je n'ai pas honte des quelques aventures qui m'advinrent, même si elles cadraient mal avec mon idéal de l'amour-passion. Je ne m'y attardais pas plus que nécessaire: juste au rythme d'une cure de désintoxication.

Menant de nouveau une vie de célibataire, je redonnai une large place à l'amitié et c'est alors que ma sœur Georgette devint ma plus grande amie. Le vendredi, elle s'enquérait toujours de mes projets pour le week-end car elle n'admettait pas que j'en passe un seul dans la solitude. Aussi m'invitait-elle à sa table deux ou trois fois par mois, le samedi ou le dimanche. De plus, nous assistions ensemble aux spectacles pour lesquels j'obtenais des billets grâce à mes fonctions à Radio-Canada. Et à l'été de 1969, nous décidâmes de faire un voyage en France: Paris et la Provence.

Le présent n'est-il pas la somme des souvenirs?

Tout comme en amour il m'avait toujours semblé être en retard d'un amant, ma redécouverte de la Provence me fit apprécier, avec un recul de trois ans, l'itinéraire parcouru avec mon Méditerranéen fougueux. Avec lui je m'étais consolée de Vincent avec lequel j'avais cru pouvoir me sortir de ma relation décevante avec Laurent qui, lui-même, m'avait sauvée de mon mariage raté.

C'est ce que je confiais à ma sœur, tout en lui montrant les coins auparavant admirés en compagnie d'Albert: le château de Tarascon où il m'avait récité quelques pages du *Tartarin* de Daudet; les fouilles de Vaison où nous avions vu une vieille nourrir une bonne douzaine de chats errants; la dure montée du mont Ventoux que nous avions eu l'intention d'entreprendre à pied mais que nous avions dû, comme tout le monde, parcourir en voiture; le Festival d'Avignon où nous nous étions perdus de vue une longue heure, tant la foule était dense; les Saintes-Maries-de-la-Mer où une bohémienne aux paumes teintées de bleu avait insisté pour lire dans ma main. Et plus tard, en 1980, pour me consoler du référendum, au cours de mon été passé au minuscule village de Puyméras, c'est mon voyage avec Georgette, alors disparue depuis six ans, que je devais revivre: la forte impression que lui avaient faite les arènes d'Arles ou le pont Saint-Bénézet à Avignon; son enthousiasme de se trouver à Marseille et d'entendre l'accent des

Méridionaux dont elle avait «comme l'impression qu'ils l'exagéraient pour ressembler à *Marius et Fanny*»; notre farniente de trois jours à Nice et à Cannes où elle devait se pincer pour se prouver qu'elle ne rêvait pas; son regard si ébloui par la splendeur de Saint-Jean-Cap-Ferrat vu d'une terrasse de restaurant à Villefranche. 'e ne sus jamais si c'est le soleil ardent qui lui piqua les yeux et fit couler une larme qu'elle laissa sécher en silence. Cette minute m'avait tellement bouleversée qu'encore aujourd'hui je dois rétablir la chronologie de ce voyage — cinq ans avant sa mort, donc ignorant encore qu'elle était atteinte d'un cancer — pour me convaincre qu'il n'y eut, dans son émoi devant la beauté de la presqu'île dorée qui se découpait sur l'encre de la Méditerranée, nul regret de devoir quitter cette vie, si douce en cet instant. À moins qu'elle ne se soit, comme nous tous, attendrie sur notre condition de mortels...

Et aujourd'hui je me souviens de m'être souvenue... Et je ne sais si le rappel du souvenir n'est pas plus doux que l'événement lui-même.

C'est au retour de ce voyage que maman devait nous demander: «Vous ne vous êtes pas trop chicanées, j'espère?» Non, maman, le temps n'en est pas encore venu. Une autre année devra s'écouler, nous réunissant une ou deux fois par semaine pour des repas pris chez moi ou chez elle en compagnie de ses filles; pour nos grandes sorties, précédées ou suivies de dîners au restaurant; le Festival d'Orford, quelques concerts symphoniques, beaucoup de films. Et, l'été suivant: voyage avec ses filles à l'île du Prince-Édouard, dans la voiture qu'elle venait de s'acheter. Trajet long et fatigant pour elle qui était seule à conduire, car je ne m'y suis jamais aventurée. Les petites, bien que sages pour leur âge, étaient quand même une responsabilité supplémentaire, et ainsi, pas de véritables vacances pour la mère de famille! Et au retour, il lui fallut reprendre le boulot sans s'être vraiment reposée.

L'absence d'homme dans sa vie commençait à lui peser. Autour d'elle au bureau, de bonnes et bons amis, mais aucun amoureux en perspective. Elle m'enviait mes liaisons passées et mes amants de passage dont je lui avais parlé, bien sûr, tout comme je ne lui avais rien caché de l'amitié qui me liait toujours à Laurent avec qui j'étais régulièrement en contact.

Printemps 1970.

Arriva le soir fatidique qui sépara ce qui nous avait paru inséparable comme les doigts d'une main: deux sœurs amies.

J'avais obtenu des laissez-passer pour l'enregistrement d'un concert de Claude Léveillée à Radio-Canada. Nous étions à table, chez moi, terminant un repas léger lorsque, m'assurant que mes billets étaient bien dans mon sac à main, je m'aperçus que, par erreur, on m'en avait remis quatre.

— Tu n'aurais pas deux amis qui nous accompagneraient? me dit-elle.

— Je ne sais pas... Oui, peut-être: Laurent et Vladimir.

C'était le Yougoslave avec qui il partageait son atelier.

J'appelai donc Laurent, qui s'empressa d'accepter: il viendrait avec son copain.

Je me mis à décrire à Georgette le blond sculpteur, supputant un peu légèrement qu'avec ma noiraude de sœur cela pourrait donner un couple des plus attrayants. Les yeux lui en pétillaient déjà, et c'est enjouées que nous nous rendîmes à la porte du studio 42 où nous avions donné rendez-vous à nos deux «cavaliers».

Là encore, ainsi qu'il était advenu lors de la conférence du professeur Guillemin qui avait précédé ma rencontre avec mon Français d'Algérie, je n'ai pas gardé le moindre souvenir du récital lui-même. Tout ce que je me rappelle, c'est le retour: tous trois montèrent chez moi et nous bûmes un cognac.

Laurent fit allusion à la «petite sœur», âgée de douze ou treize ans à l'époque de nos premières amours, qui s'amusait à déranger nos tête-à-tête d'amoureux en venant sans cesse nous offrir un plateau de chocolats. Et moi de m'émouvoir sans arrière-pensée. Vers onze heures, signal de départ. C'est Laurent — et non pas Vladimir — qui s'offrit à aller reconduire Georgette qui demeurait à l'autre bout de la ville.

Chez moi, léger pincement au cœur, avant-coureur de la jalousie qui devait me dévaster.

Dès le lendemain, le doute s'insinuait en moi, qui se transforma en obsession dans les jours suivants. Car elle ne me téléphonait pas pour commenter sa soirée... Son silence me parla plus sûrement qu'aucune confidence.

Et c'est moi qui finalement l'appelai. Pour confirmation, car au bout de cinq jours mon doute était devenu certitude.

— Bonjour, dis-je d'une voix dénuée de chaleur. Il y a une éternité que tu ne m'as appelée...

— Je m'apprête toujours à le faire mais...

— Très occupée? demandai-je, insinuante.

— Plutôt, oui. Je disais justement à Laurent...

— Ha!

Entendre une autre parler de lui... Cette autre: ma sœur même!

Et c'est là que je prononçai cette phrase malheureuse:

— Je ne savais pas que ma sœur était une salope!

— Margot!

— Tu n'as pas l'air de te rendre compte: mon premier amour, ma première passion. Mon frère presque. J'ai l'impression d'un inceste.

— Marguerite...

— Souviens-toi, Georgette: tu m'as toi-même dit que même si tu n'aimes plus ton ex-mari, tu préférerais ignorer le nom de la femme qui pourrait prendre ta place. Eh bien, penses-y un peu: si, au lieu d'une pure étrangère, c'est ta propre sœur qui couchait avec lui...

Intransigeante, j'ajoutai, coupant les ponts et faisant de nous deux sœurs ennemies:

— Jamais je ne te le pardonnerai!

J'aurais mieux fait de me souvenir du «Que celui d'entre vous qui est sans péché lui jette la première pierre».

Les dix mois qui suivirent furent d'une telle aridité... Pas d'amoureux, peu de contacts avec ma famille que je ne voulais pas placer en situation de prendre parti pour elle ou

142

pour moi. L'isolement, entre un travail qui me posait peu de nouveaux défis et quelques fidèles amis avec qui je ne riais plus et que je n'écoutais que d'une oreille distraite.

L'ennui stérile: la pire des solitudes.

Jamais je ne demandais de nouvelles d'elle à mes frères et sœurs. Encore moins à papa et maman qui souffraient de la rupture de deux de leurs «trois petites». J'espaçai mes voyages à Shawinigan: je ne voulais pas savoir si Thérèse penchait en faveur de l'une ou de l'autre. En réalité, elle ignorait tout de ma rupture avec Georgette. À Pâques, je m'arrangeai pour aller voir mes parents la veille, de peur d'y rencontrer mon «ennemie». Je fis de même pour la fête des Mères et celle des Pères.

Quelques semaines plus tard, j'appris entre les branches qu'elle et ses trois filles passaient l'été au chalet que Laurent possédait dans les Laurentides, et qu'il était question qu'il s'installe chez elle à l'automne. Je n'en souffris pas vraiment, car je m'étais fermée à tout sentiment.

Où allais-je? Même les hommes ne me disaient plus rien. Les sens inhabités et le cœur sec pour la première fois de ma vie, je m'installais dans la rancœur. Il m'aurait fallu des forces inédites pour affronter le conflit que j'avais moi-même instauré et je n'étais plus celle qui avait aimé Laurent, qui avait été la meilleure amie de ma petite sœur. Je ne me sentais même plus la fille de papa et maman et j'étais en marge de mes autres sœurs et frères. Si je revoyais occasionnellement mon Français d'Algérie, je ne prêtais plus attention à ce qu'il devenait loin de moi. Quant à Vincent, il avait quitté la publicité et occupait un poste dans un autre service; il était maintenant divorcé et habitait avec une autre femme. Tout s'effritait de mes bonheurs passés. Quant au présent...

L'été était là mais ne réussissait pas à m'ensoleiller le cœur. Je ne chantonnais plus au petit matin face à mes arbres fleuris d'oiseaux. Mes vacances arrivaient: partir en voyage? Seule...

Thérèse et Jean projetaient une croisière en Méditerranée. Pourquoi n'irais-je pas les rejoindre à Dubrovnik où ils séjourneraient quelques semaines? Je me laissai tenter, espérant confusément que la distance m'éloignerait de moi-même et de mes conflits.

Je m'apportai avec moi, mais l'état de grâce se montra le bout du nez dès mon arrivée à Venise. J'avais eu la chance de rencontrer, à bord du train venant de Rome, un médecin vénitien qui me dit avoir reconnu mon accent lorsque je m'étais adressée au contrôleur. Il avait, après la guerre, pratiqué dans la marine, stationnée à Halifax. Il offrit de me servir de cicerone durant les deux jours que je passai dans ce coin de planète où le temps semble s'être figé dans l'or et la mosaïque. Il me fit voir des petites places complètement ignorées des touristes; visiter des églises aux beautés artistiques riches d'histoire; goûter à la cuisine italienne traditionnelle dans de minuscules restaurants dont les quatre ou six tables n'avaient sans doute jamais accueilli de voyageurs d'outre-mer. Je me promenais dans les «calle», aux côtés de ce grand vieillard à qui je prêtais l'allure d'un doge. Sa langue parfaite retenait, plus qu'elle ne l'étalait, le foisonnement d'une culture profonde. Il me parlait de musique aussi bien que de peinture ou de sculpture, sur un fond d'histoire n'ayant rien à voir avec celle de l'Amérique qui, même si on s'en défend, a marqué nos neurones dès la naissance. Et je sentais que ma langue maternelle me rattache à des racines européennes où le mot «culture» a encore aujourd'hui un sens. Combien j'étais fière de parler le français avec un érudit qui le maniait superbement. Et je me félicitais de m'être, tout au cours des ans, adonnée intensément à la lecture, d'avoir été attentive à la musique et visité quelques musées. Tout en me désolant de mon ignorance relative. Le dernier soir, j'eus l'éblouissement d'assister à la représentation de l'*Othello* de Verdi, dans son décor naturel, c'est-à-dire dans la cour intérieure du palais des Doges. Je laissai couler des larmes qui jaillissaient tout autant de mon sens esthétique comblé, que du combat où la mauvaiseté avait prévalu en moi depuis de si longues semaines.

Toutefois, ce voyage allait me permettre de m'oublier un peu. La vie m'envahissait de nouveau, et il ne resterait

144

plus qu'aux vagues vertes de l'Adriatique de me laver des miasmes que mon intransigeance avait sécrétés.

J'avais eu l'intention de faire le trajet Venise-Dubrovnik en bateau. Mais je fus déçue d'apprendre que le service ne fonctionnait pas le dimanche, jour où Thérèse et Jean devaient eux-mêmes y arriver à l'issue de leur croisière. Ayant pu réserver une place à bord d'un avion, je me trouvais à l'aéroport de Venise lorsque, à quelques pas de la toilette des dames, j'aperçus mon beau-frère. Quelle ne fut pas sa surprise en me voyant: il croyait ne me voir que le soir à Dubrovnik. Joie, embrassade, goût de jouer un tour à Thérèse. J'entre dans la spacieuse salle de repos garnie de miroirs et lance à la cantonade, en forçant mon accent: «Y aurait-il une Québécoise ici?» Silence de l'autre côté de la cloison où je pouvais apercevoir ses pieds. Mais en m'entendant éclater de rire, la voilà qui respire, soulagée: elle avait cru un court instant être forcée de passer ses vacances avec quelqu'une de ces touristes qui s'agglutinent à tout compatriote rencontré à l'étranger.

De m'être coupée volontairement de Georgette m'incitait à la fois à me rapprocher de Thérèse et à me garder de l'amener à opter pour l'une ou l'autre de ses sœurs. Mais comme elle ne savait rien du drame qui avait rompu notre trio, elle agissait très naturellement avec l'une et l'autre. D'autant plus qu'elle n'avait jamais su que j'avais, quelques années plus tôt, vécu une relation amoureuse avec Laurent, Georgette le lui ayant simplement présenté comme quelqu'un que j'avais autrefois connu par les frères de Ghislaine.

Aussi passâmes-nous des vacances sereines. Notre hôtel était perché sur un roc qui surplombe la mer. Aux repas, ils me décrivaient les îles paradisiaques qu'ils avaient visitées au cours de leur périple. Leur séjour à Dubrovnik étant pour eux un lieu de farniente où assimiler tout ce qu'ils avaient vu au cours des dernières semaines, c'est sans eux que je partais visiter le pays. Je prenais un car de touristes pour aller admirer les mosquées de la ville de Mostar, vestiges de l'invasion arabe. En bateau je longeais les impressionnantes bouches de Kotor. Je me rendais à pied dans la vieille ville médiévale de Dubrovnik dont j'arpentais les remparts, visitais la cathédrale baroque et les palais, m'arrêtant à l'ombre des places et fontaines et autour des étalages des marchés en plein air. J'aime cette semi-solitude du voyage qui nous fait croiser des touristes avec qui on se sent en communauté de goûts, ainsi que les gens des pays visités, dont je suis toujours un peu étonnée qu'ils ne soient pas eux-mêmes émerveillés de côtoyer tous les jours les somptueux témoins du passé. Les visiteurs de notre propre pays se font peut-être la même réflexion à notre sujet, face à notre fleuve et à ses villages riverains, ainsi que devant nos vestiges du Régime français ou notre modernité nord-américaine.

Si je revins de ce voyage revigorée physiquement et psychiquement, je vis, dès le retour, que je n'étais pas guérie. Il me faudra le choc qui survint au temps des Fêtes pour m'arracher à mon égoïsme. Pour l'instant, je me sentais comme une convalescente incapable d'apercevoir le bout du tunnel. Dans ces conditions, comment n'ai-je pas développé une maladie psychosomatique? Un cancer, par exemple?

J'étais si malheureuse...

Comment n'ai-je pas sombré jusqu'à l'âme? Peut-être vivais-je sur mes acquis de jeunesse et d'enfance? À quarante-quatre ans, il y avait une bonne quinzaine d'années que l'idée de la mort comme destin personnel faisait son chemin en moi. Mais la mort volontaire... Déjà lors de mon mariage raté, la pensée m'en avait effleurée. Il en fut ainsi chaque fois que l'amour m'avait fait défaut. Mais là, on aurait dit que même l'énergie exigée pour quelque forme d'autodestruction me manquait: je ne me suis adonnée ni à l'alcool, ni aux tranquillisants ou excitants, ni aux satisfactions uniquement charnelles.

Quand la bouche ne parle plus de l'abondance du cœur, le silence se fait tel qu'il devient absence à soi-même. Si autrefois j'avais pu me sentir quelquefois étrangère en compagnie de certaines personnes, toujours ma solitude me faisait me retrouver. Maintenant, je ne me sentais bien nulle part, surtout pas chez moi. Mes collègues me devenaient inintéressants et les hommes ne m'attiraient plus. Quant à l'amour lui-même, il m'apparaissait, avec le recul, comme une vaste fumisterie. Et que dire de la vie? Une mise en scène ardue et inutile qu'on doit tout seul animer, tout en en étant l'unique acteur et spectateur. Aussi ma solitude n'avait-elle plus rien de régénérateur. La musique elle-même, sans la concentration, n'était qu'accompagnement à mon humeur sombre.

Heureusement, j'avais un grand ami: «mon vieux médecin», comme je disais en parlant de lui. Il avait été mon voisin d'appartement quelques mois, avant d'aller s'installer dans Hampstead. Juif d'origine polonaise, ophtalmologiste de profession, il était très cultivé. Sa fréquentation m'était salutaire, car il était doux, bon, ne jugeait jamais et savait cultiver les amitiés. Je rencontrais chez lui des personnes de toutes nationalités dont la langue seconde était le français. C'est là que pour la première fois de ma vie, répondant à une question de l'une d'elles qui était peintre et qui s'enquérait de ce que j'étais moi-même, je répondis: «Je suis écrivain.» J'eus l'impression d'ainsi me vanter un peu, mais non de mentir. Bien que durant cette période de noirceur où j'avais oblitéré le meilleur de moi-même, ma plume se fût desséchée.

Noël approchait et je me demandais comment éviter de les croiser, Laurent et elle, chez mes parents. Mais c'est au jour de l'An qu'ils avaient choisi de s'y rendre.

Je ne devais pas être belle à voir ni agréable à entendre, en ce soir de Noël. Maman me fit une remarque sur mes yeux cernés, qui, sur le coup, m'exaspéra et, le soir chez moi, me fit pleurer de désespoir. C'est qu'elle avait elle-même une telle tristesse dans le regard... Elle s'était tue sur l'essentiel: leur chagrin, à elle et à papa, devant la désunion de deux de leurs enfants, qu'ils avaient élevés dans l'amour et le respect mutuel de leurs différences. Toute la nuit, les souvenirs affluèrent: petits, nous n'avions pas le droit d'aller nous coucher sans nous être réconciliés avec celui ou celle qui nous avait blessés de quelque manière.

Comment en étais-je venue à haïr la plus petite de notre trio à la cohésion si forte que les oncles et tantes, voisins et voisines en oubliaient nos prénoms respectifs, à force d'entendre nos parents, nos frères et sœurs aînés nous appeler «les trois petites»? Haïr Georgette? Une impossibilité! Alors comment expliquer ce qui était arrivé? Comment nommer le sentiment que je portais en moi comme un corps étranger depuis tous ces mois?

Cette nuit-là, je m'interrogeai sérieusement sur l'obstination que j'avais mise à ne pas céder à l'indulgence pour les faiblesses des autres autant que pour les miennes, attitude inculquée dès le plus jeune âge par papa et maman. Après tout, Laurent n'était plus mon amant depuis belle lurette. Quant à ma petite sœur, pourquoi ne pas retenir que — un peu grâce à moi, quand même! — elle vivait enfin l'amour auquel, m'avait-elle avoué, elle aspirait si fort depuis sa séparation? Quelle folie s'était donc emparée de moi en ce soir fatidique où je l'avais vue partir de chez moi en compagnie de mon ex-amant devenu entre-temps presque un frère? Avais-je soudain pris conscience du ratage de ma vie amoureuse en apparence si remplie? Le nombre n'est pas la qualité, et qui sait si une certaine fidélité de Laurent à mon endroit ne m'était pas nécessaire pour ne pas désespérer de mon incapacité de retenir un homme unique dans ma vie?

Et puis, il n'y avait pas que mes amours qui n'aient pas réussi. Au temps de mon travail à la Miséricorde, j'avais regretté de n'avoir pu poursuivre des études en service social. Dans le même temps, constatant que les jeunes filles semblaient attendre de moi ce qu'elles n'avaient pas reçu d'une éducatrice, je m'étais demandé si je n'aurais pas pu mener une carrière d'enseignante. Et pourquoi pas de bibliothécaire? m'étais-je également demandé chaque fois que je m'attardais dans quelque bibliothèque. Ratage d'une vie professionnelle plus valorisante? Et voilà qu'en plus je n'aurai pas réussi, me disais-je devant la trahison de Laurent, à transformer en amitié durable notre amour que nous avions cru incorruptible.

Aujourd'hui, je n'irai pas jusqu'à prétendre que je m'apprêtais à me réconcilier avec Georgette lorsque la tragédie survint: ce serait m'absoudre trop facilement. Mais je crois pouvoir affirmer que durant les cinq jours qui m'en séparèrent, du soir de Noël jusqu'à l'avant-veille du jour de l'An, un travail de rapprochement se faisait en moi sans que j'y participe consciemment. Ce qui expliquerait qu'il n'y eut aucune hésitation de cette part obscure que je portais en moi un peu à mon corps défendant.

Le 30 décembre, donc. Coup de fil de ma sœur Fernande. Ou bien était-ce de ma belle-sœur Madeleine, infirmière? En pleine tempête de neige, Georgette avait été transportée d'urgence à l'hôpital pour occlusion intestinale.

Ha!

La même réaction des poumons m'étreignit que lors du téléphone où elle avait mentionné Laurent comme faisant désormais partie de sa vie. Ha! Non pas un cri ni même une exclamation. Mais une respiration rentrée: une inspiration, un appel d'air. Un mouvement instinctif pour retenir la vie qui veut s'échapper. Pour ne pas passer tout de suite au dernier souffle. Qu'il attende encore un peu, celui-là!

Lorsque j'arrivai sur le seuil de sa chambre d'hôpital, mes yeux furent aimantés par les siens, seuls îlots vivants dans un visage déformé par des tubes buccaux et nasaux. Je m'avançai presque sans voir Laurent qui se tenait pourtant tout près, lui entourant les épaules comme pour faire corps avec elle. Mais seule ma petite sœur comptait, que la mort guettait. On lui avait fait un trou dans le ventre pour tenter d'enrayer l'occlusion. On allait, le lendemain, devoir l'ouvrir carrément et lui enlever vingt centimètres d'intestin.

Je ne dis presque rien, me contentant de répéter son prénom, que j'avais banni si méchamment de longs mois.

Je devais apprendre plus tard que Laurent l'avait transportée dans ses bras de chez elle à l'hôpital, distant d'un long coin de rue. C'est qu'elle était au plus mal, pliée en deux par la douleur, et que l'ambulance tardait à arriver, bloquée dans la tempête qui sévissait.

Les jours suivants, la mort semblait revenue en force: je la sentais rôder autour du corps profané par le scalpel.

Mais non: la vie reprit le dessus, n'ayant pas fini de dévider son écheveau aux fils bien comptés.

149

Janvier passa; sa convalescence se déroulait bien. À ce point qu'au début de février elle retourna au travail.

Dans la famille, nous soupirions de soulagement. À commencer par maman et papa qui eussent trouvé anormal qu'une de leurs enfants les précédât dans la tombe.

Même si j'étais peu en contact direct avec Georgette — je craignais de la déranger le soir, où elle se reposait entre ses filles et Laurent —, la réconciliation était consommée entre elle et moi. Je dormais bien de nouveau; je revivais. Et je n'attendais que l'occasion pour l'inviter à un concert ou au théâtre.

Lorsque vint la mi-février. Une journée qui avait commencé comme les autres, sans prémonition de ce que j'allais entendre de sa bouche.

Le téléphone sonne au bureau. C'est elle, qui me demande si je suis libre pour le déjeuner. Bien sûr.

Je vais la rejoindre à La Popina. Peut-être sommes-nous un peu mal à l'aise: les retrouvailles sont toujours un brin gênantes.

Encore là, je n'ai gardé aucun souvenir de ce que fut notre conversation: une nouvelle fois, obnubilation par éblouissement de l'aura d'un événement-choc.

Arrive le café; elle me dit:

— Tu ne me demandes pas des nouvelles de ma santé?

— C'est que tu as l'air si bien, répondis-je, aucunement alertée.

— Comme le chirurgien ne se pressait pas de me donner les résultats des biopsies faites lors de l'opération, j'ai décidé d'aller le voir sans prendre de rendez-vous.

Je crois que j'ai eu un sourire: je reconnaissais bien là ma petite sœur, toujours si décidée. Elle poursuivait:

— Il a bien été obligé de me recevoir. Comme il avait l'air d'hésiter, le nez dans mon dossier médical, je lui ai demandé carrément: «Si c'est le cancer, j'aime autant le savoir. J'ai trois filles à élever, vous savez.»

Mais... qu'est-ce qu'elle est en train de me dire là?

— Il a fini par me répondre, car j'insistais en voulant savoir combien de temps il me restait à vivre. Je lui ai donc demandé: «J'ai eu quarante-deux ans à l'automne. Est-ce que je me rendrai à quarante-trois?»

J'ai peine à reprendre mon souffle.

— Il a enfin laissé tomber: «Vous avez raison de compter en mois. Le cancer du côlon... des métastases au foie... Mais on ne sait jamais...»

Ha! Mon Dieu...

Ma vision s'embrouille. Ici, dans ce restaurant, pas de lavabo pour me baigner les tempes et me remettre du choc, comme il m'était arrivé lorsque ma sœur Marcelle m'avait appris la mort de mon ex-mari. Comment avait-elle fait, elle, Georgette, pour ne pas perdre connaissance en entendant le verdict de sa condamnation à mort? Une femme forte, sous ses dehors fragiles...

Une fois ma vue rétablie, sans doute lui dis-je ma douleur devant le drame qu'elle vivait. Mais tout ce que je me rappelle, c'est le vœu qu'elle formula quelques instants plus tard au moment de me quitter pour retourner au travail:

— Si on pouvait recommencer à se voir régulièrement comme avant... Je te promets de ne jamais te parler de Laurent.

Il était bien loin, celui-là! Oublié, effacé. Je n'avais plus de mémoire. Seul le présent m'accaparait, où je n'étais plus que sœur. Non plus amante obsédée par moi-même. Même plus seule avec mon égoïste ennui.

Nous nous revîmes en effet toutes les semaines, allant ensemble au concert, au cinéma, au restaurant. Jusqu'au printemps où elle partit en voyage en Italie et dans les îles grecques avec Laurent. Un adieu au monde et à sa beauté, devait-elle penser. Car elle était persuadée qu'elle ne se rendrait pas à son anniversaire, le 11 octobre.

Elle revint rayonnante, embellie, heureuse. Par discrétion, elle me tut l'empressement de Laurent à son endroit, et c'est par mes autres sœurs que j'appris qu'à Venise une rose l'attendait tous les matins dans le plateau du petit déjeuner.

Cependant, la lune de miel entre eux tirait à sa fin. À l'automne, elle mit Laurent à la porte, ainsi qu'elle me l'annonça laconiquement. Je me gardai bien de l'interroger, mais je fis un lien entre le recul de sa maladie et la reprise de sa liberté. Elle parlait en effet de rémission et ne croyait plus du tout à une mort prochaine. Et il était vrai qu'elle donnait une image de santé et d'indépendance.

Le printemps suivant, elle s'acheta une voiture neuve.

Nous allâmes ensemble aux concerts du mont Orford et fîmes le tour des théâtres d'été, en quête de divertissement. Et pour nos vacances annuelles, nous partîmes avec ses trois filles à Old Orchard où elle manifesta un tel enthousiasme face au sable et aux vagues où elle jouait sans fin avec les petites, que j'avais moi-même l'impression qu'on s'était inquiétés pour rien à son sujet. D'autant plus que son médecin était bien forcé de constater que, contre toute attente, la prolifération des métastases s'était arrêtée.

Vécut-elle réellement ces deux années-là dans l'espoir d'une guérison complète? Seul un air de mélancolie se lisait dans ses yeux, que je retrouve dans certaines photos du temps. Autrement, elle était enjouée et nous avions même recommencé à rire. Une fois, entre autres... À la suite d'une interview qu'elle avait vue à la télévision, elle avait acheté un petit livre signé Monseigneur Jeté. Il y était affirmé que nous pouvons soulager la douleur des malades, en particulier des cancéreux, grâce aux ondes que nous émettons. Il suffirait, d'après l'auteur qui se défend d'être un guérisseur, de tendre le bras et de pointer les doigts en direction de la région du corps atteinte, tout en commandant mentalement à la douleur de s'en aller. Et Georgette me disait, en riant à l'évocation d'une telle scène: «Te vois-tu, le bras tendu vers mon foie et disant: ''Douleur, va-t'en!''?» Je riais jaune, mal à l'aise, lorsque, devenant subitement grave, elle me dit, en me regardant intensément: «Est-ce que je pourrai quand même compter sur toi, le moment venu?» Je promis, bien sûr. D'autant plus qu'elle ajoutait: «Je n'ai pas vraiment peur de la mort. Mais la souffrance!...»

Cependant, le moment n'était pas encore venu; même si la mort s'apprêtait à frapper, se trompant en quelque sorte de cible. Pas rien qu'une fois mais deux en treize mois.

L'après-midi du jour de l'An 1973, je rendais visite à papa, hospitalisé à Jean-Talon pour une anémie consécutive à des ulcères perforés. Nous avions bien cru que c'était la fin. C'est ce dont nous nous entretenions, Yvette et moi, en quittant l'hôpital où elle était venue après être allée embrasser maman à la maison. Car ma mère ne pouvait venir voir mon père à l'hôpital: son arthrite s'étant aggravée au cours des ans, elle se déplaçait difficilement.

Ma sœur religieuse habitait depuis quelques années à Montréal où elle était assistante de la supérieure générale des Sœurs Servantes du Saint-Cœur-de-Marie, dont la maison mère est sise à Beauport, tout près de Québec.

À la porte de l'hôpital, je hélai pour elle un taxi, non sans l'avoir invitée à se joindre à nous pour le repas en famille que donnait l'une de mes sœurs et où je me rendais moi-même. Mais elle préféra aller rejoindre la dizaine de religieuses avec qui elle résidait dans une grande maison, non loin de l'Oratoire. Elle marchait à l'aide d'une canne, à cause d'une arthrite héritée de maman et qu'elle soignait depuis des années à la cortisone et à l'aspirine. Je remarquai sa bonne mine: joues rouges et rebondies. De santé, croyais-je. C'était là un effet secondaire de la cortisone, me dit-elle. Quant à celui de l'aspirine...

À cause de son infirmité, elle choisit de s'installer sur la banquette avant du taxi, près du chauffeur à qui je dis, d'un ton légèrement protecteur: «Prenez bien soin de madame...» Ce qui fit sourire Yvette à qui j'envoyai la main et qui me répondit de même, derrière la vitre, au moment où la voiture démarrait.

Je ne devais plus la revoir vivante.

Le 5 janvier au petit matin — cinq heures trente —, je suis éveillée en sursaut: la sonnerie du téléphone retentit à mon chevet. Ensommeillée, j'ai peine à reconnaître la voix de Fernande qui m'annonce qu'un malheur est arrivé.

— Ha! Georgette!
— Non...
— Papa alors?
— Non, non!

— Pas maman?

— Non: Yvette...

— Comment ça? Qu'est-ce qui est arrivé?

— Elle a été opérée cette nuit. La supérieure vient de m'appeler.

— Alors?

— Elle est morte vers deux heures et demie...

— Mais c'est impossible! Au jour de l'An elle...

— Je sais... Elle a été transportée à l'hôpital hier vers cinq heures de l'après-midi: elle vomissait le sang. Elle a reçu plusieurs transfusions, mais ça n'a eu pour effet que de la faire saigner encore plus abondamment. Vers deux heures cette nuit, comme l'hémorragie avait l'air de se calmer, le chirurgien a tenté de recoudre les lésions de son estomac. La supérieure m'a rapporté la parole du médecin, navré et qui avait l'air de vouloir se faire pardonner son échec: «Elle nous a filé entre les doigts...»

— C'est pas possible! Ça se peut pas...

— Toute cette cortisone qu'elle prenait depuis des années pour ne pas être complètement impotente...

— Et ces tonnes d'aspirine! Ça n'arrangeait sûrement pas ses ulcères d'estomac! Elle était pourtant suivie régulièrement par un médecin, non?

— Oui. On ne sait pas vraiment comment ça a pu se produire. Elle avait téléphoné à maman vers midi, pour lui dire qu'elle ne pourrait pas aller la voir tel que promis: elle se sentait au bord de l'indigestion. En réalité, c'était le sang qui commençait à lui envahir l'estomac.

— Ha!

— Je dois te laisser. J'ai tous les autres à appeler: Thérèse à Shawinigan, René à Ottawa...

— Pour papa et maman, qu'est-ce qu'on fait?

— On ne leur dit rien pour l'instant. Je te rappelle plus tard.

La mort... Yvette? Je la revois toujours, m'envoyant la main...

J'étouffais. Personne près de moi en qui plonger mon regard; avec qui me taire. Je ne voulais pas tant parler que communiquer mon désarroi par des cris muets qui auraient eu un écho dans les yeux de l'autre.

N'y tenant plus, à six heures j'appelai Claire, une compagne du cours de lettres-sciences avec qui j'étais restée en contact et qui était devenue une amie au fil des ans. Elle m'écouta, fut cordiale, sut me parler car elle-même avait eu la douleur de perdre un frère, quelques années plus tôt: «On n'oublie pas mais le temps fait son œuvre», m'assurat-elle. Puis elle me suggéra de me faire couler un bain pour me détendre.

C'est dans la baignoire, où je pleurai chaudement, que se déclenchèrent coup sur coup les deux réminiscences de ma petite enfance où mes larmes d'enfant grondée s'étaient mêlées à l'eau, tandis que «Nena» me lavait tout en essayant de me consoler. Ma vie en famille se déroulait à rebours derrière mon front plissé par le chagrin. Qu'était-ce donc que l'existence? À quoi sert tout cela qui la meuble? Yvette…: on est restées de longues années sans se voir beaucoup mais on s'écrivait, se confiant ce qui ne s'exprime pas facilement de vive voix mais que la plume fait jaillir de régions inexplorées.

Il faut que je me remette à l'écriture, me dis-je. Cette résolution calma mes larmes et je pus m'apprêter à affronter la tâche qui m'incomba, l'après-midi, d'apprendre à maman, en compagnie de Thérèse qui avait sauté dans le premier autobus, la mort de son aînée; de l'enfant de ses vingt ans, fruit de l'amour de sa jeunesse.

Étonnée de revoir Thérèse faire de nouveau le trajet de Shawinigan si peu de temps après les Fêtes, maman devinat-elle au premier coup d'œil que nous étions porteuses d'une mauvaise nouvelle? Elle semblait sur ses gardes, ce qui nous incita à parler sans plus attendre.

— Yvette n'est pas bien du tout…

Son regard soudain traqué nous fit hésiter. Mais il nous fallait quand même poursuivre.

— Les sœurs nous ont téléphoné ce matin…

— Elle n'est pas morte, toujours?

C'est nous qui sommes bouleversées qu'elle ait si vite compris. Qui sait si en elle une zone profonde ne savait pas déjà…

— Oui, maman. La nuit dernière, précisons-nous, soulagées de n'avoir pas à prononcer le mot imprononçable devant une mère.

Une rougeur envahit sa gorge décolletée. C'était au tour de ses filles de la consoler, têtes blotties contre ses seins qui pour nous avaient été un tel refuge aux heures d'insécurité.

Nous entendîmes à peine Jean-Paul entrer, qui venait nous prêter main-forte: le médecin de papa avait prescrit pour nos parents un calmant que nous nous empressâmes de donner à avaler à maman avec un grand verre d'eau, à l'heure même où Fernande, à l'hôpital, faisait de même avec papa.

Maman voulut tout savoir. Nous lui racontâmes en détail tout ce que nous nous répétions les uns aux autres depuis le matin.

— A-t-elle su qu'elle mourait? demandait-elle, inquiète.

— Elle a dû s'en douter puisqu'un prêtre lui a administré les derniers sacrements. Les sœurs ont dit qu'elle s'est rendue à la salle d'opération très lucidement, en paix avec elle-même et avec Dieu.

— Elle est allée rejoindre Simone au Ciel..., conclut-elle, le regard tourné vers un passé antérieur à Thérèse et à moi.

Simone... sa petite fille tant regrettée, morte à cinq mois. Son quatrième bébé: onze livres et trois quarts à la naissance... Sa mort fut-elle consécutive à une chute que maman avait faite trois semaines avant l'accouchement, ou bien au difficile accouchement lui-même dont maman était sortie déchirée? Ce fut là la seule hospitalisation de toute sa vie: pour aller se faire recoudre, comme elle disait. Et toute mon enfance et ma jeunesse, j'ai entendu maman annoncer qu'elle allait prier Simone pour obtenir telle ou telle faveur du Ciel. Elle et papa ont mis bien du temps à se remettre de la disparition d'une enfant dont ils disaient qu'elle était de toute beauté.

Et voilà qu'elle croyait qu'Yvette serait accueillie dans l'au-delà par sa petite sœur morte cinquante-deux ans plus tôt. «Il fallait des anges au paradis», disait une chanson de mon oncle Roméo. Lorsque maman nous la chantait, nous savions que nostalgiquement elle se reportait au petit ange de la famille.

Comment Georgette réagit-elle à la mort de notre aînée? Quelques jours plus tôt, elle s'était entretenue de son cancer avec Yvette. Que s'étaient-elles dit? Là se trouve peut-être l'explication d'une petite phrase prononcée aux funérailles qui eurent lieu à Québec par un froid sibérien. Déclaration qui m'avait créé un malaise: «Qui sait si Yvette n'a pas offert sa vie en échange de la mienne... Avec mes trois filles à élever...»

La superstition s'installait-elle en elle comme diversion à l'inacceptable? me demandai-je. Plus l'échéance semblait reculer, plus la vie reprenait ses droits, avec sa négation de la mort pour soi-même. Je ne m'explique pas autrement cette phrase qui cadrait mal avec la réaction si réaliste qu'elle avait eue devant le verdict du médecin, deux ans plus tôt. À moins qu'Yvette ait fait une allusion en ce sens? Disparue à cinquante-cinq ans, nous avions tout lieu de croire qu'elle avait réussi sa vie. Pourtant, je ne pouvais m'empêcher de me révolter devant une existence fauchée en pleine lucidité. Et la survie de Georgette ne me consolait pas du scandale de la mort de l'aînée de la famille.

Une autre perte, celle de papa, allait nous être infligée un an plus tard. Et «les trois petites» ne seraient même pas là!

Thérèse et Jean étaient en année sabbatique pour travailler à un livre qui ferait suite à un manuel de dactylographie qu'ils avaient fait paraître l'année précédente. Ils décidèrent d'aller passer l'hiver aux Bermudes et nous invitèrent, Georgette et moi, à les rejoindre pour deux semaines.

Nous en étions aux derniers préparatifs, lorsque papa eut une congestion cérébrale. De nouveau, l'hôpital Jean-Talon où exerçait son médecin. Son cerveau était touché, mais son cœur tenait bon. Nous reconnaissait-il? Non seulement il nous confondait les uns avec les autres, mais encore, un soir, il prit l'une d'entre nous pour sa secrétaire à la banque. Pliant et dépliant sans fin un mouchoir de papier comme il eût fait d'un feuillet, il dit, d'une voix pâteuse déformée par une demi-paralysie de la bouche: «Allez me traduire ça en bon français...» Dans quel monde était-il, où tout s'effritait de ce qui l'avait le plus préoccupé, de ce qu'il avait accompli et aimé? Que devenaient les circuits de son cerveau qui s'étaient nourris de son regard sur le monde, de l'audition des chefs-d'œuvre, de lectures et de travail, de l'amour d'une femme, de l'admiration et de la tendresse de ses enfants? Où s'en retournait sa vie? Le mystère m'étouffait. La fin d'un père: est-ce une éventualité possible?

Si ce n'avait été de Georgette, dont on se disait que ces vacances aux Bermudes seraient peut-être les dernières, je ne serais pas partie. Mais toute la famille m'y incitait; malgré ses quatre-vingt-trois ans, papa se remettrait sans doute, comme pour les alertes précédentes.

Jean et Thérèse avaient loué une petite maison à deux pas de la mer, comportant deux chambres à coucher et une pièce de séjour, en plus d'une cuisine garnie et d'une salle d'eau. La pièce principale, dont un coin était aménagé en dînette, s'ouvrait sur un patio par où les oiseaux entraient librement pour picorer nos miettes de pain.

Le jour même de notre arrivée, comme nous étions parties explorer la plage, laissant Thérèse et Jean à leur travail de rédaction, Georgette et moi eûmes la douleur, à notre retour d'excursion, d'apprendre la mort de papa... Fernande nous avait télégraphié laconiquement: *"Our father died this morning."*

Le premier choc atténué, nous décidâmes toutes trois de reprendre l'avion pour Montréal. Jean attendrait notre retour, trois jours plus tard. Après de multiples démarches téléphoniques, nous réussîmes à dénicher trois places à bord d'un avion, et le soir même nous pouvions nouer nos bras autour de maman qui, les yeux encore secs à cause de son incapacité de tenir pour vraie la mort du compagnon de toute sa vie, nous regardait, incrédule: nous avions réussi en si peu d'heures à partir et à revenir! Elle devait demander à Thérèse, le lendemain, avec un regard suppliant qui implorait une réponse: «Mais... où est-ce qu'il est, Georges, maintenant?» Et ma sœur d'affirmer — l'amour filial ne s'embarrassant pas de discussion sur une vérité aussi peu prouvable: «Mais au Ciel, maman! C'est certain! Vous n'en doutez pas, j'espère?»

Papa, mort le 18 février. Le 19, nous passâmes, avec nos frères et sœurs, neveux et nièces, toute la journée au salon mortuaire. Et c'est vers le soir que Georgette s'était mise à fredonner du Mozart en hommage au musicien qu'était papa...

En plus de l'immense chagrin muet que seuls ses yeux fixes nous livraient un peu, maman eut la douleur de ne même pas pouvoir assister au service funèbre de son Georges. Personne au monde ne l'appellerait plus jamais Léda... Son médecin lui avait défendu de quitter la maison. Pauvre maman... Jamais là pour assister à la fin des êtres chers. Absente aux divers séjours de son mari à l'hôpital. Absente chez les religieuses où avait été exposé le corps de son aînée. Et, quelque vingt-cinq ans plus tôt, retenue au lit par une congestion pulmonaire lors du décès de sa propre mère. Qui sait si d'en être réduite à imaginer le déroulement des cérémonies funèbres ne la faisait pas souffrir encore plus, reléguée qu'elle était dans la solitude de son corps qui la lâchait petit à petit avant l'échéance qui surviendrait trois ans et demi après la perte de celui qui avait partagé sa vie durant tant d'années.

En l'absence de maman, donc, c'est nous, «les trois petites», qui avons occupé la limousine qui suivait immédiatement le corbillard, nos autres sœurs et nos frères roulant dans leurs propres voitures. Défaites par notre voyage éclair et par une nuit de totale insomnie, nous contenions difficilement notre émotion dans cette prison de verre d'où nous ne pouvions détacher les yeux du cercueil qui nous précédait. Réunies comme dans notre enfance, où nous adorions nous promener, nous qui n'avions pas de voiture, dans celle de nos voisins à Val-Saint-Michel, où papa prenait place quelquefois à côté du chauffeur et nous à l'arrière... Papa

159

en avant, nous le suivant. Papa avant nous; notre tour viendra bien un jour! À commencer par Georgette. Un jour pas très lointain — en fait, neuf mois plus tard —, c'est nous, Thérèse et moi, qui suivrons le landau mensongèrement astiqué.

Quelles furent les pensées de Georgette en cet instant? Je le sus quelques semaines plus tard lorsque nous fûmes invitées chez Fernand, mon grand ami de Radio-Canada, qui avait été le confident de mes amours tumultueuses avec Vincent, et avec qui j'avais partagé tant de Noëls solitaires. Il était maintenant marié et sa femme nous reçut un soir à dîner. Georgette était encore belle, la chevelure sombre, rayonnante, ainsi que me le confirme une photo prise à table ce soir-là. Elle confia à notre hôtesse qu'elle s'était, le matin de l'enterrement de papa, en quelque sorte dédoublée un court instant, se voyant elle-même suivant son propre corbillard.

Pour notre retour aux Bermudes où Jean nous attendait, tout ce que nous pûmes trouver fut un vol avec escale d'une nuit à New York. Logées dans une spacieuse chambre à l'hôtel de l'aéroport, fatiguées, rompues de chagrin, nous ne fermâmes pas l'œil de la nuit, le bruit assourdissant des avions qui décollaient sans arrêt achevant de nous mettre les nerfs en boule.

Si papa était au centre de nos pensées secrètes, nous essayions tout de même de nous laisser envelopper par le climat qui nous revigorait. Georgette et moi passions nos grandes journées dehors et Thérèse venait nous rejoindre à la plage une heure le matin et autant en fin d'après-midi. Nous nous baignions toutes les trois et marchions les pieds à moitié dans l'eau, à moitié dans le sable mouillé, tandis que Jean s'asseyait à l'ombre.

Et nous redevenions «les trois petites»... Avec la mort de papa, nous disions-nous, s'éteignait le temps des chevaux qui tiraient même les corbillards, ainsi que les échelles de pompiers. J'en avais des images bien précises: c'est qu'à Québec nous logions en biais de la caserne des pompiers et à un bloc d'un entrepreneur de pompes funèbres. Maman avait bien pu être étonnée de voir revenir ses filles à temps pour enterrer leur père: ni elle ni papa n'avaient jamais pris l'avion et ils avaient coutume de nous rappeler qu'au cours de leur vie ils auraient connu la venue de l'automobile, de l'électricité, de l'avion, de la radio, du téléphone, de la télévision. Nous avions d'ailleurs été les premiers de notre entourage à acheter un poste de radio et à faire installer le téléphone.

La nostalgie nous permettait à toutes trois de tarir nos larmes: orphelines de père... est-ce possible! Et un jour, de mère également!...

Après le repas du midi, je partais en autobus avec Georgette, visiter divers coins touristiques. Et après le souper, nous nous promenions tous les quatre dans l'odeur sucrée des arbustes fleuris.

L'approche de la nuit nous réunissait, Georgette et moi, dans notre chambre où nous lisions pendant une heure avant d'éteindre. Nous ne nous endormions jamais sans avoir récapitulé notre journée et je la laissais s'émerveiller du climat, me redire l'attrait qu'exerçait sur elle la mer: que ce soit celle de Cavendish et d'Old Orchard ou l'incomparable Méditerranée, qu'elle porte le nom d'Adriatique, d'Ionienne ou de Tyrrhénienne. Même dans le noir, je voyais bien qu'elle se référait à son périple en Italie et en Grèce. Mais elle se gardait bien de mentionner le nom de Laurent, ignorant que cela ne m'aurait pas émue le moins du monde. Car c'était maintenant moi qui n'osais pas parler de lui, devinant bien que la cicatrice de la fin malheureuse de leur liaison ne s'était pas refermée. Je devais apprendre plus tard qu'il était devenu alcoolique avant même leur cohabitation. Quelque excès dans ce sens l'aurait peut-être forcée à le chasser de son foyer où elle désirait avant tout mener à bien l'éducation de ses filles? Ou bien, comme nous l'avons alors cru, peut-être ne voulait-elle plus être prise en pitié par l'homme aimé? Se reprendre en main et affronter seule la fin de cette vie à laquelle il n'avait, après tout, été mêlé que quelques années?

C'est seulement là que j'appris — elle parut étonnée de ne pas me l'avoir confié auparavant — que son cancer datait déjà d'une dizaine d'années lorsqu'elle avait été opérée. Cela la rendait songeuse: si cette maladie était en partie psychosomatique... Son début coïnciderait avec ses premières luttes pour sauver du naufrage son mariage. Ayant combattu en vain ses scrupules, elle m'avait dit, lors de sa séparation d'avec son mari: «C'était ça ou devenir folle...» Comment savoir: développer un cancer plutôt qu'une psychose? Ma petite sœur, toujours si renfermée depuis sa plus tendre enfance...

La si brune Georgette... Chevelure teinte en noir car, comme nous toutes et à commencer par maman, elle avait grisonné très tôt. C'est maman qui incitait ses filles à se débarrasser de leurs cheveux blancs, elle-même ne s'étant pourtant jamais teinte — où en aurait-elle pris le temps et l'argent? — et ayant souffert toute sa jeunesse de sa chevelure grise qui, croyait-elle, la vieillissait.

Eh bien, notre belle Georgette, si noire toute sa vie, c'est en blonde qu'elle devait mourir!

Au printemps, se sentant de plus en plus fatiguée — elle ne voyageait plus qu'en taxi pour se rendre au travail et en revenir —, elle crut bon de retourner voir son médecin, qu'elle avait quelque peu délaissé depuis un an. Il lui fit faire des analyses de sang: les métastases l'avaient envahi... Plus d'espoir à entretenir à coups d'échappatoires, de pensées positives et de quoi d'autre encore!

Une fois de plus, c'est sans nous en parler qu'elle avait fait cette démarche auprès de son médecin et ce n'est que le diagnostic prononcé qu'elle nous en avertit.

Elle m'appelle donc un jour, s'excusant de m'avoir négligée depuis une quinzaine, et me fixe rendez-vous après le travail au restaurant Chez Pierre, non loin de Radio-Canada. Marchant rue Sainte-Catherine, je crois soudain avoir la berlue: est-ce un effet de miroirs? Là, venant à ma rencontre... moi-même! La seconde suivante, me voilà encore plus ébahie: c'est Georgette, la tête blonde! Ce qui faisait ressortir notre ressemblance, que je n'avais jamais vraiment perçue.

162

— Petite cachottière! fis-je en m'efforçant à la gaieté, car je devinais un drame sous ce changement radical.

— Tu ne trouves pas ça trop laid? me demanda-t-elle, implorante.

— Tu me demandes ça à moi, qui me teins en blond depuis des années!

— Toi, ce n'est pas pareil: tu étais châtain clair.

Assises face à face au restaurant, elle me raconta ce qui s'était passé. J'apprenais du même coup que, cette fois-ci, ses jours étaient vraiment comptés. Et je ne savais pas si je m'affligeais plus de sa mort prochaine que de son changement d'apparence. Car c'est son identité même que j'avais peine à retrouver chez cette fausse blonde qui me semblait soudain sophistiquée.

— Je voulais éviter la repousse blanche, si laide pour une chevelure noire. Alors je me suis dit que mieux valait me faire décolorer tout de suite et mourir la tête grise. Seulement, ce que je ne savais pas, c'est que, même devenus blancs, les cheveux qui ont été très noirs restent fortement pigmentés. C'est pourquoi la teinture prend mieux, mais qu'elle est aussi plus difficile à faire partir. J'ai passé toute la journée de samedi au salon de coiffure. À la première décoloration, ils n'étaient qu'acajou. Après la deuxième, j'étais rouge carotte. La coiffeuse a hésité à m'en faire une troisième, s'émerveillant de la force de mes cheveux. C'est tout juste si elle ne m'a pas dit: «Des vrais cheveux de négresse!»... Elle n'a quand même pas voulu, continuait-elle, tenter une quatrième décoloration: «J'aurais peur qu'ils me restent entre les mains», a-t-elle dit en me rinçant une dernière fois les cheveux. Avec tout ça, me voilà blonde et je ne me suis toujours pas débarrassée de mon problème de repousse...

La pitié m'envahit, faite d'impuissance devant une réalité qui peut paraître futile mais qui, à cause de ce qui l'avait déclenchée, me désespéra. D'autant plus que je ne devais rien laisser paraître. Au contraire, je renchéris:

— On se ressemble enfin! Nul ne pourrait plus douter qu'on soit vraiment deux sœurs.

— C'est vrai, en un sens.

163

La bru de ma sœur Marcelle travaillait alors dans une agence de voyages appartenant à l'un de ses oncles. C'est ainsi qu'elle obtint des billets d'avion pour elle-même et son jeune fils et pour Georgette. Elles partirent avec l'enfant pour la Barbade, sans que Georgette en ait averti sa grande amie Doris qui y vivait depuis des années.

C'est seulement arrivée sur les lieux que, de l'aéroport, Georgette téléphona à son amie de toujours. Doris en revenait tout juste, ayant mis à bord de l'avion en partance pour Montréal son mari atteint d'un cancer et qui venait se faire soigner à l'hôpital des Anciens Combattants. En entendant la voix de Georgette, elle n'en crut pas ses oreilles: son amie d'enfance se décidait enfin à lui rendre visite!

— Je suis venue te faire mes adieux, lui annonça-t-elle au téléphone. J'ai un cancer. Je n'en ai que pour quelques mois à vivre.

— Quoi? Qu'est-ce que tu racontes là?

Pourquoi ma sœur se crut-elle obligée de lui apprendre de but en blanc sa mort prochaine? Je crois que par sa déclaration, qui peut paraître grandiloquente, elle voulait prévenir son amie du changement physique qui s'était opéré en elle. Eut-elle peur de n'être pas reconnue de prime abord, amaigrie, le teint mauvais, le regard terne? Et surtout: les cheveux blonds...

Et en effet, Doris devait me confier qu'elle eut peine à retrouver en elle la compagne de couvent, l'amie de jeunesse, la femme qu'elle avait côtoyée tout au cours d'une bonne trentaine d'années.

Refoulant les larmes qui l'avaient aveuglée durant tout le parcours de chez elle jusqu'à l'aéroport, Doris fit relativement bonne figure et installa le trio dans un appartement situé tout près d'une petite plage au sable blanc. Georgette s'abandonna durant une semaine au soleil et à la mer pour un ultime bain de vie. Ainsi qu'à d'interminables conversations avec celle qui avait été, à l'égal d'une sœur, le témoin de ses rêves et aspirations.

Revenue à Montréal, elle retourna travailler à *La Presse,* étant bien obligée de faire vivre ses filles pour lesquelles leur père ne versait qu'une maigre pension.

Je partis moi aussi en voyage, à la mi-juin, visiter la Sicile, la Sardaigne et la Corse en compagnie d'une collègue de Radio-Canada.

Nous nous émerveillâmes des vestiges gréco-romains de la Sicile, surnommée «le musée archéologique de l'Europe». À cause de son climat sec, l'île est en effet propice à la conservation des monuments. La Vallée des temples d'Agrigente nous laissa muettes d'admiration, notamment avec son temple de la Concorde et celui de Jupiter où la reconstitution d'une colossale statue couchée donne une idée du gigantisme de l'ensemble. À Syracuse, l'Oreille de Denys, une grotte à l'écho exceptionnel, permettait au tyran d'entendre ce que se disaient les prisonniers qu'il y enfermait. C'est ce même Denys qui fit suspendre une épée, retenue par un crin de cheval, au-dessus de la tête de Damoclès pour lui montrer la fragilité du bonheur humain. Nous séjournâmes une semaine dans un véritable paradis, Taormina, dont nous pûmes contempler les magnifiques jardins, ainsi que son théâtre grec contre lequel notre hôtel était adossé. De notre terrasse, nous avions vue sur l'Etna, dont nous fîmes l'ascension, emmitouflées de vêtements chauds et munies de bottes à crampons. J'en garde un souvenir de grandeur certes, mais aussi d'une angoisse qui me faisait claquer des dents: l'enfer était là, béant, chuintant, à la fois vertigineusement attirant et repoussant par le vent glacial où nous avions peine à nous tenir debout. Nous préférions admirer de loin le volcan, du balcon de notre appartement où nous contemplions son panache, tout en prenant le petit déjeuner sous le chaud soleil sécurisant.

De la Sardaigne, nous avons découvert les nuraghi, vestiges de la période sarde de l'île. Le nuraghe est une construction conique tronquée faite de pierres superposées; les fouilles permirent d'y trouver de magnifiques sculptures de bronze que nous allâmes admirer au Musée national de Cagliari. La Costa Smeralda nous offrit trois jours de détente dans un décor irréel de soleil, de mer, de douceur architecturale: les maisons affichent un style arabe avec leur revêtement de stuc aux couleurs pastel.

Quant à la Corse, c'est surtout ses beautés naturelles qui nous enchantèrent: ses côtes, dentelées de golfes, d'anses et de caps se découpent sur une mer indigo. Le centre de l'île étant parcouru par un long massif montagneux, la route sinueuse qui mène d'Ajaccio à Calvi est bordée de gorges si profondes qu'il n'est pas rare d'y apercevoir, tout au fond, des restes de voitures accidentées... C'est mortes de peur que nous la parcourûmes en autocar, et pour ne pas avoir à revivre le cauchemar de l'aller, nous décidâmes de rentrer à Ajaccio en avion. Mal nous en prit: ballotté comme un cerf-volant dans des vents contraires, le «coucou» pour huit passagers dans lequel nous prîmes place frôlait les montagnes, descendait à pic au ras des plaines, remontait pour éviter de justesse une colline surgie de nulle part.

Tout un été à retarder l'hiver

Ce voyage m'avait fait renouer avec la vie. Avec la beauté des créations humaines qui tempèrent la cruauté des tyrans et des guerriers. Avec la splendeur de la nature qui distrait du sort qui nous est fait ici-bas.

J'avais grand besoin de ces forces vitales pour affronter l'été et le début de l'automne qui seraient les dernières saisons de Georgette, avant novembre qui la figerait pour toujours dans ses quarante-cinq ans.

Juillet resplendissait depuis huit jours lorsque je remis pied sur le sol de Montréal. Première question dès l'aéroport: «Et Georgette...?»

Elle avait cessé de travailler la veille de la Saint-Jean. Sa dernière sortie avait été d'aller voir maman en compagnie de Thérèse et Jean qui l'avaient ensuite emmenée goûter la douceur d'un petit parc aménagé au bord de la rivière des Prairies. Au retour, comme elle habitait un deuxième étage, mon beau-frère dut la soutenir, tant elle peinait à monter l'escalier. Elle ne devait plus jamais quitter son appartement.

Je me mis à lui téléphoner tous les jours à midi juste, soit du bureau ou de chez moi, soit depuis les Laurentides où je passais parfois les week-ends chez des amis. Et une fois de Rivière-du-Loup où je me trouverai pour le congé de la fête du Travail. C'était vite devenu un rituel: au lieu de lui demander si elle ne souffrait toujours pas, j'en vins très bientôt à affirmer: «Tu continues à ne pas souffrir...» J'utilisais, sans l'avoir prémédité, la suggestion, laquelle, je dois dire, fonctionnait bien. Et j'allais la voir deux fois en semaine après mon travail, mes frères et sœurs se relayant les autres jours pour lui tenir compagnie durant quelques heures.

Ses filles — dix-sept, seize et quatorze ans — étant en vacances, c'est elles qui s'occupaient des courses et de la cuisine, secondant Nanou, une femme de confiance qui, de simple gardienne qu'elle avait été au fil des ans, avait peu à peu pris en main la tenue de la maison.

Fernande et Marcelle s'étaient vu confier les responsabilités d'ordre financier: opérations bancaires, assurances, porte-monnaie et le reste. Et plus tard, les démarches qui consisteraient à trouver une garde de nuit puis une aide-infirmière à demeure. Car Georgette nous avait fait promettre de ne jamais la laisser transporter à l'hôpital. Tout comme elle ne voulut pas avoir recours aux calmants et encore moins aux moyens de prolonger artificiellement ses jours. Ce qui amènera, vers la fin, bien des conciliabules familiaux où nous nous demanderons si nous n'avions pas fait cette promesse un peu à la légère: la laisser mourir à la maison d'un cancer qui se généralisera, en présence de ses trois filles, des adolescentes...

Quant à mon action auprès de Georgette, elle consistait surtout en une présence psychologique, à laquelle nous avaient préparées les événements survenus au cours des dernières années. Y compris notre malheureuse rupture; car je puis dire que si notre entente s'intensifia au point de devenir presque une osmose dans les derniers jours, c'est dans la mesure où nous avions dû nous réconcilier.

Lorsque j'arrivais chez elle, elle m'attendait déjà, installée au salon dans un fauteuil qui faisait face à la fenêtre d'où elle pouvait voir un arbre qui dissimulait à demi la maison située de l'autre côté de la rue. Elle me faisait parler de mes lectures, elle qui ne pouvait plus lire, m'interrogeait

168

sur mon travail à *La Semaine* et me demandait des nouvelles de mes collègues car elle en connaissait plusieurs.

Puis elle en venait à l'essentiel: le sens de la vie, le pourquoi de la mort. C'est à moi qu'elle posait ces questions! Comment y répondre? Et pourtant, je ne pouvais m'y dérober. Devant mon silence dont elle devait bien sentir qu'il n'avait rien d'un refus, elle se mettait à réfléchir tout haut: «Bon, d'abord, il y a certainement quelqu'un qui nous a créés, nous et tout ce qui nous entoure. Ça, c'est l'évidence même. Pas besoin de le démontrer.» Déjà, elle me dépassait par sa certitude. Qu'aurais-je alors pu lui apporter, moi pour qui l'existence même de Dieu restait incertaine? J'approuvais tout de même, attendant qu'elle poursuive sa propre piste: «Pourquoi nous a-t-Il faits mortels? C'est là sans doute le plus grand mystère...»

Habituellement, sa réflexion se terminait par cette interrogation cruciale. Mais une fois, elle insista, m'apprenant du même coup que, du temps de sa liaison avec Laurent, elle s'était adonnée à des lectures teintées d'ésotérisme, de zen ou de quelque autre mystique orientale. «Ce qu'on appelle la mort, c'est peut-être tout simplement un passage vers une vie où l'esprit n'est plus entravé par la matière. Où le temps n'existe pas. Qu'en penses-tu?» avait-elle ajouté. Étrangement, sur le coup j'adhérai à cette hypothèse qui rejoignait, en somme, la foi de notre enfance en l'immortalité de l'âme. «J'irais rejoindre le grand Tout..., concluait-elle, songeuse. Mon esprit se fondant dans l'Esprit avec un grand E...»

Puis, sans autre transition qu'un moment de silence, elle laissait de côté ce sujet, primordial pour elle, et me parlait de ses filles qu'elle abandonnerait en pleine adolescence, de ses collègues qui prenaient régulièrement de ses nouvelles, de la musique qui lui permettait d'échapper quelques minutes à sa situation de condamnée à mort.

Un jour, me voyant à la main un de ces livres populaires sur les moyens de réussir sa vie, que j'avais acheté assez distraitement avant de prendre l'autobus, ayant oublié mon livre en cours au bureau, elle parut étonnée de mon choix. Je lui en lus un questionnaire auquel j'avais répondu mentalement durant le parcours. La première question se lisait comme suit: «Qu'est-ce que vous désirez le plus dans la vie?» Les autres découlaient de la première: «Si vous vous engagez dans la voie menant à la réalisation de votre désir, conserverez-vous l'estime des êtres qui vous sont chers? Votre liberté intérieure s'en trouvera-t-elle accrue ou au contraire altérée? Vous sentirez-vous grandi ou bien amoindri?» Il y avait une dizaine de questions de cet ordre. M'ayant écoutée, Georgette me demanda soudain:

— Tu peux bien le dire à ta petite sœur qui va mourir: qu'est-ce que tu as répondu à la première question?

— Devenir écrivain, laissai-je fuser.

Elle détourna de moi son regard et je crus lire sur ses traits de la tristesse. De la déception? Elle prononça:

— Il n'y a aucune raison que tu ne le deviennes pas. Tu écris toujours, j'espère?

Se pourrait-il qu'elle se soit attendue à une autre réponse de ma part? Aurait-elle espéré que mon plus grand désir soit qu'elle guérisse? Encore aujourd'hui, je ne sais comment interpréter sa mélancolie. Peut-être a-t-elle pensé à son propre destin d'où toute forme de désir était à jamais bannie?

— Je continue toujours à écrire, oui.

J'avais entrepris la rédaction, au jour le jour, du déroulement de sa maladie: pages décousues sans véritable fil conducteur. Cependant, l'inspiration allait bientôt m'être douloureusement donnée.

À ma visite suivante, en effet, elle me reçut par ces mots:

— Je viens de passer les pires heures qu'il m'ait été donné de vivre.

Ha!

— Je me suis décidée à parler à Hélène...

La plus petite: quatorze ans, à laquelle elle avait jusque-là réussi à cacher son véritable état. Son bébé: elle devait lutter pour ne pas la préférer aux deux plus grandes.

— Comment a-t-elle réagi?

— Elle a éclaté en sanglots. Elle hoquetait et ne pouvait plus s'arrêter. J'ai alors dû lui parler durement: «Va-t'en pleurer dans ta chambre. Je ne veux pas de «baboune» autour de moi! C'est déjà assez dur comme ça...»

Ce mot de notre enfance, prononcé si souvent par maman qui n'acceptait pas de visage long autour de la table... Y puisa-t-elle l'énergie pour ne pas laisser miner sa fragile sérénité?

Sa fermeté me suffoquait. Elle poursuivait:

— Au bout d'un moment, j'entends ses pas dans le passage. Elle passe la tête dans l'entrebâillement de ma porte de chambre: yeux rougis et bouffis mais visage sec. D'une petite voix tremblante, elle me demande: «Est-ce que je peux venir me coucher dans ton lit? Je te promets que je ne pleurerai plus.» Je l'ai gardée près de moi toute la nuit.

C'est ce courage devant une réalité contre laquelle elle ne pouvait rien qui devait être le pivot du journal que je tiendrai jusqu'à la fin et qui deviendra le récit que je romancerai en le transcrivant à la troisième personne. Il sera publié deux ans après sa mort, sous le titre de *Tout un été l'hiver*.

Pour l'instant, l'attitude qu'elle s'était efforcée d'avoir avec sa cadette nous faisait prendre conscience de la profondeur du drame qui se jouait en elle. Mais cette manifestation, maternelle s'il en fût, devait être l'une des dernières en ce sens. Car en approchant de sa fin, elle se dépouillera petit à petit de son identité de mère, pour se fixer dans celle de sœur. En effet, lorsqu'elle n'aura plus la force d'apporter à ses enfants sécurité et aide morale, elle léguera, par anticipation, son rôle d'éducatrice à Jean-Paul, à Thérèse et à Marcelle. Elle se sentit obligée de s'excuser de ne me confier, à moi qui vivais seule, aucune de ses trois filles. Nous devions respecter ses dernières volontés, à une exception près: Thérèse vivant à Shawinigan, c'est Fernande qui hérita de la garde de Louise, afin que les trois filles ne soient pas séparées.

Je sentais qu'elle avait de plus en plus besoin de moi; de l'image vivante que je lui renvoyais encore d'elle-même. Et un drôle de phénomène avait cours entre nous: mes forces vitales s'accroissaient dans la mesure où je l'aidais psychiquement. À preuve: l'action bien concrète que je serai, à quelques jours de là, amenée à accomplir pour elle.

Un midi, donc, j'eus la douleur de l'entendre me dire, au téléphone: «Je n'ai pas dormi de la nuit. Mon foie a commencé à me faire souffrir...» Ha!

Tout au long de l'interminable trajet — le métro étant en grève, je devais, ayant marché de Radio-Canada jusqu'à Papineau, prendre l'autobus jusqu'à Fleury et là, marcher de nouveau jusqu'à Merritt où habitait Georgette —, je me demandais comment je m'y prendrais. Il peut paraître relativement facile, à la lecture du petit livre de Monseigneur Jeté, de faire le geste de communiquer ses ondes vitales à un malade, mais de là à passer de la théorie à la pratique...

Rejetant la pensée de cette tâche inusitée qui m'attendait, je me laissais plutôt aller à un accès de misanthropie envers les employés du métro qui compliquaient l'existence de toute une partie de la population besogneuse qui s'entassait dans des véhicules archicombles, par une chaleur que la promiscuité rendait suffocante. Encore heureux qu'il y ait eu des autobus! aurions-nous pu nous dire. Mais que règle-t-on, à envisager le pire pour atténuer une situation bien réelle? Est-ce au souvenir de cette période difficile — où je devais écourter mes visites à Georgette pour entreprendre le long retour chez moi où je n'aurais plus pour loisir que de me mettre au lit pour me relever sept heures plus tard afin de peiner de nouveau pour me rendre à mon travail — que chaque année depuis ce temps, lorsque reviennent régulièrement les grèves dans les transports publics, ma misanthropie refait surface?

C'est donc les nerfs en boule que je me présentai chez Georgette. Elle était assise, très droite, dans le fauteuil qui faisait face à la fenêtre du salon. Les yeux cernés, émaciée, la repousse grise visible à la racine de ses cheveux d'un faux blond vénitien, elle m'apparut tout à coup pitoyable: irrémédiablement engagée sur la route sans issue où, cruellement depuis presque trois ans, elle se savait, en toute lucidité, emprisonnée.

Je m'assis, à mon habitude, tout près d'elle au bout du divan placé à angle droit avec son fauteuil. Et nous commençâmes à parler, éludant l'essentiel. Elle m'interrogeait sur mes lectures et je lui répondais longuement, retardant le plus possible l'instant où... Comment cela se présentera-t-il? me demandais-je. L'événement eut lieu de la façon la plus directe. C'est moi qui, sans presque m'être rendu compte de la pente que prenait la conversation, prononçai, après lui avoir parlé du Romain Gary que je lisais ce midi-là à l'heure de notre coup de fil quotidien:

— Comme ça, tu as commencé à souffrir...

Elle plongea d'abord son regard dans le mien, puis prononça sourdement:

— C'est comme un poignard qui me fouille le foie. Je ne sais pas comment on peut faire pour endurer ça.

Ha!

Les mots me vinrent alors sans problème:

— Je crois bien que c'est le temps d'essayer «le truc de Monseigneur Jeté»...

Le mot «truc» est un peu incongru dans le contexte, mais nous n'en userons pas d'autre pour nommer la technique que je m'apprêtais à pratiquer. Elle me répondit:

— Je suis contente que ce soit toi qui en parles. Je ne sais pas si j'aurais moi-même...

Elle détourna ses yeux qu'elle braqua par-delà la fenêtre, sur l'arbre dont elle apercevait le feuillage encore bien vivant.

Ce fut tout simple, quand j'y repense; ce n'est que le contexte qui ne l'était pas. Il s'agissait pour moi de tendre les doigts dans le prolongement du bras, l'index à quelques centimètres de son côté droit; puis de me concentrer sur sa douleur que je n'avais aucun effort à faire pour rejeter, et de lui commander de s'éloigner... et voilà, le tour était joué, si je puis dire.

Une ou deux minutes s'étant écoulées, et ma main commençant à trembler sous l'effort de la tension musculaire, je mis tout simplement fin à l'exercice, tandis que le regard de Georgette me revenait. Sans commenter ce qui venait de se passer, nous nous remîmes à parler de choses et d'autres ainsi que font deux sœurs. Et ce n'est qu'un quart d'heure plus tard qu'elle me dit:

— Je crois que je vais aller m'allonger.

Je m'apprêtai à l'aider, car elle m'avait dit ne pas pouvoir, depuis la veille, se déplacer sans le soutien de l'une ou l'autre de ses filles — qui s'étaient absentées dès mon arrivée. Mais elle refusa ma main:

— Non, laisse: je vais essayer toute seule.

S'appuyant aux bras du fauteuil, avec précaution elle se leva et esquissa une grimace. Lentement elle fit les quelques pas qui la séparaient du corridor dont elle parut évaluer la longueur avant de s'y engager. Je la suivais, prête à intervenir. Arrivée à sa chambre, sans même retirer son déshabillé, elle s'assit dans son lit sans mon aide.

Ce n'est qu'une fois bien adossée à ses oreillers qu'elle me regarda, transfigurée par une joie qui éclata.

— Je crois bien que ça a marché... Mais oui! ça fonctionne, ce truc!

Je l'embrassai; elle m'enlaça. Nous riions comme deux folles. Deux sœurs.

Toutefois, si elle ne souffrait pas physiquement, une immense fatigue la submergeait et sa maigreur s'accentuait. Passant peu d'heures hors de son lit, elle tenait toutefois à me recevoir au salon, installée dans son fauteuil, le souffle court en dépit de son immobilité. Elle continuait à s'intéresser à mes lectures et un jour, elle me demanda ce que j'écrivais de beau. J'eus un regard machinal vers mon sac qui contenait la dizaine de feuillets que j'avais rédigés à la suite de sa conversation si difficile avec sa cadette. Je lui dévoilai mon projet d'écrire un témoignage de son attitude courageuse. Elle me demanda de lui lire les quelques pages.

— J'ai peur de n'être pas fidèle à ta pensée, lui dis-je, hésitante.

— Si ma propre sœur ne l'est pas, qui donc...

Ma lecture finie, elle me dit simplement, après un long silence où elle semblait s'être échappée dans un ailleurs inaccessible:

— Je compte sur toi pour que tu continues.

Par la suite, régulièrement elle me demanda:

— Tu écris toujours?

L'écrivaine en moi se sentit liée comme par un serment.

C'est peu après qu'elle téléphona à l'une de ses amies qui avait un frère prêtre. Elle désirait mourir dans la foi de son enfance et bénéficier d'un service religieux. Toutefois, elle ne voulait pas être exposée et demandait d'être incinérée.

Est-ce la visite du prêtre qui lui redonna un regain de vie? Elle prit du mieux et se mit même à croire en sa guérison prochaine.

Je la surpris un jour à faire des exercices, étendue sur son lit.

— Il faut que je renforce mes jambes pour le jour où je recommencerai à marcher.

Ses pauvres jambes squelettiques…

Puis elle me déclara de but en blanc:

— Je ne me suis pas assez débattue! Qu'est-ce que c'est que cette idée de croire que j'étais condamnée? Je peux bien être faible: je ne mange presque plus!

Ce soir-là, je pleurai en écrivant ce que j'appelais «le journal de Georgette». Aussi longtemps qu'elle avait accepté l'inéluctable, j'avais cru que sa lucidité nourrirait son courage jusqu'à la fin. Mais maintenant, avec quoi combattra-t-elle l'angoisse de cette mort qui approchait à grands pas?

D'autre part, l'instinct vital est si fort… Sait-on jamais? Il se pourrait bien qu'il triomphe. Eh oui! elle avait réussi à me transmettre son doute, son espoir. Pas pour longtemps, cependant: elle s'étiolait à vue d'œil. Et un jour — le weekend de la fête du Travail — nous dûmes de nouveau faire appel au «truc»: elle avait recommencé à souffrir. Bien que j'aie dû faire un effort inouï pour avoir confiance au geste tout simple auquel je me livrais une seconde fois, sa douleur disparut. Elle ne réapparaîtra jamais plus.

Son état se mit à se détériorer et le jour de son quarante-cinquième anniversaire — le 11 octobre —, nous constatâmes les premiers ravages à son cerveau. En effet, des collègues de *La Presse* lui avaient envoyé des fleurs. De peur que leur parfum ne l'incommode, nous les avions placées sur le dessus du réfrigérateur, qu'elle apercevait de son lit, par la porte ouverte de sa chambre. Tout à coup, elle eut un regard traqué. Fixant le bouquet, elle demanda, oppressée: «Mais qu'est-ce que c'est que ça?» Et avant cela, qu'avait-elle voulu dire, voyant qu'on parlait de se réunir autour de son lit pour la fêter: «Je ne veux pas d'étrangers»? Parlait-elle des hommes en général? Car si elle admettait ses filles, ses sœurs ainsi que notre belle-sœur Madeleine qui était infirmière, elle ne demandait pas de nouvelles de ses frères et beaux-frères, et seul Jean-Paul semblait trouver grâce à ses yeux.

Ses sens la lâchaient; pas seulement sa vue, mais aussi son ouïe et sa perception tout entière du monde extérieur, ainsi que nous allions le constater quelques jours plus tard. Nous avions fait venir un réparateur de fournaises pour mettre au point le système de chauffage avant les grands froids. Elle s'est alors mise à imaginer des complots qui se seraient tramés autour d'elle. «Il y a des hommes partout dans la maison! Il faut les chasser!» nous déclara-t-elle régulièrement par la suite.

Les semaines qui suivirent sont pour moi comme un trou noir; en somnambule, je sombrais dans l'obsession d'une unique pensée: celle de sa mort imminente.

Vint novembre: le 15, jour de l'anniversaire de naissance de notre père. Depuis quelques jours, elle me disait, s'étant, de guerre lasse, résignée à son sort, l'appelant même de tous ses vœux:

— Si papa pouvait venir me chercher... Je n'en peux plus.

Le dimanche 17, nous avons bien cru que c'était la fin. Blanc des yeux jauni par la bile; bouche ouverte en quête d'air; confusion mentale presque continue; paroles rares, quasi inaudibles. Elle m'avait dit, quelques jours plus tôt, scrutant son visage complètement décharné dans un miroir qu'elle m'avait demandé de lui tenir: «Au moins, je n'ai pas l'air d'un cadavre. Je n'aurais pas voulu que mes filles...» Illusion que nous nous gardâmes bien de lui enlever.

Ce dimanche-là, nous ne pûmes presque pas nous parler: son esprit confondait les messages que lui envoyaient ses sens. M'entendant tourner les pages d'un magazine, elle m'avait demandé, l'air suprêmement étonné: «Qu'est-ce que c'est que ce bruit?» Et plus tard, me voyant manger une pointe de tarte et boire un verre de lait: «Mais... qu'est-ce que tu fais?» Puis, sans transition: «Quand est-ce que je vais mourir?» Je lui tenais la main et lui suggérais que même si le hasard faisait que je n'y sois pas au dernier moment, elle la sentirait tout de même, cette main de sa sœur, jusqu'à la fin: jusqu'à ce qu'une autre prenne le relais du côté de la lumière.

Car ce côté-ci de la vie n'avait plus pour elle de couleur. Y voyait-elle toujours, ne fût-ce que des ombres? Toujours est-il que j'eus un choc en la revoyant le mardi suivant: l'infirmière lui avait fermé les yeux... Pour protéger ses filles contre le spectacle du regard absent de leur mère, ai-je appris, stupéfaite.

Le médecin lui avait prescrit de la morphine sous forme de suppositoires. Car même si elle paraissait continuer à ne pas souffrir dans son corps, il trouvait inhumain que, sous prétexte de respecter sa volonté de ne recevoir aucun calmant, on la laisse assister lucidement à la détérioration de son cerveau, à la fuite progressive de la vie.

Je me souviendrai toujours du thème musical de l'émission *Le 60,* qui nous parvenait de chez un voisin par la fenêtre ouverte. Il accompagna les tout derniers instants de Georgette, elle qui avait été si remuée par un reportage sur la famine au Sahel télévisé quelques mois plus tôt. Je lui parlai jusqu'à la fin. L'incitant à ne pas s'accrocher à ce monde-ci qui ne pouvait plus rien lui apporter, je lui intimai ultimement de prendre une dernière respiration qui ne serait suivie d'aucune autre. Ce qu'elle fit...

Une poitrine immobile qu'aucun souffle ne soulève plus... Là gît la différence essentielle entre la seconde d'avant et celle qui suit; entre l'être humain à qui je m'adressais avec ardeur et cette froide absence qui ne me retenait plus.

Nous sortîmes de la chambre, Fernande et moi, et laissâmes l'infirmière faire son travail. Le médecin fut appelé. Nous nous réunîmes, silencieuses, avec nos nièces au salon où, après un temps indéfini, nous entendîmes sonner à la porte: deux hommes au visage grave portaient une civière qu'ils ramenèrent, à peine plus lourde, de la chambre. Absence définitive...

Après que Fernande eut appelé chez maman — Thérèse, arrivée de Shawinigan la veille, était chargée de lui apprendre la mort de la plus jeune de ses filles; après des coups de fil à nos autres sœurs et frères, je pris à mon tour le téléphone. Pour avertir Laurent de la fin de celle qui l'avait un jour aimé. La boucle était bouclée.

Si une page douloureuse venait d'être tournée, les jours qui suivirent me trouvèrent amorphe. Soudain désœuvrée, mes forces psychiques devenues inutiles, ma présence même à la lecture du testament non sollicitée puisque je n'héritais de nulle responsabilité envers aucune des filles de Georgette, je fus envahie d'une tristesse insidieuse. Voir mourir une sœur ne peut que transformer sa propre vision de la vie. Comment combler après cela une vie qu'on sait éphémère?

Le désespoir s'apprêtait à me refermer sur moi-même. Mais un grand ami veillait: Georges, «mon vieux médecin» comme je disais en parlant de lui. Tout juif qu'il était, il avait assisté, à mes côtés, au service religieux et avait été touché par la lecture qu'avait faite l'officiant du testament spirituel de Georgette: «[...] que les membres de ma famille et mes amis prient, non pas pour le repos de mon âme, mais pour l'établissement de la paix dans le monde et pour que soit enrayé ce qui est communément appelé Tiers-Monde.»

Je le vis régulièrement tout décembre et janvier; il m'emmenait au concert, au théâtre, et il réussira, début février, à me convaincre de l'accompagner pour une semaine de vacances à Cuba.

Mais entre-temps, ma liberté d'action me pesait. Ma présence à l'autre bout de la ville ne serait jamais plus sollicitée. Georgette disparue, à qui me vouer? Il y avait bien maman, qui s'acheminait vers l'impotence. Pourrait-elle encore longtemps rester seule dans son logement devenu trop grand? Elle refusait de se départir de ses meubles dont la plupart dataient de soixante ans et plus. Indépendante, elle ne voulait «embarrasser» aucun de ses enfants. Fernande s'en occupait intensément, l'appelant plusieurs fois par jour, faisant ses courses, voyant à ce qu'elle ne manque de rien. Le jour où elle ne pourra plus se débrouiller seule, nous trouverons heureusement une maison nouvellement construite, comportant une vingtaine de logements et gérée par des religieuses. Ce n'était pas à proprement parler un foyer pour personnes âgées puisque des gens de tous âges y étaient admis et qu'aucune vie communautaire n'y était prévue. Maman y passera les deux dernières années de sa vie, au milieu de ses propres meubles, vaisselle, argenterie, tableaux, miroirs et bibelots.

Pour l'instant, c'est toujours dans l'appartement rempli du souvenir de papa que j'allais la voir le dimanche. Elle nous demandait régulièrement, le regard et la voix pleins d'incompréhension au sujet de la maladie et de la mort de sa cadette: «Comment cela se fait-il? Il n'y a jamais eu de cancer dans ma famille ni dans celle de votre père. Et personne n'est mort si jeune.»

À Noël, nous avions tous l'air de rescapés autour de la grande table que j'avais dressée au milieu de mon salon. La sérénité qui aurait dû découler de celle de Georgette avait peine à s'implanter. N'avait-elle pas doucement rabroué Jean-Paul qui se révoltait de son sort à elle? Elle avait dit: «Il ne faut pas ajouter au mal dans le monde...» Mais nous en étions encore aux regrets, aux réminiscences involontaires: «Bon, je vais téléphoner à Georgette», avais-je quelquefois comme réflexe. J'aurais souhaité rêver d'elle, la nuit. Pour me repaître de son souvenir; pour jouir, durant un instant même fugitif, de l'illusion qu'elle vivait toujours, qu'elle parlait, riait, l'esprit vif, la chevelure encore noire, le regard intense. Sans doute me fallait-il épuiser toute ma peine pour que ce luxe me soit accordé.

Je n'écrivais pas. La promesse que je lui avais faite de rendre témoignage de sa fin tragique me serrait la gorge; ma paralysie me faisait honte. Les tergiversations de ma jeunesse me revenaient, alors que je me promettais de publier mon premier livre avant trente ans. «Je m'y mettrai sérieusement après mon voyage à Cuba», me disais-je, retardant la difficile échéance.

Au soleil de Varadero, mes forces vitales me revinrent et je fus même prise de désir pour un jeune touriste. Très blond, plein d'humour, mordu de photo, il réanimait mes phantasmes d'adolescente. Je suivais des yeux sa silhouette dégingandée, fuyant et recherchant son regard. S'en aperçut-il? Il s'assoyait le plus souvent près de moi dans le car qui nous conduisait en excursion où Georges ne venait pas.

S'il ne se passa rien de concret, du moins me suis-je remise à rédiger un journal intime autre que «le journal de Georgette». Ma plume redevenait le relais de ma propre réflexion. Je me préparais, sans m'en douter, à renouer avec le roman, dont j'étais à cent lieues d'imaginer que c'est cette forme qu'adopterait mon témoignage sur ma sœur.

Au retour de Cuba, je fus invitée à «bruncher» en compagnie de mon Français d'Algérie qui, lui aussi, m'avait entourée durant les mois éprouvants que je venais de vivre. L'hôtesse, une journaliste de mes amis, et son compagnon, un réalisateur de reportages, s'étaient liés d'amitié avec moi, ayant été touchés par ma relation étroite avec ma sœur mourante. Je rencontrai chez eux un jeune éditeur qui venait de regrouper quelques écrivains venus d'une maison d'édition qui avait fait faillite. Il parut intéressé par le récit que j'avais l'intention d'écrire et me dit qu'éventuellement sa maison accueillerait de nouveaux auteurs.

Une fois la plupart des invités partis, comme je m'apprêtais à en faire autant, mes amis ont voulu me retenir afin que je leur raconte mon voyage à Cuba. Je répondis spontanément: «Il faut que je rentre. J'ai mon livre à écrire...»

C'est ainsi que, pour me conformer à ce mot prononcé sans grande conviction — j'avais plutôt hâte de me retrouver seule avec un livre —, je me crus obligée, en cette fin d'après-midi du dimanche 9 février 1975, de m'asseoir à mon bureau, stylo en main, face au paysage enneigé qui se découpait par ma baie vitrée.

Je commençai par relire les feuilles volantes noircies tout au cours de l'été et de l'automne et qui relataient au jour le jour le déroulement des pensées de Georgette face à sa mort lente. À cette lecture, le découragement me prit devant la tâche immense qui consistait à mettre de l'ordre dans mes notes éparses et à en tirer le plan d'un ouvrage qui se tienne. Mais surtout, ce qui me parut au-dessus de mes forces, c'était l'idée de manier, durant des mois, cette pâte encore toute chaude d'émotions intenses, de sentiments éprouvants. Je ne pourrai jamais...

La minute de vérité gît au fond du puits, c'est connu. Il faut descendre au plus profond pour rebondir. Clichés que tout cela? Je m'apprêtais pourtant à en connaître la douloureuse épreuve. Le désespoir se mêlait au découragement devant les difficultés d'écriture à surmonter. Le doute m'envahissait. Qu'est-ce que c'était donc que cette folie de vouloir à tout prix être écrivain? Tout le monde ne peut écrire! Il faut tout de même des lecteurs! J'étais justement une liseuse invétérée. Je dévorais, depuis ma jeunesse, romans, biographies, essais, histoire, archéologie, vulgarisation scientifique, ésotérisme. Je lisais et relisais. J'étais une lectrice-née, comme j'étais une «consommatrice» de musique sans en faire moi-même. Pourquoi vouloir à tout prix ajouter ma prose à tout ce qui s'écrit déjà? Le vertige me prenait souvent à l'entrée d'une librairie: que de bouquins! Qui suis-je, pour croire que ma petite expérience puisse ajouter à la connaissance? Si encore j'avais publié avant la trentaine: le métier acquis me permettrait peut-être, aujourd'hui, de passer au-delà de l'anecdote et d'exprimer ma vérité, celle que je sens confusément différente de toute autre et dont je perçois parfois l'écho chez les grands auteurs. Mais là, à quarante-huit ans... «Passe encor de bâtir; mais planter à cet âge!» Il est vrai que le paysan de la fable était octogénaire. Je me disais néanmoins: il faut que je m'enlève de la tête que je suis un écrivain en devenir. Je ne dois plus jamais m'asseoir ainsi, le stylo à la main devant une page que je me fais un devoir de noircir. Je dois me guérir de cette attente insensée! Aujourd'hui même. Là, tout de suite. Ne plus jamais, au grand jamais, tenter d'écrire un livre.

J'étais penchée sur mon pupitre, ayant presque adopté la position fœtale, ainsi que j'allais le constater en me redressant.

Une phrase tout humble me vint alors: si j'essayais encore une fois... Une toute petite, une seule. La dernière. Après, plus jamais...

Relevant la tête, je mis de côté les feuillets rédigés du temps de Georgette, pris un bloc de feuilles intactes et laissai mon stylo écrire à ma place.

Cela donna, d'un jet, les quatre premières pages d'un roman à la troisième personne. Je m'y nommais Monique, Georgette était rebaptisée Solange. Et je mettais en scène un dénommé Denis, qui n'était autre que le jeune homme qui m'avait fait battre le cœur à Cuba, voyage que je confondais avec mon séjour en Sicile. Quant à Laurent, il prenait, sous ma plume, le prénom d'Alain.

Si je fus étonnée devant cette transformation de la réalité, je sus néanmoins, sans plus l'ombre d'un doute, que cette fois-ci ça y était: je donnerais suite à ce prélude et un roman en sortirait que je mènerais à bon port. Car déjà Monique se distanciait suffisamment de moi pour me permettre de revivre, sans en être démolie, l'expérience de haine et d'amour, de mort et de survie qui m'avait mobilisée ces trois dernières années. Et qui avait peut-être contribué à faire de moi — ce n'était pas trop tôt! — une romancière.

182

La romancière prend temporairement le pas sur l'amoureuse

Avais-je cessé de plaire, ou bien n'étais-je plus attentive à l'amour? On aurait dit que l'indifférence avait remplacé chez moi la quête passionnelle autrefois constante. Pour la première fois de ma vie, aucun homme ne m'occupait l'esprit, si j'excepte ma brève ardeur cubaine, dont je ne me souvenais que pour prêter à mon personnage de Monique la forte attraction sensuelle dont elle était pourvue et qui rendait plausible sa jalousie passée face à la relation de Solange avec son ex-amant.

En faisant de mon drame personnel un roman, je m'exorcisais. Cela se manifesta par le retour en force du sommeil, qui m'avait fuie de longs mois. L'image insensée de la mourante s'estompa et je ne me souvins plus que des traits vivants de Georgette, antérieurs à la décoloration de ses cheveux, à son amaigrissement cadavérique, à la place démesurée qu'avaient prise ses dents dans un visage parcheminé à la bouche ouverte et au regard traqué. Même ces macabres détails, aujourd'hui après douze ans, amènent en moi peu de souffrance réelle, tant ils sont incompatibles avec celle qui fut Georgette. L'écriture de mon roman m'aura du moins permis d'évacuer, en la transposant dans une action fictive, bien que très près de la réalité, l'horreur de la fin de ma petite sœur.

Il n'en demeure pas moins que de ressasser ainsi le passé me transformait en profondeur. Ma réflexion devenait plus grave face à la souffrance et à la mort universelles. De mes croyances toutes faites il ne restait pas grand-chose et je devais me constituer, page après page, de nouvelles raisons de vivre. Comment peut-on, lorsqu'on ne croit plus à la bonté de Dieu, transférer sa foi sur l'humanité? Quand on est invité tous les jours au spectacle, en gros plan, d'hécatombes, de tueries, de répressions, de tortures, qui font pendant aux catastrophes naturelles, à la souffrance des innocents, à la mort pour tous? Le salut personnel, dans ces conditions, ne devient-il pas dérisoire? La mort d'une sœur par cancer, relativement insignifiante? Et que dire de sa propre angoisse métaphysique: un relent d'individualisme? D'autant plus que je ne me leurrais pas: les livres-témoignages, même déguisés en romans, flattent chez les lecteurs un certain goût pour «le malheur qui n'arrive qu'aux autres».

La promesse faite à ma sœur soutenait cependant ma résolution. J'écrivais une demi-heure avant de me rendre au travail, une heure en revenant, et mes week-ends voyaient se déchaîner ma plume durant quatre ou cinq heures d'affilée. Ce faisant, je renouais avec la vie; non seulement la mienne qui m'avait dernièrement échappé, mais aussi celle de la morte que je maintenais pour ainsi dire présente, le temps de m'adapter à sa disparition définitive. Je lui prêtais mes pensées, mon vocabulaire, si proches des siens auxquels j'avais pris part depuis notre petite enfance. Il en découlait un dialogue où nos deux identités se répondaient par stylo interposé.

La sérénité qu'elle avait voulu nous léguer m'arrivait par ricochet; par la reconstitution même de son drame. Mon écriture n'était pas que simple épanchement thérapeutique. Contrairement à ce que j'avais cru tout au cours de mes multiples tentatives avortées, elle n'était pas qu'une suite de pénibles difficultés. La page blanche ne le demeurait pas longtemps. Même le raturage de paragraphes entiers amenait des raccourcis heureux qui faisaient rebondir l'action. Et j'en vins à ne plus penser à Georgette qu'à travers mon personnage. Alors seulement je la revis en rêve, bien vivante, comme si elle était tout simplement partie en voyage. Au réveil, j'avais bien un moment de tristesse mais non de désespoir. Et ainsi le remords me fut épargné, qui n'en laissa pas moins en moi sa marque sous forme d'une certaine responsabilité face à la difficulté des rapports humains: si même deux sœurs peuvent devenir des ennemies, comment s'étonner que des peuples s'entretuent?

Étais-je donc arrivée à l'âge de la sagesse? Le déroulement de ma vie était loin d'être monotone, même si la passion amoureuse en était absente. L'amitié y jouait un rôle de plus en plus grand, et mon travail à Radio-Canada, bien que dépourvu de nouveaux défis, se déroulait dans l'harmonie.

Cet été-là, je passai mes vacances avec mon amie journaliste au chalet qu'elle avait loué dans les Laurentides. Nous y recevions sa famille ou la mienne, des collègues et des amis communs. Je réapprenais à contempler le manège des oiseaux qui nichaient nombreux dans le bois avoisinant. Nous nagions, prenions du soleil, marchions et parlions sans fin. Là encore, l'harmonie régnait, qui me reconstituait psychiquement. Toutes deux nous écrivions: elle, des reportages, moi, mon roman qui avançait à raison de trois ou quatre pages par jour. Si bien que l'automne venu, à peu de jours de l'anniversaire de la disparition de Georgette, je fus en mesure de le présenter à un éditeur.

Le refus que j'en reçus quelques semaines plus tard me brisa. Je croyais à ce livre. Il fallait qu'il paraisse! Que faire? J'étais désespérée.

Encore une fois le hasard guettait. Au moment où, au téléphone, l'éditeur essayait de justifier son point de vue, le jeune éditeur rencontré quelques mois plus tôt à un brunch se trouvait dans le bureau de mon interlocuteur. Il demanda à lire mon manuscrit. À peine une semaine plus tard, il l'acceptait... tout en me demandant de nombreuses retouches.

La tâche n'allait pas être facile: j'aurais à supprimer la plus grande partie de l'intrigue secondaire — celle de la passion passagère de Monique pour Denis rencontré en voyage. On me suggéra même de me faire aider par un écrivain de métier avec qui je l'aurais remanié du tout au tout. Je refusai, ne me sentant pas le courage de raviver, mois après mois, une douleur qui finissait par miner mon équilibre. Et puis, un autre sujet de roman commençait à mobiliser mon imaginaire: l'adolescente de ma longue nouvelle *Poussière d'été* ruait dans les brancards et voulait occuper sa place au soleil, maintenant que j'avais fait la preuve que je pouvais mener à bien une intrigue en la remettant vingt fois sur le métier.

Le travail d'écriture n'était plus en marge de ma vie: il s'y intégrait dorénavant, et m'en priver aurait été m'amputer, au même titre qu'autrefois m'interdire l'amour aurait tari mes forces vitales.

L'amour, parlons-en! Je m'épris de mon médecin.

J'avais dû être opérée pour la vésicule biliaire un an après la mort de ma sœur. L'état de faiblesse dans lequel je me retrouvai durant ma convalescence fut sans doute un terrain favorable pour le retour de mes phantasmes d'amour secret, ainsi qu'il m'était arrivé régulièrement durant mon adolescence, avec notre médecin de famille, avec mon beau cousin Guy, avec le frère de mon amie Ghislaine, plus tard avec mon séduisant interprète slave et tout dernièrement à Cuba.

Il faut dire que tout contribuait à me faire rêver. Entre le médecin et moi s'était établie une relation chaleureuse où entrait, de ma part, de la reconnaissance et de l'admiration; de la sienne, de l'intérêt pour l'auteure d'un manuscrit auquel il avait été sensible. Je le lui avais donné à lire car il avait été ému par ce que je lui avais dit de l'aide psychique que j'avais pu apporter à ma sœur mourante.

Ressentais-je vraiment le besoin d'avoir à nouveau un homme dans ma vie? Mon désir faisait plutôt partie du déséquilibre émotif exacerbé par tout ce qui avait entouré la maladie et la mort de Georgette. Je me délectais de mon désir de lui comme d'un retour à la vie, occupée que j'étais d'autre part à remanier mon livre et à en corriger les épreuves.

186

Je noircissais d'interminables listes de titres qui allaient de *La Face cachée de la vie* à *Aux portes de la mort* et cent autres encore. Rien ne me satisfaisait, non plus que mon éditeur. Je me rendais ce matin-là lui remettre les dernières épreuves corrigées lorsque, dans l'autobus, un titre me traversa l'esprit. Pas le temps de le noter: je descends au prochain arrêt. Craignant qu'il ne m'échappe, je me le répète sans m'attacher au sens. Arrivée chez l'éditeur, l'apercevant qui vient à ma rencontre la main tendue, sans même lui dire bonjour je bafouille: «Je crois que j'ai trouvé mon titre. Mais j'ai bien peur qu'il ne veuille rien dire...» Il suspend son geste, me fixe des yeux et m'incite à le prononcer. J'articule alors: *«Tout un été l'hiver...»* Il le reçoit, ce titre, comme allant de soi: «L'été, l'hiver: c'est bien de chez nous. Et puis, ces dentales... C'est bon. Accepté!» Je ne m'arrêtai qu'ensuite au sens: après tout un été à souffrir, vint l'hiver, celui de la mort certes, mais aussi celui de l'immense tempête de neige qui ensevelit de blanc la ville, le jour des funérailles de ma sœur, et par laquelle se termine mon récit.

Je m'impatientais: mon livre ne sortirait qu'à l'automne. Deux ans après la mort de Georgette! En attendant, *Debout dans le soleil* s'écrivait presque de lui-même. Cette fois-ci, aucune recherche pour le titre, qui m'avait été pour ainsi dire donné dès le premier tiers du livre. Je l'écrivis en grande partie au bord du lac Masson où mon amie journaliste s'était acheté un chalet — qui brûlera, hélas, quelques années plus tard. Nous écrivions toutes les deux en plein air, rentrant de temps à autre pour suivre à la télévision les épreuves des Jeux Olympiques.

Cependant, la nature qui y est décrite tient plus de la Mauricie que du nord de Montréal. Elle m'imprégnait depuis toutes ces années où j'allais en week-end chez Thérèse et Jean qui passaient leurs étés au lac Goulet, à quelques kilomètres du village de Saint-Matthieu. Mais ma perception même des alentours de Shawinigan était marquée par la campagne de mon enfance, Val-Saint-Michel, et par celle de mon adolescence en famille à Pont-David, à Bellerive et à Nominingue. Et l'orpheline sauvageonne de mon roman, c'est moi en un sens. Comme si je l'avais couvée à même ce qu'ont fait de moi les étés d'alors, vécus en pleine nature. S'y mêle également le lac Castor où je devenais en quelque sorte orpheline, loin de ma famille, invitée chez Ghislaine qui, elle, était entourée de ses parents et de ses frères et sœur. N'était-il pas fatal que je me sois éprise à quinze ans, âge que je prête à Mariette, de l'un de ses frères qu'on appelait dans le temps «l'homme des bois» et dont, justement, j'ai emprunté le prénom, Pierre, et son amour de la forêt pour en doter le beau bûcheron que l'adolescente aimera? Aussi sa passion prendra-t-elle d'abord la forme qu'elle imagine être celle des sentiments fraternels. Là, j'irai puiser dans ma propre expérience: la cohésion familiale où frères et sœurs sont en quelque sorte sans sexe les uns pour les autres. Je la fais rêver de ce que j'ai bien connu: se sentir acceptée malgré sa laideur, vraie ou exagérée; vivre entourée d'une sécurité qui va de soi entre parents et enfants; «jouer aux mots» le soir au coucher — toutes choses dont elle a un désir tel qu'elle se met à penser qu'elle y a un jour goûté mais qu'elles lui ont subitement été arrachées. Ici, il n'est pas superflu de rappeler l'époque où j'ai, une première fois, esquissé ce roman: j'avais depuis peu quitté ma famille pour contracter un mariage décevant. Nostalgique de mon enfance choyée, je m'étais mise à me complaire dans mes souvenirs et, pour ne pas sombrer dans l'irréel, à transformer mes regrets en fiction.

Avec ce roman, je découvrais l'écriture comme re-création de la réalité. Comme «fixatif» de la mémoire dans le temps; ce temps aux multiples tiroirs communicants qui suscitent les phénomènes de réminiscences involontaires et de paramnésie ou illusion du déjà vu, que j'utiliserai abondamment quelques années plus tard dans *Le Rendez-vous de Samarcande*.

Mais pour l'instant, j'étais partagée entre ma hâte que paraisse *Tout un été l'hiver* et ma pulsion d'écriture qui se déversait quotidiennement, ensoleillée par les fougueux quinze ans de Mariette. Passion imaginaire qui rejaillissait sur ma propre vie, hélas dépourvue d'amant réel: j'avais fini par comprendre que mon médecin ne ressentait que de l'amitié pour moi. Son image allait rejoindre, dans le tiroir de mes souvenirs brûlants, celle, si lointaine, du médecin de famille de mon adolescence.

Je fus distraite de ma passion refusée, par la sortie, en novembre, de *Tout un été l'hiver*.

Aussitôt mon livre en main, je réunis chez moi, en plus de mes frères et sœurs, beaux-frères et belles-sœurs, neveux et nièces, des amis et ex-collègues de Georgette à qui j'offris les premiers exemplaires. Ce fut une espèce d'adieu de la part du monde qui avait été le sien en dehors de la famille.

Après le recueillement, la fête. L'une de mes grandes amies, Nina, connue aux cours de création littéraire, reçut chez elle ma famille, mon éditeur et sa femme, des amis et collègues. On était à quelques jours de l'élection du 15 novembre 1976 et les prévisions allaient bon train quant à l'issue du vote. Comme je n'avais pas mis les pieds à Radio-Canada depuis près de quatre mois, prolongeant mes vacances annuelles par un congé sans traitement, je fus surprise d'apprendre que, dans les divers services, on faisait assez ouvertement des pronostics, non seulement sur les chances qu'avait le Parti québécois de l'emporter, mais même sur le nombre de sièges qu'il occuperait une fois élu. Nul ne se doutait que les plus optimistes parmi nous allaient être en deçà du résultat qui électrisa alors notre peuple.

Il y avait également, à cette fête en l'honneur de la sortie de mon premier livre — combien j'étais loin des prétentions de ma jeunesse: j'avais eu cinquante ans au printemps! —, il y avait Ghislaine, l'amie de mes quinze ans, venue d'Ottawa malgré la maladie qui la minait: la même qui avait emporté Georgette... À un moment, elle se sentit fatiguée et Thérèse la mena chez moi où il était entendu qu'elle dormirait ce soir-là. Me doutai-je, le lendemain comme je la reconduisais au terminus Voyageur, que nous nous faisions alors nos adieux? Je ne devais en effet la revoir qu'en mars sur son lit d'agonisante, me donnant d'elle une image qui me remit en mémoire les douloureux événements survenus deux ans plus tôt. Et ainsi qu'il était arrivé pour ma sœur, je ne sus interpréter une imploration soudaine des mains, des yeux à demi hagards, du visage méconnaissable, de tout le corps famélique qui se tendait vers moi. Un appel à la vie? Une supplique désespérée? La tentative d'exprimer l'ultime angoisse? Un dernier mouvement de fraternité, d'amour? Je ne sais. Ne saurai jamais. Ou alors, si tard...

Cependant, c'est la vie qui m'appelait, en cette fin de 1976, sur la lancée de notre affirmation nationale et aussi de l'écriture des dernières pages de *Debout dans le soleil* que je remettrai à mon éditeur peu avant Noël. Est-ce toute cette effervescence qui prépara la voie à la fulgurante passion qui allait s'abattre sur moi un mois plus tard?

Mais pour l'heure, mon surcroît d'énergie me servait plutôt à affronter les critiques qui commençaient à paraître. Ce fut toute une épreuve. J'ai un ami musicien qui a la sagesse de ne pas s'arrêter aux jugements des critiques et qui se tient plutôt à l'écoute de ses pairs. Mais lorsqu'on en est à ses débuts, quel que soit son âge et bien qu'on croie s'être façonné une solide armure, on ne peut qu'être ébranlé. Je le fus; par l'incompréhension de l'un et l'animosité de l'autre qui contrastaient si fort avec les témoignages verbaux ou écrits que je reçus en grand nombre, aussi bien d'amis et de connaissances que de parfaits inconnus. Mais plutôt que de m'arrêter aux propos méprisants lus avec tristesse, je me répétais sans fin la courte remarque d'un critique dont j'avais attendu craintivement le verdict: «Un roman qui n'est pas mal écrit, bien au contraire. C'est un livre dont on hésite à imaginer les intentions réelles, par crainte de manquer de respect.»

Une autre critique signalait la «sorte de télépathie qui règne entre les deux sœurs. Une grande foi en la force de l'esprit transparaît dans tout le livre, une force qui ne procède pas d'un mépris du corps mais d'une assez bonne compréhension de sa relation à l'esprit. Tout récit dont le thème est la mort n'est-il pas — paradoxalement — autobiographique? La mort que nous portons en nous dès la première seconde, et que nous voulons trop ignorer peut-être. *Tout un été l'hiver:* toute une vie la mort.» Juste analyse de mon livre que j'avais écrit en essayant de creuser le sens de la souffrance et du désir qu'avait eu Georgette de mourir le plus dignement possible.

Je fus interviewée pour la radio de façon sensible par les animateurs d'émissions religieuses qui firent ressortir «l'apothéose héroïque» de mon personnage de Solange et qui trouvèrent que j'avais «donné une note lumineuse à son extinction progressive».

À la télévision, je passai à *Femme d'aujourd'hui*. Ici, aucune intention de me «mettre en boîte» ainsi qu'il m'arrivera face à l'animateur d'une émission de fin de soirée qui m'accusera de me faire du capital littéraire à même la mort de ma sœur! La journaliste s'était au contraire arrêtée à la lucidité et à la dignité devant la mort d'une femme et avait mis en lumière le grand support qu'une sœur pouvait apporter. Étant interrogée sur ce qu'il pouvait y avoir d'autobiographique dans la rupture entre les deux sœurs, je parlai de pure fiction, incapable que j'étais alors de dévoiler comme réelle l'intransigeance autrefois manifestée envers Georgette.

Janvier 1977 allait être un mois faste. Tout d'abord, le 6, j'eus la joie de recevoir un coup de fil enthousiaste de mon éditeur qui acceptait de publier, presque sans retouches, *Debout dans le soleil*. Il avait été séduit par la fraîcheur du traitement que je donnais à un sujet pourtant tabou: l'amour, vécu, entre un frère et une sœur, qui ignoraient toutefois leurs liens du sang au moment de s'éprendre l'un de l'autre. Je le fignolerai tout au cours de l'hiver, j'en corrigerai les épreuves, et il paraîtra au début de juin.

Le 27 janvier, jour anniversaire de ma sœur Marcelle, restera pour moi une date foudroyante. Une rencontre tout à fait imprévisible survint pour combler le vide érotique où je suffoquais depuis quelques années. Et pour m'apporter l'espoir d'une «spiritualisation à deux de l'existence», ainsi que j'allais le confier à mon journal.

C'était un jeudi, et le matin j'étais allée, comme toutes les semaines, donner le bon à tirer chez l'imprimeur de *Ici*

Radio-Canada. À l'heure du déjeuner, je fis un long téléphone à Marcelle où, après lui avoir offert mes vœux, je lui racontai le drôle de rêve que j'avais fait la nuit précédente: j'étais assise dans une berceuse, à l'un des bouts d'une grande pièce vide au plancher et aux murs de ciment. Arrive un lion qui se met à me mordiller les orteils avant de s'endormir à mes pieds. Je ne ressens aucune peur, bien qu'une voix me dise à l'oreille: «Gare à toi quand il s'éveillera!» La scène change alors du tout au tout: je me retrouve debout dans un sentier ensoleillé. Je vois surgir le lion de tout à l'heure; une lionne — moi? — vient à sa rencontre, gueule ouverte, prête à rugir. J'ai le temps de m'étonner: je ne savais pas que les lions se dévoraient entre eux! Je m'aperçois aussitôt que c'était là une marque de reconnaissance, car tous deux se mettent à cheminer côte à côte.

À mon réveil, ce qui m'avait frappée, c'était que le mâle se laissait arrêter dans sa course solitaire par la femelle de son espèce, qui, de son allure plus tranquille, semblait sûre de la direction à prendre à deux. L'homme d'action faisant halte pour repartir, moins empressé, une compagne à ses côtés comme balise au vain essoufflement? Et ma sœur de me souhaiter de rencontrer bientôt «mon lion»...

Il faisait un temps maussade: une neige mouillée tombait et mes cheveux pendouillaient. Ainsi qu'il m'arrivait parfois le jeudi après mes heures d'imprimerie, je ne retournai pas au bureau et rentrai chez moi. D'autant plus que ce soir-là j'étais invitée à dîner chez des amis. Je me mis au lit, car je décidai que j'avais sommeil. En plein après-midi! Je reconnaissais là le symptôme de l'apogée d'une période dépressive.

Mais encore une fois — et non la moindre! —, le hasard allait se montrer le bout du nez et me redonner le goût de vivre.

Ici, les scrupules font reculer ma plume. Si mon secret m'appartient et que je puis donc le dévoiler — je le fais en toute lucidité, après avoir tergiversé depuis des semaines —, si mon secret, donc, je décide qu'il a sa place dans cette autobiographie qui me mène plus loin que je ne l'aurais cru en entreprenant de me «dégraphomaniser», comment préserver sa réputation à lui? Bien sûr, en ne le décrivant d'aucune manière et en taisant tout détail qui puisse l'identifier. Car, en s'adonnant à la passion amoureuse, il commettait, du moins aux yeux des autres, une grave infidélité envers lui-même et envers son Dieu, puisqu'il avait fait vœu de tenir la femme à distance, de ne jamais s'y frotter. Toutefois, si ma réflexion me conduit finalement à parler, en toute discrétion, c'est que je ne puis, sans fausser cette biographie de mes sentiments, passer sous silence la passion qui surgit dans mes cinquante ans: c'est elle qui me fait toujours, après dix ans, m'interroger sur le mystère de l'amour qui a tenu une si grande place dans ma vie, et dont ce dernier, dans toute sa luminosité et aussi son immense source de souffrance, allait avoir une influence prépondérante sur la prise en main de mon destin.

L'apothéose de ma vie
d'amoureuse

Lorsque je lui fus présentée ce soir-là, je fus ravie de pouvoir me colleter avec «un curé», représentant de cette Église catholique si éloignée de la pauvreté prônée par son fondateur.

Il me dit, en me tendant la main: «Je vous ai vue à la télévision l'autre soir. Vous vous en êtes très bien tirée. On voit que chez vous ''la bouche parle de l'abondance du cœur''.»

J'ignorais alors la provenance de ce proverbe: saint Matthieu, XII, 34.

De ce dîner où le hasard avait fait que nous soyons invités tous les deux, je retiens surtout le climat de trouble qu'il s'était ingénié à créer entre lui et moi, à ma stupéfaction et à celle de nos hôtes, ainsi qu'ils me le confieraient plus tard.

Au moment du départ, l'hôtesse mentionna devant lui que je n'avais pas de voiture. «Vous permettez que je vous ramène chez vous?» me chuchota-t-il en m'aidant à passer mon manteau.

J'en frissonnai, autant de la pression de ses mains sur mes épaules, que de ce que sous-entendaient les mots murmurés.

Eh oui! à cinquante ans... Ce n'est qu'aux yeux des autres que l'on vieillit. Le cœur que fait battre un autre cœur n'a pas d'âge.

Devant chez moi, il laissa le silence s'établir, les mains encore sur le volant. Le regard au loin, il prononça enfin: «Est-ce que je me trouverais ici, si vous n'étiez pas un écrivain?...»

Me croyait-il moins femme, donc moins dangereuse — et qui sait: moins «salissante»? —, parce que je m'adonnais à une activité jugée par lui comme intellectuelle?

Je ne rétorquai pas et sortis de la voiture, un peu altière, aucunement invitante, lui abandonnant l'entière responsabilité de son acte. Il me suivit, d'un pas toutefois hésitant.

Aussitôt la porte de mon appartement refermée sur nous, il me prit aux épaules, plongea un regard grave dans le mien et m'embrassa soudain avec une fougue maladroite, sinon désespérée.

«Silence sur l'essentiel», a écrit le philosophe Jean Guitton. Ce n'est pas qu'à proprement parler je considère les ébats amoureux comme l'essentiel; mais dans la relation toute particulière qui s'engageait, l'essentiel, justement — qu'il allait lui-même qualifier d'extatique —, est indicible. Je ne mentionnerai que le doux courant magnétique, à la fois enivrant et paralysant, qui s'établit entre nous, précurseur de la volupté à saveur mystique qui allait par la suite abattre toutes les barrières.

Le lendemain matin, du bureau, je téléphonai à ma sœur: «Marcelle, il faut que je te le dise, autrement j'étouffe... J'ai rencontré hier soir mon lion!» Éberluée, elle voulut tout de suite savoir de qui s'agissait: un ministre? un chef politique? Je pouvais difficilement parler, mais le soir, je la rappelai de chez moi et lui confiai mon secret, tant mon exaltation était à son paroxysme.

Les jours qui suivirent, je fus obsédée par l'espoir qu'il me redonne signe de vie, bien que son dernier regard ait été chargé de tristesse. Je l'imaginais aux prises avec un débat de conscience qui devait le bouleverser.

Aussi, lorsqu'il me téléphona au bout d'une semaine, pour s'inviter dans la demi-heure, fus-je partagée entre une joie délirante et un certain scrupule. D'autant plus qu'entre-temps j'avais entrepris un «journal passionnel», que je rédi-

geais à l'encre rouge. J'y essayais de me l'enlever de l'esprit
— le mot «esprit» étant un euphémisme pour dire qu'il avait
réveillé en moi les pulsions les plus ardentes. C'est pourquoi
la première heure de cette visite impromptue fut comme un
raccourci des sept jours où avaient défilé les souvenirs
brûlants des quelques contacts physiques que nous nous étions
permis; le remords pour lui, pour moi au contraire la frustration qu'il n'y ait pas eu de suite.

S'il revenait, c'était en toute lucidité, sinon en toute
liberté. Car je sentis que c'était par faiblesse qu'il abdiquait.
Je n'en étais pas très fière, mais ma passion y trouva son
compte. À tous points de vue. Car, curieusement, une fois
engagé l'échange érotique, nul scrupule ne semblait plus le
retenir. Il se donnait à l'amour corps et âme, s'enivrant du
mystérieux flux d'énergie suscité par le rapprochement
corporel, louant Dieu pour le don d'amour fait à Ses créa-
tures.

Aussi ne décelai-je nul signe de fuite, ce soir-là. Pourtant, il allait s'écouler encore quinze jours avant qu'il
revienne, me laissant ainsi croire qu'il s'était repris en main
et que je n'entendrais plus parler de lui.

Mon «journal rouge passion» est truffé de crises de
désespoir et de reprises d'espoir. Car il me revenait spora-
diquement et jamais une promesse de retour ne ponctuait
ses départs.

À vivre autant de fausses sorties à saveur de rupture,
j'en vins à souhaiter ne plus jamais le revoir. Je n'avais
toutefois pas la force de rompre moi-même.

À cette époque, je corrigeais les épreuves de *Debout
dans le soleil*. Inspirée par la passion que je vivais, j'en
remaniai la fin, faisant dire à mon adolescente éprise de son
bûcheron dont elle vient d'apprendre qu'elle est la sœur:
«C'est *parce que* tu es mon frère que je t'aime tant!» Cette
déclaration brûlante me venait de mon propre aveu à mon
journal: «C'est *parce qu'*il est prêtre — et non pas malgré
qu'il le soit — que je l'aime tant.» Et là, je m'interrogeais
sur le complexe de l'interdit éprouvé à l'endroit des confes-
seurs par les pieuses adolescentes d'autrefois. Et c'était un

fait que j'avais moi-même entretenu de secrètes rêveries pour des prédicateurs de retraites. Mais aujourd'hui, à cinquante ans... Serait-ce donc un reste de dépendance envers la forme de paternalisme la plus poussée qui soit?

Mars arriva avec la nouvelle que Ghislaine était au plus mal. Je fis le voyage à Ottawa et je me souviens qu'au retour je priai Dieu. Les larmes m'aveuglant, j'étais prête à sacrifier mon amour. Non pas pour que ma grande amie d'enfance revienne à la vie — elle mourrait trois jours plus tard, laissant son mari et leurs sept enfants — mais pour que soit à jamais épargnée à celui que j'aimais une fin aussi atroce.

Que de morts autour de moi! Et maman n'en menait pas large. On aurait dit que le décès de papa lui avait enlevé l'énergie de trouver quelque intérêt à la vie. Il faut dire que physiquement elle était mal en point: souffrant d'arthrite avancée et de diabète, son cœur devait fournir un immense effort. Aussi se déplaçait-elle difficilement, à l'intérieur de son quatre-pièces où elle avait quotidiennement la visite de l'un ou l'autre d'entre nous, surtout de Fernande et de son mari que leurs enfants maintenant mariés laissaient plus libres de se dévouer à maman.

J'avais commencé un nouveau roman où je mettrais en scène un personnage aux fortes aspirations intellectuelles et spirituelles, que rencontrera mon héroïne au sortir d'un amour malheureux. Même si je n'en faisais pas un prêtre, Catherine le voyait comme un de ces «humanistes en voie de disparition» qui sont en quête de la vérité à travers les valeurs transcendantales.

À cette époque, je lisais *La Trahison des clercs* de Julien Benda, *Appel aux vivants* de Roger Garaudy, *Dialogues des vivants* d'André Maurois. De ce dernier livre, je transcrivais dans mon journal une citation de Dumas fils au sujet de l'actrice Aimée Desclée: «Elle était venue au théâtre afin d'en faire un tremplin pour sa beauté plus que par vocation authentique. Elle y trouva ce qu'elle cherchait: des amants et non des rôles. Puis, ayant beaucoup souffert, elle décida de recommencer une carrière théâtrale, cette fois avec la passion de son métier.»

Transposée à ma «vocation tardive d'écrivain», cette citation me semblait pouvoir se lire comme suit: «J'y trouvais ce que je cherchais: des êtres de qualité. Puis, ayant beaucoup souffert, je décidai de creuser, par la transformation romanesque de ma souffrance, la difficulté des relations amoureuses. Cela ne se fit pas sans de nouveaux déchirements, car la sublimation des passions est à l'opposé de l'oubli.»

J'avais en effet décidé de l'oublier. Tout au moins de ne rien faire pour l'inciter à revenir. Je n'avais nulle envie de ses «chutes», quand pour moi l'amour était élévation. «J'aime trop la vie, écrivais-je en rouge, pour entretenir de telles complications.» Je n'en étais pas moins vulnérable. Mon désarroi était complet.

En avril, je lus L'Éloge de la fuite d'Henri Laborit, qui me fit mesurer toute l'importance que j'attachais aux échanges entre lui et moi. Si nous avions au moins pu nous écrire ou nous téléphoner librement… Allais-je donc devoir prendre mon parti de ses longs silences? L'amour engendre-t-il donc toujours l'angoisse et la souffrance parce qu'on est incapable de le maintenir à son palier d'assouvissement de nos pulsions les plus profondes? «Alors, écrivais-je encore, il s'agit de se faire des amis des livres et de son propre réseau d'imaginaire et cesser d'aspirer à un amour partagé qui serait un havre de salut. Cela tient à une impuissance totale pour quiconque d'entrer dans le «territoire» de l'autre et de le sauver de sa solitude, destin commun à tous, qui l'achemine inexorablement vers la solitude ultime.»

La fuite dans la création: je voulais bien! Mais non la désertion dans le travail. Au bureau, j'en venais presque à oublier mon amour: d'une part sa violence et la souffrance qu'il me causait; d'autre part l'exaltation où il m'emportait. M'en aller vers la médiocrité? M'éteindre, m'assécher? Serait-ce le prix que je devais payer pour ma paix?

Je me demandais, me référant à Laborit, si la «pulsion socio-culturelle» de l'homme que j'aimais ne serait pas plus forte que sa «pulsion d'amour» qui se limiterait, en somme, à la «pulsion sexuelle». L'essai de Laborit me permettait, je crois, de comprendre un peu ce qui se passait en lui. Quant à moi, tout était clair, puisque c'est l'amour, avec ses diverses pulsions, qui m'animait. Aucune d'elles ne combattant l'autre, mon bonheur aurait été d'y acquiescer tout entière. Et je notais: «Les amours de Carmen ne durent pas six mois..., est-il dit dans l'opéra de Bizet. Ai-je choisi que mon amour — sa phase vécue — se termine si abruptement? Ah! que viennent l'indifférence et la froideur! Je m'achemine peut-être vers l'état de sommeil où se trouvaient mon corps, mon cœur et mon esprit avant le 27 janvier...»

J'étais continuellement partagée entre l'euphorie et la tristesse. Qu'est l'amour sans la liberté? Comment, à cinquante ans, peut-il accepter d'avoir sa vie balisée par des défenses aussi dépassées que le sont les diktats de l'Église envers ses prêtres? Ma passion, sans cesse ballottée par de fausses ruptures, s'acheminait vers une mort lente mais sûre.

En mars et en avril, je subissais toujours l'attente où me laissaient l'annonce de ses visites puis leur annulation à la dernière minute. J'écrivais tristement: «Ce fut un beau rêve. Un lion est apparu à l'horizon: j'ai cru, devenant lionne à son contact, pouvoir ralentir sa course. Mais il ne s'est arrêté que le temps de constater ses affinités avec la femelle de sa race. Il n'en continue pas moins, toujours aussi solitaire, crinière orgueilleuse au vent, sa fuite en ligne droite, croyant aller plus loin que ceux dont le cheminement à deux permet des haltes lumineuses, des détours exaltants. Il faut croire à ses rêves, me suis-je dit au lendemain de notre rencontre. N'aurais-je donc pas eu raison d'y croire?»

Ces pages de mon journal, je les transcrivais parfois et les lui remettais pour qu'il les lise dans sa solitude. Il y répondit par écrit trois fois: j'ai conservé ces billets où il m'appelle «petite lionne, sauvage et racée, tendre et passionnée, amoureuse et réservée. Les êtres riches sont tout en contrastes: limpides et insaisissables. Vous en êtes!»

Un jour que je lui avais écrit: «Si l'on s'aimait un **peu** plus, dans le monde, peut-être aurait-on moins besoin de travailler à le sauver...», il en avait paru affecté, me répondant: «Vous posez la vraie question et il m'arrive de vous envier: vous défendez avec tant de résolution un style de vie plus qualitatif...»

Il continuait néanmoins à me laisser des quinzaines entières sans me donner de ses nouvelles. Ses longs silences me devenaient intolérables. Il me fallait retrouver au plus tôt une plus juste vision des limites de l'amour, de l'impossibilité d'un sentiment immense vraiment partagé. Éviter de prendre mon idéal pour la réalité.

Un jour que je n'en pouvais plus d'attendre un appel de lui, j'avais «osé» lui téléphoner. C'en était fini de cette passivité qui me ressemblait si peu! Par un respect exagéré pour ce qu'il est, je m'étais «transformée en Pénélope, moi qui ai plutôt la nature d'une Carmen, d'une femme moderne qui se sent l'égale de l'homme, en amour comme ailleurs. En vous téléphonant, j'ai fait d'une pierre deux coups: j'exorcise ce que mon sentiment a d'excessif, tout en retrouvant mon équilibre.» Et je signais ainsi mon journal, retapé pour qu'il en prenne connaissance: «Une simple marguerite qui se transmute peu à peu en tournesol.» Ce qui me valut en guise de réponse: «Bonjour Printemps qui plante le soleil au milieu de nos pétales comme la marguerite, cette fleur qui renaît la première et nous accompagne jusqu'à l'automne. Nous sortons à peine de l'hiver et vous nous parlez d'un printemps possible...»

Cependant, je ne me leurrais pas sur ses sentiments, ou du moins sur la ferme décision qu'il semblait avoir prise que jamais le prêtre ne le cède en lui à l'homme. Aussi, si je ne voulais pas risquer de devenir la courtisane à qui l'on se contente de rendre visite régulièrement, il me fallait à tout prix me le sortir de l'esprit et des sens. Justement parce que je l'aimais! Je le voulais fidèle à lui-même. Qu'il s'accomplisse pleinement dans ce qu'il avait choisi d'être depuis son tout jeune âge.

Nous ne sommes pas faits l'un pour l'autre, me disais-je dans mes moments de lucidité. Mais sitôt était-il en ma présence que je me reprenais à espérer que l'amour l'emporte sur un idéal par trop inhumain.

Aussitôt m'avait-il quittée que l'attente recommençait, le doute me ressaisissait, la fièvre me brûlait. Je me révoltais: pourquoi fallait-il que le plus grand amour de ma vie me soit rendu inaccessible? Aussi interdit que l'était celui de Mariette qui aime son frère. Je voyais d'ailleurs plus d'une analogie entre mon aventure et celle des personnages de *Debout dans le soleil,* pourtant écrit bien avant ma rencontre avec lui. Car, pas du tout paternaliste à mon endroit, notre relation avait quelque chose de fraternel. Ou alors, est-ce moi qui avais le don de créer un tel climat? La réflexion m'a d'ailleurs déjà été faite que mes contacts avec mes collègues de la rédaction étaient empreints d'une espèce de fraternité.

«Que je vous "haïs" donc!» me déclarait-il parfois tendrement. Belle litote qui me ravissait et me faisait temporairement oublier ma résolution de me reprendre en main.

Un jour qu'il voulut lire les dernières lignes écrites dans la solitude où il m'abandonnait, son attention s'arrêta à une interrogation qui m'était venue la veille: «Pourquoi mon idéal de relation amoureuse est-il impossible dans la réalité? Parce que psychologiquement inatteignable? Inacceptable par la société? La vérité est que l'on est seul. L'autre n'est qu'illusion, que projection d'une attente inconsciente. L'amour partagé: un pur mythe! Être quelqu'un pour un autre: une parfaite utopie! Je dois me ressaisir avant de me laisser dépersonnaliser par ma quête immodérée de l'alter ego.»

Il plongea son regard dans le mien et me dit tout bas quelque chose comme: «Je ne me doutais pas...» Et moi, parce que la tension devenait insoutenable: «Je n'aurai pas de mal à faire ressortir le thème de la solitude dans mon prochain roman...» Il s'approcha alors, sourit gravement et prononça: «C'est comme ça que je veux vous voir...» Voulait-il dire «courageuse»? En état constant d'écriture?

Si l'amour pouvait donc se vivre de loin!... Je continuerais à l'avoir dans ma vie. Je n'aurais plus besoin des échanges sensuels si peu en accord avec ses choix. Plus de ces visites inattendues où je m'étais si souvent sentie perçue par lui comme uniquement sensuelle.

— C'est vrai que mon regard ne vous grandit plus? demandait-il, les yeux baissés sur une autre pensée de mon journal.

— J'ai bien écrit: «*Si* son regard ne me grandit plus, je n'ai que faire de lui.»

— Vous pensez vraiment ce que vous dites, continuait-il, lorsque vous écrivez: «Combien je ne l'aime pas! C'est une image de lui que j'adorais.»?

En guise de réponse, je me lançai dans une tirade enflammée où je lui dis ma douleur à laquelle je ne voyais pas de solution. Ma vie intérieure divisée: affective d'un côté, sensuelle de l'autre, et le spirituel flottant au-dessus de tout ce magma. Quand j'avais rêvé qu'avec lui se ferait l'unité...

— Est-ce donc seule que je devrai m'accomplir?

— Tout partage est transitoire, décréta-t-il. Mieux vaut s'y habituer: la conscience est une.

— Vous, vous avez votre Dieu!

— Et vous, votre écriture. C'est peut-être des manques que sont tissés les plus beaux romans. Des rêves évanouis de leurs auteurs.

— En somme, vous me dites de faire mon deuil de l'amour vécu et de me contenter de l'écrire!

Il choisit de se taire. Ferma mon cahier «rouge passion», regarda l'heure à son poignet, me donna un baiser léger et partit sans un mot de plus.

Je me jetai sur le lit où ne restaient que mes souvenirs. Mon cœur criait déjà après lui et je me convainquais que toute notre relation se serait peu à peu harmonisée, s'il avait pu vivre librement son amour. Je voulais oublier que son comportement était marqué par son inaptitude à côtoyer la femme, par son égoïsme de vieux garçon; eût-il décidé de renoncer à la prêtrise, que son attitude n'aurait pas pour autant été modifiée.

Et déjà, ma solitude se refermant sur moi, j'écrivais mentalement, reportant mon état d'esprit sur l'héroïne de mon prochain roman: «À la suite d'un amour déchirant, Catherine fit une poussée de conscience, comme on dit d'une poussée de fièvre.»

Mon désarroi fut cependant atténué par la sortie de *Debout dans le soleil* dont j'avais au premier coup d'œil admiré la couverture — des arbres et un sous-bois dorés par le soleil — mais moins apprécié le prière d'insérer où était mentionné «le délicat sujet de l'inceste». Voir ainsi résumée la passion de mes deux orphelins sur le coup me choqua. D'autant plus que la consanguinité que je leur prêtais était le symbole de la parité dans l'amour et avait peu à voir avec l'interdit. Une certaine critique l'a d'ailleurs compris: «Débarrassé de toute la kyrielle de clichés que la psychologie contemporaine freudienne nous a imposés, l'inceste ici n'est plus scandaleux. M.B. a relevé le défi. L'antiromantisme nous surprend; par la simplicité même de l'écriture. C'est un roman actuel, un récit lucide et courageux.»

Un deuxième parlera d'un «roman métaphysique qui a l'avantage de juxtaposer l'analyse psychologique et l'univers du rêve. Oeuvre onirique et engagée.» Et cet autre, dont j'attendais le verdict avec une certaine appréhension et qui devait lui aussi comprendre l'essentiel de mon thème: «Il y a tant de fraîcheur, de poésie, de spontanéité dans ce roman. Avec Mariette et Pierre, ne sommes-nous pas au début du monde, face aux enfants d'Ève et d'Adam?»

Je me trouvais à Shawinigan chez ma sœur Thérèse lorsque cette critique parut. La joie m'embrouillait les yeux et alors seulement je crus à ma vocation d'écrivain: j'y travaillerais d'arrache-pied. Contrairement à l'amour, où la liberté de l'autre peut être un empêchement à sa réussite, il n'en tenait qu'à moi, en dernier ressort, de mener à bien cette autre aventure qui peu à peu finirait par détrôner la passion et comblerait la solitude dont je prenais de plus en plus conscience à mesure que le temps faisait son œuvre.

L'œuvre du temps — le temps de l'œuvre

Serait-ce donc la passion amoureuse qui, drainant mon imaginaire, m'empêcha de m'affirmer plus jeune comme romancière? «Je veux devenir écrivain», me suis-je dit dès l'adolescence, dans le même temps que mon cœur et mes sens aspiraient à l'amour idéal. Aurais-je donc dû renoncer à l'un pour que fleurisse l'autre? Partagée comme je l'étais dans ma jeunesse — les barrières morales m'interdirent longtemps toute aventure amoureuse, ma solitude d'auto-didacte amplifiait les difficultés de la page blanche —, je me contentais de rêver ma vie. Il aura fallu la mort de ma sœur Georgette pour briser l'inertie de ma plume; il faudra l'apothéose de la passion interdite pour que cesse ma quête de la fusion utopique. Je pourrais désormais vivre du souvenir de cet homme, en tisser la toile de fond de mes futurs romans.

Mais j'eus d'abord à m'en guérir. Je ne m'étendrai pas ici sur les mois où j'espérais encore, ses longs silences étant abruptement entrecoupés par de rares visites éclair où sa fougue remettait sans cesse en question ma résolution de l'oublier. Mon «journal rouge passion» s'était peu à peu transformé en journal de combat. J'y écrivais:

«C'est toute seule qu'il me faudra désormais m'ac-complir. Cette solitude qui me colle à la peau… On ne me fera pas accroire que je l'ai choisie! Pourquoi s'acharne-t-elle à revenir sans cesse, à m'enlever chaque fois l'homme en qui j'ai fondé quelque espoir? Je les choisirais mal? C'est peut-être que je ne les choisis pas vraiment. Ils m'ont été donnés: un homme marié que je ne recherchais pas; un célibataire de douze ans mon cadet, et, interdit suprême, un prêtre. Sans compter Laurent, comme un leitmotiv dans ma vie. Quand donc m'arrêterai-je? Ah! être enfin arrivée...»

Mon journal d'alors note encore:

«Je voudrais faire de mon troisième roman une recherche de l'amour vrai, de son accomplissement libre. Que mon futur lecteur halète, non pas sensuellement, mais qu'il aspire de toute son âme à la connaissance du mystère qui préside à l'union de deux humains dans l'accouplement des corps, la fusion des esprits qui se reconnaissent pour façonner une espèce de corps astral parfait à la fois mâle et femelle. Dépasser, par ce roman, le mythe du frère et de la sœur.»

Si je transcris aujourd'hui ce projet quelque peu utopique, c'est pour souligner la distance qu'il peut y avoir entre la pulsion première d'une œuvre et son résultat, sujet aux modifications de la vie quotidienne, à la presque impossibilité de se tenir sur la corde raide durant les nombreux mois qu'exige sa réalisation. Commencé sous de tels auspices, mon troisième roman, qui ne paraîtra que quatre ans plus tard sous le titre de *Le Rendez-vous de Samarcande,* ne répondra qu'en partie à mon intention d'écrire un livre «surtout symbolique, mythique, humain donc universel», ainsi que je confiais à mon journal.

Cependant, son silence me faisait atrocement souffrir. Le temps manquait à son devoir d'oubli: plus il passait, plus je me souvenais. Mémoire et imaginaire s'entrecroisaient dans le champ de bataille de mes émotions. J'avais beau essayer de transposer ma passion en écriture, je me sentais béante, le néant prêt à m'étouffer. À tel point que je songeai à la méditation transcendantale comme technique d'apaisement. J'y aurai recours un an plus tard, après les retours sporadiques dont il me gratifiera, non sans que je lui aie fait signe...

Eh oui! n'en pouvant plus — je pleurais des nuits entières tandis que mon corps se roulait de désir et que mon esprit obsédé tournait en rond —, un jour je décidai de lui téléphoner. «Je vous croyais absente pour tout l'été...», l'entendis-je me dire. Est-ce possible! Vit-il seulement les deux pieds sur terre! Je ne suis pas une enseignante, moi! Je n'ai que quatre semaines de vacances!

La passion nous emporta dans sa bourrasque: un délire à la fois comblant et déchirant. Comment, après une telle ivresse, ne me reviendrait-il pas?

Pourtant, la dure réalité était là: une semaine, treize jours précisément passèrent avant qu'il daigne me téléphoner. Ce sera, comme toujours, le désir renaissant qui le poussera à se précipiter chez moi. Et non, comme je l'eusse espéré, la tendresse dont j'avais une telle soif, qu'un peu plus et je lui disais que je n'étais pas libre ce soir-là mais que nous pourrions prolonger notre conversation téléphonique. Mon imaginaire aurait alors pu se repaître de sa voix qui m'aurait décrit le décor où il vivait et que j'imaginais sévère comme l'étaient ses costumes sombres. Il me semblait qu'il aurait alors inventé mille mots tendres, qu'il m'aurait fait la cour verbalement et que moi j'aurais fait taire mes sens pour l'inviter à parler gravement de sa vie, de ses préoccupations les plus profondes, de Dieu même. Car jamais il n'en trouvait le temps en ma présence, occupé exclusivement à me caresser du regard, de la parole et des mains, limitant notre liaison à la seule sensualité.

Mais là, je suis injuste. Je ne dois pas oublier la première fois qu'il s'invita chez moi. D'abord, son drôle d'alibi: «Me trouverais-je ici, si vous n'étiez pas écrivain?...», suivi d'un regard d'une tristesse qui contrastait avec le geste déjà sensuel de ses mains tremblantes sur mon visage et mes paupières.

Et le petit déjeuner consécutif à notre première nuit... À ma demande, il m'avait parlé du sens de sa vocation, de la teneur de sa foi, des actes de son apostolat. Aussi étais-je pleine d'espoir sur le genre de relation qui nous attendait: la brûlure de la passion, tempérée par une spiritualité que je me sentais désireuse de partager avec lui.

Mais c'est en dehors de moi qu'il donnait le meilleur de lui-même; qu'il se montrait tel qu'il était foncièrement. À ce point que lorsqu'il m'adviendra de lui demander s'il s'adonnait le matin ou bien le soir à la réflexion, face à Dieu, ma question m'avait semblé lui paraître presque inconvenante. Ce que je représentais à ses yeux avait si peu à voir avec ses choix profonds...

J'en étais tellement blessée que je me promettais d'être plus ferme la prochaine fois: je ne voulais plus être exclusivement pour lui l'élément d'équilibre dont un célibataire normal a besoin, fût-il prêtre!

Un événement d'une grande tristesse allait me détourner temporairement de ma passion sans issue: en septembre, maman devra être hospitalisée.

Maman... à la fois toujours elle-même mais ne nous montrant plus que son côté ombreux. Plus de lumière dans ses yeux. Plus de clarté sur son visage et sa gorge. Plus de vigueur dans ses formes autrefois rondes et si fières et maintenant flasques. Elle s'en allait. Nous abandonnait. Se quittait.

En avait-elle autant conscience que nous? Ce serait tout de même une consolation que de savoir que c'est vers une autre réalité que les mourants se tournent. Ou du moins une autre illusion?

Nous nous relayions à son chevet. À côté de notre photo de famille trônaient mes deux livres, à portée de sa main. Et je me disais que la fierté qu'elle éprouvait à parler de sa fille écrivain au personnel infirmier aurait à elle seule justifié ma mince production littéraire.

Elle redevenait parfois tout à fait elle-même. Le 25 septembre, je note qu'elle «a ri à trois reprises et ses yeux sont redevenus lumineux. Elle n'est plus confuse et se souvient même de l'avoir été.» Mais trois jours plus tard, voilà que je m'interroge: «Je me demande si elle n'est pas en train de devenir complètement impotente: elle reste constamment couchée et durant toute l'heure que j'ai passée auprès d'elle, elle a très peu bougé. Toutefois, ses yeux sont clairs et elle a retrouvé son beau sourire.»

Le mois d'octobre fut très dur pour nous tous. À l'hôpital, on ne voulait plus garder maman: on avait besoin de son lit pour l'un ou l'autre des nombreux patients qui s'entassaient à l'urgence. On nous incitait à nous mettre à la recherche d'une institution de soins prolongés, mais aucun organisme ne répondait à notre demande: on trouvait maman trop mal en point pour être hébergée dans un foyer. La tristesse et le découragement étaient notre lot quotidien, et nous faisions tout notre possible pour n'en rien laisser paraître devant elle.

Que de questions nous nous posions sur l'état de notre système d'hospitalisation et d'hébergement des vieillards! Impuissants à trouver une solution pour notre cas particulier, nous en venions à croire sans issue le problème en son entier. Et cela ne faisait qu'ajouter à notre angoisse.

Le 4 novembre, au travail, je m'étais entretenue de ma mère dans le bureau d'un collègue, une grande partie de la matinée. Vers midi, nous décidâmes d'aller déjeuner à la cafétéria où nous poursuivîmes notre conversation, qui tourna autour de la survie possible après la mort physique. C'est ainsi que durant plus de deux heures ma famille fut dans l'incapacité de me rejoindre...

À peine étais-je revenue à mon bureau que le téléphone sonna. Une infirmière s'enquérait de ce qu'elle devait faire de la paire de boucles d'oreilles de maman, trouvée dans un tiroir de la table de chevet. Décontenancée mais ne me doutant de rien, je lui répondis que je m'en occuperais le lendemain soir puisqu'il était convenu que j'allais lui rendre visite. Une seconde de silence à l'autre bout du fil, puis: «Mais c'est que votre mère est... Vous ne saviez donc pas? C'est arrivé peu après midi. Je suis vraiment désolée...»

Une sueur m'envahit et je me mis à claquer des dents. J'appelai à la salle de rédaction: mon ami Fernand vint et j'éclatai en sanglots sur son épaule. Ce n'est qu'une demi-heure plus tard que j'appris les circonstances de la mort de maman: à midi, Fernande avait été mandée d'urgence à l'hôpital. Elle non plus ne se douta de rien: la mort d'une mère est inconcevable... Arrivée à la chambre, ma sœur avait aperçu maman couchée en travers du lit, la bouche grande ouverte. Elle la crut évanouie et se mit à lui parler, voulant la ranimer. C'est alors seulement qu'elle eut l'effroyable surprise de constater qu'elle n'était plus vivante.

Personne pour lui tenir la main. Aucun de ses enfants pour la regarder dans les yeux avant qu'ils se ferment pour toujours. Aucune chaleur humaine pour l'aider un tant soit peu à vivre l'instant mystérieux où l'on n'est plus de ce monde et pas encore dans l'autre. Big-bang aussi insondable que celui qui, à la naissance, nous sort du néant.

Maman... dans quel univers votre esprit s'est-il engagé, le 4 novembre 1977?

Maman... À mon tour de me demander, comme vous l'aviez fait pour papa à sa mort: où êtes-vous maintenant? Qui voit votre sourire incomparable? Qui entend votre voix qui se laissait aller à chanter pour ses petites: «Plaisir d'amour...»? Ou, pour moi en particulier: «Margoton va-t'à l'iau avecque son cruchon...» Pour qui, vos yeux rieurs, votre belle chevelure grise toujours bien placée, votre port de reine, votre gorge généreuse?

Dans le moment où j'écris ces mots, on joue la suite de l'*Arlésienne* de Bizet que vous aimiez tellement que vous ne pouviez vous empêcher d'en chantonner les premières mesures lorsqu'on la faisait jouer à la radio. D'où vous êtes, pouvez-vous l'entendre? Cette question me vient et je veux prendre mon désir pour la réalité. Qui sait si ce n'est d'ailleurs pas là le fondement de toute croyance en l'au-delà...

A-t-elle bien su combien elle était aimée? De nous tous et toutes. De papa... J'ose, aujourd'hui, au bout de dix ans, ouvrir le portefeuille de cuir fauve dont je suis la dépositaire et qui contient deux lettres de papa, l'une datant d'un an et demi avant leur mariage, et une autre, de seulement deux semaines après leurs noces. Papa s'est marié à vingt-cinq ans et maman à dix-neuf.

La lettre qui précède le mariage de quinze mois, datée du 22 mars 1915, m'a, dès les premiers mots, donné un certain choc: «Le docteur m'a trouvé le même mal qu'il y a deux ans: affection du cœur, avec laquelle on... peut voir sa quatrième génération!... Cela peut dépendre de causes extérieures, ainsi qu'il en est d'ailleurs de mon ''manque de graisse''; et on verra à éliminer cela en faisant attention à ce qu'on mange.»

Quand je pense que papa a vécu jusqu'à quatre-vingt-trois ans et qu'il a connu deux de ses arrière-petits-fils! Mais cette lettre me touche surtout par la ferveur avec laquelle il exprime «tout ce bonheur qui nous arrive à tous deux»: «Veuillez excuser l'écriture de ces lignes, mais je tremble de... joie. De la joie que me procure l'espérance du bonheur pour moi, et surtout celle de pouvoir vous rendre heureuse et sécher, chère Léda, vos beaux yeux que Georges aime tant. Continuons de tenir notre promesse jusqu'à Pâques. Je vous sens déjà sur mon cœur et je vous embrasse dans votre petit lit, bien chastement, encore sur le front.» Et il signe: «Votre grande et méchante tête mais bon cœur...»

Celle-ci est brûlante, datée de Chicoutimi, le 17 juillet 1916. Leur mariage avait eu lieu le 27 juin... «Ma *chère* petite femme. Ici, tout va bien mais mille fois trop lentement à mon goût et il me prend des démangeaisons au bec!... Ça fera trois semaines demain que nous sommes mariés! Trois semaines! Que c'est court quand je songe que c'était hier, il me semble. Si long, lorsque je compte les millions de jours qui se sont écoulés depuis mercredi dernier. C'est court de bonheur et c'est long d'attente et d'éloignement. Je ne sais quoi te dire: j'ai trop de choses dans le cœur et ça voudrait sortir tout ensemble. Je songe à mon retour à Québec, à l'arrivée chez ta mère ou chez *nous;* je songe à l'accueil de ma petite canaille de Dada, je la vois me tomber dans les bras et appuyer sa tête sur ma poitrine. Je vois d'ici ma «pauvre petite» qui s'essuie les yeux à cette lecture. Je voudrais te faire un petit cadeau. Et pour récompenser et remercier Georges, tu lui donneras deux choses: d'abord un bon bec, tout de suite en arrivant: un long, un gros, un formidable; ensuite..., d'autre chose de bon, d'excellent, de splendide. *Si tu veux, naturellement!* Et puis, *si tu veux aussi,* écris à Georges. Ou plutôt, non, n'écris pas: je ne recevrais pas ta lettre (car je quitterai Chicoutimi probablement mercredi dans la journée). Donc, je suis résolu d'avance à ne pas recevoir de lettre. Mais, en revanche, lis bien la mienne et embrasse-la bien fort: je le saurai après (car tu me le diras) et je sentirai un peu tes lèvres si douces sur les miennes. Je les sentirai même d'avance, car mercredi matin, lorsque tu embrasseras ma lettre, à neuf heures juste (n'oublie pas), je penserai à toi. D'ailleurs, j'y pense aussi bien à sept heures qu'à neuf, dix, onze, deux, quatre ou six: je pense tout le temps à celle qui m'a pris tout mon être. Je vous présente mes respects, Madame Beaudry, et je t'embrasse bien fort, ma chère, chère, chère petite femme. Je m'en vais me coucher... tout seul. Ton mari qui t'adore.» Et, en post-scriptum: «J'ai reçu et lu comme un fou, j'ai mangé des yeux et j'ai relu trente fois ta gentille lettre, hier, à Chicoutimi. Merci de m'aimer autant, Léda. Aime-moi encore; vois-tu, je t'aime si tendrement, moi!...»

Maman fut enterrée à Québec auprès de papa dont il n'aurait pas fallu qu'il quitte ce monde presque quatre ans avant la compagne de toute sa vie. C'est sans doute la pensée qu'elle ne serait plus seule ici-bas qui atténua un peu en nous le choc de sa mort. «Ne pas séparer ce que Dieu a uni», prétexte-t-on à l'encontre du divorce. L'exemple ne vient-il pas de haut, où la Mort ne se prive pas de diviser les couples?

La douleur de la perte de ma mère était scandée par un thème musical qui m'obsédait, *Scènes d'enfants* de Robert Schumann, qu'elle affectionnait tout particulièrement et que nous avions entendu si souvent dans notre enfance, joué au piano par papa.

Étrangement, le visage et la silhouette de celui que j'essayais d'oublier se superposaient aux images de ma jeunesse. Et il me semblait que mes parents l'auraient agréé si, vingt-cinq ans plus tôt, c'est lui qui s'était présenté... Il me paraissait, parmi tous les hommes que j'avais connus, répondre le mieux à la complexité des sentiments qui constituent l'amour, lorsque celui-ci se veut le tremplin vers un dépassement: la primauté de la conscience faisant taire tout excès de romantisme.

Je lui avais téléphoné une nouvelle fois, pour lui apprendre la mort de ma mère... Fut-ce par respect, par pudeur? Il ne vint pas mais m'entretint longuement au téléphone. Cela fut très doux. À la fois grave et serein. Et j'eus tout à coup peur que ce soit plus par compassion que par tendresse qu'il accoure dorénavant. Se sentant responsable envers moi, peut-être se croirait-il obligé de se dévouer pour m'arracher au désespoir? Je ne voulais pas de sa pitié!

Aussi, en cette fin d'automne, n'étais-je plus fébrilement suspendue au téléphone, en attente de son bon vouloir. Certes, son image me hantait toujours et mes sens en redemandaient. Mais ce qu'il y avait de nouveau, c'est que je cessai peu à peu de percevoir ma solitude comme une défaillance personnelle: elle m'apparaissait plutôt comme l'une des composantes tragiques de la condition humaine. Et, tristement, l'amour vécu à deux, comme le leurre le plus brillant que nous offre la vie pour nous distraire de l'inimaginable isolement final.

À jamais seule et mortelle... Décidément, je broyais du noir! Interlude normal après la mort de ma mère et devant ce que je considérais comme l'échec de l'amour de ma maturité?

Entre-temps, mon écriture m'aidait à échapper à la détresse de l'attente où il me laissait et sur laquelle il ne s'était jamais vraiment expliqué. Car son ministère et ses nombreuses occupations ne me convainquaient pas. S'il m'avait vraiment aimée, me disais-je, il trouverait bien quelques minutes par-ci par-là pour maintenir nos liens tout au moins par téléphone. Seulement voilà: m'aimait-il?

Donc, je m'adonnais à l'écriture. Délaissant mon roman en cours, j'écrivis coup sur coup deux nouvelles qui rejoindraient celles que j'avais rédigées au temps des cours de création littéraire. Ce recueil, que j'intitulerai *Multiples solitudes,* est resté jusqu'à ce jour inédit: sans doute est-il trop chargé de tristesse pour être agréé par quelque éditeur. Le Destin le parcourt en entier: pertes d'illusions, ruptures déchirantes, morts brutales. L'une de ces nouvelles a été acceptée par une troupe de théâtre à qui je l'avais fait parvenir sous forme de texte dramatique. Il n'a pu être joué, car il aurait fallu que je l'interprète moi-même et en fasse la mise en scène! Il s'agit d'un récit qui m'avait été inspiré par un fait divers entendu à la radio: quelque part en France on avait retrouvé, à l'issue d'un long congé, une femme de ménage morte dans un ascenseur. Elle avait l'estomac perforé pour avoir bu — une soif irrépressible l'emportant sans doute sur la raison — l'eau de son seau de récurage... Cela m'avait tellement secouée que j'ai voulu en quelque sorte rendre un hommage posthume à cette humble femme en immortalisant sa fin tragique.

Quelle prétention de ma part! Mon écriture, immortaliser? Pourtant, si au moment d'écrire on ne croyait pas à ce que l'on fait, la pulsion ne résisterait pas aux immenses difficultés que comporte le seul fait de structurer, par les mots péniblement tracés, la multitude d'éclairs qui parcourent notre cerveau, secouent nos sens et font jaillir tout un réseau de pensées dont quelques-unes conduiront notre réflexion. La plupart des gens n'ont sans doute pas besoin de prendre la plume pour qu'aboutisse le processus de la conscience. Mais lorsqu'on est peu doué pour l'action extérieure, que faire de l'énergie distillée par les monceaux d'images qui s'accumulent et mobilisent sens et muscles? Faire du sport? Des affaires? De la politique? Ces diverses habiletés m'ont toujours fait défaut. Haranguer les foules? Secouer les inerties? Entraîner à la révolte? Ce ne sont pas les raisons qui manquent, dans un monde où tant de tares seraient à dénoncer. Je laisse cela aux journalistes et aux pamphlétaires. Et aux philosophes le soin de questionner notre raison d'être sur cette terre sans gouvernail.

Alors, écrire des histoires, inventer des personnages qui les vivent: oui! Pour faire un pied de nez à la Nature qui ne nous a pas fourni le mode d'emploi de notre existence éphémère. Créer des vies parallèles où exercer ma liberté et faire ressortir le non-sens de l'existence.

C'est le désir d'illustrer l'illusoire communication entre les humains qui m'amena à écrire une seconde nouvelle, que j'intitulai *La Femme au violoncelle*. Son instrument appuyé contre elle, une violoncelliste écoute l'enregistrement d'une *Sonate pour violoncelle seul* de Bach jouée par un grand maître. Derrière la large baie vitrée de son chalet, elle est visible depuis le lac où un rameur écoute ce qu'il croit être son jeu. Un éclair éclate soudain, coupant l'électricité. La musicienne prend aussitôt la relève de la cassette qui s'est subitement tue. Elle jouera mieux que jamais, inspirée par les éléments qui se déchaînent et lui insufflent une maîtrise nouvelle. Ayant achevé la sonate, elle va à la porte et, la chaleur l'accablant, elle a un geste vers son front où adhèrent quelques cheveux. L'homme prend ce geste pour une invite à s'abriter sous son toit car l'averse fait maintenant rage. La femme le fait entrer et ils parlent de l'orage en cours, des fréquentes pannes de courant et aussi de musique. Il lui dit que son jeu a réussi à lui faire oublier la déception où il nage depuis la veille: les malentendus avaient régné toute la soirée et il avait été pris à partie par des gens qui se disaient ses amis. Jugements de valeur, procès d'intention: l'homme et la femme discutent de tout cela qui éloigne les humains les uns des autres.

Soudain, l'horloge repart et les replonge dans le temps..., tandis que la cassette reprend son déroulement où triomphe le grand virtuose. Ils se regardent; elle ouvre la bouche pour expliquer mais en est empêchée par la dureté qui s'inscrit dans les yeux de l'homme. Aussi ne donne-t-elle pas suite au mouvement qu'elle a de se diriger vers son violoncelle et lui prouver que c'est bien elle qui... Lui se dit combien peuvent être trompeuses les apparences, rusé le plus limpide regard. Et il s'en retourne comme il était venu: désenchanté de ses semblables qui mentent comme ils respirent. Tandis qu'elle se dit que la distance est telle entre les êtres, astres solitaires séparés par des années-lumière, que tout en subissant une force d'attraction, ils n'en sont pas moins les jouets d'une puissante répulsion.

Janvier vit me revenir l'homme que j'aimais. Ma joie fut si douloureuse d'entendre sa voix au téléphone, que j'appelai Marcelle et lui dis, le cœur battant à tout rompre:

— Il s'en vient! Je crois que je vais mourir de bonheur...

— Calme-toi, me répondit ma sœur doucement. Ce n'est que dans les romans que l'on meurt d'amour.

Je me tins, jusqu'à son arrivée, debout près de la fenêtre de mon bureau d'où j'apercevais le tournant de la rue. Lorsque je reconnus sa voiture..., j'en remerciai Dieu!

À sa vue, je fus si troublée que je manquai de naturel. Les quatre mois qui s'étaient écoulés depuis sa dernière visite me l'avaient rendu aussi étranger que lors de la toute première fois, presque un an plus tôt. On aurait dit que notre relation en était restée au stade de la séduction, par manque d'assiduité. En un sens, j'aurais dû en être heureuse, puisque ce sont les débuts de la passion qui m'ont toujours fait le plus vibrer. Mais avec lui, justement, il me semblait que j'aurais été prête à passer de l'érotisme brûlant à l'attachement tendre.

Le même climat «extatique» était au rendez-vous, ainsi qu'il avait qualifié, de prime abord, l'attirance sensuelle où nous baignions aussitôt étions-nous en présence l'un de l'autre. Ses mains me faisaient frémir bien avant leur contact avec ma nuque ou mes bras. À quelques millimètres de mon épiderme, j'en sentais déjà le tremblement et j'allais pour ainsi dire à leur rencontre.

Il me fit comprendre que nous avions tout notre temps, en me chuchotant laconiquement: «J'ai la permission de minuit...»

Entre deux embrassements, il plongeait ses yeux dans les miens avec une telle intensité que je me disais: «Mais il m'aime!...» Et je ne me sentais plus du tout jouer le rôle d'une courtisane. Je ne comprenais même pas comment cette pensée avait pu m'effleurer. Ce n'est pas parce qu'il ne me le disait pas en toutes lettres que je devais croire que sa pulsion envers moi était dépourvue d'amour.

La preuve indirecte allait m'en être donnée le lendemain matin, à la table du petit déjeuner. Comme il me faisait parler de ma sœur Georgette et que je lui rapportais la recommandation qu'elle nous faisait, les derniers temps, de ne jamais ajouter au mal dans le monde, il dit: «Elle avait bien compris le message chrétien, qui devrait être la règle de conduite de tout être qui se veut conscient.»

J'osai alors insinuer:

— Mais... pour un prêtre, n'y a-t-il pas de mal à coucher avec une femme?

— Avec n'importe laquelle et juste pour la jouissance, peut-être. Encore qu'il ne faille pas juger.

— Alors... vous?

— Ne vous l'ai-je pas indiqué la première fois? Je ne me serais pas retrouvé chez vous si vous n'étiez écrivain. Vous savez, un créateur ne l'est pas qu'à sa table de travail.

— Vous voulez dire?...

— Le noyau d'être qu'il développe en créant l'accompagne ensuite partout.

— Et vous avez vu ça tout de suite en moi! répliquai-je, dubitative.

Il me prit les mains, me regarda gravement et prononça:

— Si la bouche parle de l'abondance du cœur, que dire des yeux...

Un sanglot me monta de la poitrine et j'avais peine à respirer.

— Petite fille sensible..., me chuchota-t-il.

Cela me fit sourire un peu et c'est une légère gaieté qui nous sauva du mélo. Gaieté qui se transmua en une joie grave qui nous habita jusqu'à son départ et me soutint durant les longs mois qui s'écouleraient avant qu'il me redonne de ses nouvelles.

Est-ce la vision qu'il avait de moi comme créatrice qui modifia ma façon d'écrire? Elle s'intériorisait et le dialogue où se rejoignaient mes personnages reflétait une expérience antérieure, jusque-là restée pour chacun d'eux sans réelle résonance. Par l'écriture de mon roman — Le Rendez-vous de Samarcande — m'apparaissait le parallèle qui existe entre le réel à vivre et sa projection dans la conscience. Comme je m'étais toujours sentie incapable de réfléchir à froid, les mots écrits m'étaient nécessaires pour ne pas m'enliser dans une routine où la pensée flotte au gré des événements.

Auparavant, on aurait dit que chaque fois qu'un nouvel amour m'ouvrait les bras, ma lucidité en était oblitérée. À la lumière de ma grande passion impossible à vivre assidûment, je me rendais compte que la recherche frénétique d'un partenaire sensuel, au fil des ans, s'était faite au détriment d'une part subtile de mon identité. J'avais à trouver quel était ce noyau d'être dont il avait parlé, qu'à la fois mes relations avec les hommes avaient enrichi mais que, d'autre part, trop de souffrance risquait de dessécher.

Mon attente de ses visites était toutefois moins fébrile. C'est en coup de vent qu'il arrivait, me consacrant deux ou trois petites heures. Si j'en jouissais sur le moment, je n'en sentais pas moins la morsure d'un certain abaissement devant l'unique facette à laquelle il s'adressait en moi. Je n'en étais toutefois pas désespérée: en me quittant, il s'excusait de la hâte qui lui était imposée par son état de vie. Son regret m'apparaissait si sincère que c'est moi qui, devant l'hésitation qu'il manifestait à tout coup, le remettais pour ainsi dire sur le droit chemin. Je devais me féliciter de mon geste désintéressé, car tout en restant présente à mon esprit, son image cessa peu à peu d'alimenter des regrets stériles.

Et lorsqu'un jour de l'automne suivant il put me consacrer toute une soirée, une nuit et un matin, l'harmonie, entre nous, était au rendez-vous. La flamme de la volupté brûlait toujours, mais tout se passait comme si, à mon tour, je la considérais comme un cadeau, précieux certes, mais non indispensable à la forme d'amour que les circonstances nous donnaient à vivre. C'est surtout dans les intermèdes séparant deux montées d'ivresse que l'entente se manifestait à l'exacte profondeur où se situe l'état de solitude qui était notre lot à tous deux.

«Dans le fond, on se ressemble, me dit-il. Autonomes tous les deux, créateurs chacun à notre façon, nous avons besoin de la solitude. À la condition qu'elle soit féconde.»

Je buvais ses paroles qui avaient un juste écho en moi. Car il était vrai que même si j'avais été mariée, j'avais toujours travaillé dans le sens de mon autonomie, et que la solitude, de douloureuse et négative qu'elle avait été, s'était,

218

au fil des années, transformée en lieu de travail sur moi-même par l'écriture.

Il poursuivait:

— L'individualisme n'est pas nécessairement repliement sur soi. Il le devient si on ne revendique que des droits et qu'on écarte nos devoirs envers les autres. Je sais que l'idée de service n'est plus à la mode. C'est quand même là que le solitaire peut éviter l'égocentrisme.

Puis, un peu gaminement:

— M'appellerez-vous toujours un vieux garçon égoïste?

— J'aurais trop peur que vous me retourniez le reproche! répondis-je sur le même ton.

En cet automne de 1979, je décidai de prendre une année sabbatique et j'obtins une bourse pour écrire mon roman. Mon congé me donnerait le loisir de m'occuper un peu de mes nièces, les filles de Georgette, qui avaient maintenant dix-neuf, vingt-deux et vingt-trois ans. Dès leurs dix-huit ans atteints, elles avaient chacune quitté l'oncle ou la tante à qui leur mère les avait confiées. La deuxième, Louise, s'était mariée l'année précédente. Sylvie et Hélène allaient devenir pour moi de jeunes amies dont j'aimais bien me faire accompagner au restaurant, au cinéma ou au concert. Elles semblaient m'accepter, dans la mesure où je prétendais pas me substituer à leur mère. La solitude qu'elles connaissaient déjà m'attristait et je me rendis compte que ce n'était pas uniquement leur statut d'orphelines qui en était la cause. Plusieurs autres jeunes qui avaient quitté leur famille dès leur majorité pour s'en libérer vivaient dans un isolement qui me désolait. Vivre seul si jeune... Et pour combien d'années? Heureusement pour mes nièces, elles en sortiraient quelques années plus tard en rencontrant enfin, après bien des déceptions, chacune l'homme qui comblerait leurs attentes.

Mon absence temporaire de Radio-Canada me permettrait en outre de travailler au référendum qui s'annonçait pour le printemps. Déjà, en 1977, la fierté nous avait soulevés, dans ma famille, lors de la promulgation de la Charte de la langue française. C'est là qu'on aurait aimé qu'un référendum sur notre souveraineté vienne sceller l'affirmation nationale qui avait éclaté avec l'élection, l'année précédente, du Parti québécois. Mais mieux vaut tard que jamais! nous disions-nous. Hélas, la formulation de la question référendaire allait tellement nous décevoir que nous nous mîmes à douter du résultat. Et je me demande, pour ma part, si mon ardeur à me jeter dans l'action, en mars, avril et mai, n'eut pas pour origine un besoin de me cacher la faiblesse du mandat qu'il était proposé à notre peuple de sanctionner. Je pensais «souveraineté» tout en essayant humblement de convaincre du peu de danger qu'il y avait à répondre OUI à une question aussi diluée.

J'avais été stimulée, en mars, par un affront où ma dignité personnelle avait été lourdement bafouée. J'ai conservé l'objet du litige: un certificat d'inscription pour une élection scolaire de la Commission des écoles catholiques de Montréal. Ce sont deux recenseurs unilingues anglais qui s'étaient présentés chez moi et voici comment ils avaient dénaturé mon identité: VAUDRY Margaret; occupation: *writer*. Le tout daté de *March 8*. Je me plaignis à la Commission de surveillance de la langue française, qui me promit fermement de faire enquête. J'écrivis une lettre ouverte aux journaux dont j'envoyai copie à M. Camille Laurin. Je reçus une réponse chaleureuse signée par son attaché politique. Aussi est-ce avec fougue que je répondis à l'appel lancé par M. René Lévesque de former un de ces groupes restreints qui sillonneront le Québec sous le vocable de Regroupement national pour le OUI. En mémoire de mon père et de ma mère qui nous avaient élevés dans la fierté de notre langue et de nos origines, en souvenir aussi de Georgette, morte avant la flambée éblouissante de novembre 1976, je me mis en frais de regrouper... les Beaudry pour le OUI. C'était bien minime sans doute et naïf, mais pour moi qui étais peu portée à l'action concrète, mon engagement avait surtout valeur de symbole. Je n'en travaillais pas moins avec énergie: me servant de l'annuaire téléphonique, je passais mes journées et mes soirées au téléphone, essayant de rejoindre tous les porteurs de notre patronyme dans la région de Montréal, afin de les convaincre d'user de leur droit de vote pour affirmer leur appartenance au premier peuple fondateur de notre pays. Ce pays «au fleuve géant» que la «perte des montagnes Rocheuses» ne pouvait que laisser froid!

Je crois bien avoir réussi à rallier quelques indécis, sinon à faire changer d'avis les butés du NON. Et le 8 mai, dans une salle du district de Westmount, j'eus la joie, avec mes frères et sœurs et quelques-uns de mes amis, de voir réunis plusieurs de ceux que j'avais ainsi rejoints, pour une fête présidée par le «père de la loi 101» lui-même qui remettait à quelques initiateurs de regroupements pour le OUI les fameux certificats signés par M. Lévesque. J'ai longtemps eu le mien épinglé au mur de mon bureau et je le conserve maintenant dans mon classeur, dans un dossier libellé «OUI — Mai 1980».

Je ne m'étendrai pas ici sur la profonde douleur qui nous étreignit le soir du 20 mai. Notre famille était une nouvelle fois endeuillée. Et nous regrettions moins que nos parents ne soient plus de ce monde: pour partager notre peine et notre humiliation?

Il me téléphona et sut, une nouvelle fois, tempérer la réalité pour la rendre acceptable: «La langue, plus importante que le pays... Personne ne peut nous l'enlever... que nous-mêmes par notre relâchement.» Et il m'incita à relire, citée par Pierre Jakez Hélias dans *Le Cheval d'orgueil,* une déclaration signée Romano Guardini: «Le langage qu'un homme parle est un monde dans lequel il vit et agit; il lui appartient plus profondément, plus essentiellement que la terre et les choses qu'il nomme son pays.»

Pour fuir un pays plus que jamais «sans bon sens», je me tournai vers la France, bien qu'un souvenir assez pénible en resurgît dans ma mémoire: quelques années plus tôt, durant les trois jours qui avaient précédé notre randonnée en

Provence, Georgette et moi avions failli faire le circuit des châteaux de la Loire... en anglais! En effet, le guide se préoccupait peu de la dizaine de touristes de langue française qui se partageaient son car avec des Allemands et des Américains: il se contentait de résumer brièvement dans notre langue les longs commentaires qu'il faisait en allemand et en anglais. Comme Georgette et moi nous en plaignions, nous faisant les porte-parole des autres francophones, il avait rétorqué, sachant d'où nous venions: «Vous pourriez traduire pour eux! N'êtes-vous pas bilingues?» Il n'aurait plus manqué que ça: visiter les châteaux de France, nous descendantes de Français, dans la langue qui n'a toujours été pour nous qu'une langue de traduction, justement, l'antifrançais par excellence! Nous avions usé d'une fermeté qui lui avait cloué le bec pour exiger qu'il nous accorde autant d'attention qu'aux autres touristes, au nom même de la proverbiale hospitalité française.

C'est dans l'ensoleillée Provence que je choisis, en cet été 1980, d'aller me ressourcer. J'acceptai l'invitation de Nicole, une amie française établie au Québec depuis plusieurs années, qui me proposait de m'installer avec elle durant deux mois dans une maison qu'elle possédait à Puyméras, minuscule hameau situé à cinq kilomètres de Vaison. Ses enfants viendraient nous rejoindre plus tard.

Si j'emportais avec moi mes deux blessures, du moins mon instinct de survie y trouva-t-il un nouveau réservoir d'énergie. Aller tous les matins chercher pain et croissants à deux portes de chez nous, auprès de la boulangère qui était friande de connaissances sur notre pays. Nous rendre sur la petite place où une fois par semaine s'installait un marché itinérant et y entendre, amalgamée au français, la langue de Mistral. Nous mêler aux cueilleurs de feuilles de tilleul et en rapporter de pleins paniers que nous mettions à sécher dans le grenier. Nous infiltrer dans une noce sur la place de la vieille église au clocher à claire-voie. Nous aérer au sommet du mont Ventoux qui surplombe toute la région du Rhône et le plateau de Vaucluse. Nous rendre trois fois par semaine à Vaison, pour nous imprégner de son histoire romaine avec son portique de Pompée, avec les statues de son musée dont celle de l'empereur Hadrien, avec son théâtre romain où nous avons assisté à non moins d'une douzaine de spectacles au cours de l'été: ballet, théâtre, rassemblement des Choralies internationales.

Dans ma mémoire, un concert se détache des autres comme un rêve évanescent: une «Nuit musicale» à Châteauneuf-du-Pape, qui eut lieu dans un ancien cellier voûté où chaque banc était flanqué d'un flambeau allumé. Kurt Redel dirigeait l'Orchestre Pro Arte de Munich dans un programme consacré à Mozart. Le fils de Nicole, âgé de neuf ou dix ans à l'époque, était assis à ma droite et je le sentais qui communiait à la musique dans une immobilité absolue.

Nous visitâmes plusieurs sites de la région, riches en histoire et en beautés naturelles. Des images bien vivantes se lèvent en moi à l'évocation de chacun d'eux où le soleil tout-puissant faisait ressortir l'or des revêtements de pierre au couchant, l'argent des feuilles de l'olivier en plein midi, l'arc-en-ciel des champs piquetés de fleurs où l'odorat se mêlait à l'œil pour une fête des sens que couronnait le chant omniprésent de la cigale qui se confond presque, dans mon souvenir, avec le doux accent des Provençaux. La vie, dans ces conditions, ne pouvait que venir à bout de son contraire.

«Ainsi, vous nous quittez... Mais c'est que je vais me languir, moi!» J'entends encore l'accent de cette vieille femme, la journée de mon départ, et je la revois, assise sur le banc de pierre qui jouxtait la fontaine de la place où souvent j'allais m'installer, un livre à la main, et où elle venait me rejoindre. En me disant si chaleureusement sa peine de me voir partir, elle me fixa d'un regard d'une telle nostalgie que j'en fus abasourdie: ses yeux me rappelaient ceux, pleins d'un affectueux reproche, de ma mère au temps de ma rupture avec Georgette...

Cependant, n'est-ce pas rétrospectivement que j'y vois une ressemblance? À cause d'une autre rupture qui se préparait?

Si je quittais Puyméras, je resterais toutefois en Provence pour une autre semaine avant de revenir au pays. Les parents de mon «Français d'Algérie» habitaient un village situé entre Nîmes et Avignon, et Albert y passait ses vacances cet été-là. Tout au cours du mois de juillet, il m'avait téléphoné à plusieurs reprises pour m'inviter à m'installer chez lui pour le reste de mon séjour en France.

Avais-je le pressentiment qu'avec mon départ de Puyméras s'envolerait ma paix intérieure? Je remettais sans cesse à plus tard. Par ailleurs, Nicole m'incitait à rester jusqu'à l'arrivée de son père et de sa mère qu'elle voulait que je connaisse. N'eût été l'entassement où l'on se serait retrouvés, j'aurais d'autant plus hésité à partir que ceux-ci m'adoptèrent d'emblée. Pendant les trois jours que je passai avec eux, nous partions après le petit déjeuner et nous parcourions les champs dont ils me nommaient les herbes sauvages. Et ils m'interrogeaient sur les grands espaces et les saisons extrêmes de mon pays dont ils voulurent connaître la nature de nos récentes revendications. Je tempérais mes réponses, surtout que leur fille avait été une tenante du NON, avec toutefois un grand respect pour mon option.

Il en était de même d'Albert, qui avait eu la décence de ne pas se réjouir devant moi de notre défaite. Mais qu'est-ce donc qui le poussa à sortir de sa réserve et, dès la première heure de mon séjour chez lui, à durcir sa position? Encore aujourd'hui, sept ans plus tard, cela reste en partie un mystère.

C'était le jour de mon arrivée. Autour de la table familiale, il y avait la mère d'Albert, sa sœur et son mari et leurs enfants, ainsi que l'un de ses frères; outre moi-même et Nicole qui était venue me reconduire et qui repartirait tout de suite après le repas. Tout se passa harmonieusement jusqu'à ce qu'il me demande si j'avais profité de mes vacances pour écrire. Je commençai par mentionner que tous les matins je partais seule dans les champs et que j'y travaillais à mon roman. Pourquoi ai-je ajouté que j'avais aussi tâté de la poésie dès le train qui nous avait amenées, Nicole et moi, de Paris à Marseille? On ne se méfie pas assez de la spontanéité: une vérité trop crue est souvent dure à avaler.

— Des poèmes, toi? me dit-il, surpris.

Et Nicole de m'appuyer:

— C'est très bon; scandé par le mouvement du train.

— C'est plus des chansons que des poèmes, précisai-je.

— De quoi est-ce que ça traite? insistait-il.

J'y parlais de mon pays et de ses gens. De notre fleuve à perte de mer. De notre hymne en forme de gigue. De notre langue en fleur de lys. D'exister en toute légalité. De notre identité à nommer tout franc. Mais je répondis simplement: «De mon pays!» Ai-je mis dans ma réponse trop de nostalgique passion? Sa réaction fut vive, à ce point qu'un silence réprobateur se fit autour de la table. Si je ne me souviens pas textuellement de sa réplique acerbe, c'est sans doute à cause de cette fichue aura qui fige ma perception d'un moment trop intense à vivre. Mais ce qui ne s'effacera jamais fut son ton péremptoire, sa mauvaise foi, le procès d'intention qu'il me faisait. Car, après tout, il ne les avait pas sous les yeux, mes esquisses de poèmes, et je lui en avais dit si peu: mon pays... En fait, j'avais tout dit. Lui qui, au fil des ans, avait à ce point aimé Gilles Vigneault et Félix Leclerc qu'il emmenait ses étudiants à leurs concerts, voilà justement qu'il me disait:

— Tu te prends pour Vigneault! Profiter du courant nationaliste...

Là, c'était trop fort! Je le coupai:

— Mais tu n'y es pas du tout! C'est l'inspiration, tout simplement. Peut-être parce que j'étais loin de chez moi, dans un pays où je reconnaissais la même langue...

— Tais-toi! Je ne permets pas qu'on discute d'un tel sujet à ma table. J'ai vécu l'Algérie. Il n'y a pas de quoi en faire des chansons...

J'étais au bord des larmes. De chagrin, d'humiliation. Des yeux, j'appelais Nicole à l'aide. J'aurais voulu repartir avec elle. Ne pas rester une minute de plus dans cette maison inhospitalière. Belle façon qu'avait de m'accueillir dans sa famille celui dont j'avais autrefois facilité l'insertion dans la mienne et dans mon cercle d'amis.

Ce qui me faisait le plus souffrir, c'était d'être soupçonnée d'opportunisme par celui que j'avais cru mon meilleur ami, ainsi que j'allais le confier quelques heures plus tard à mon journal. Car il m'avait bien fallu m'installer dans le petit pavillon qu'il me destinait. Je m'étais toutefois renseignée sur la possibilité de loger à l'hôtel, à Vaison. Mais à cause des Choralies internationales, tout était complet.

Combien j'aurais voulu me retrouver chez moi! J'étais sans port d'attache. Comme un oiseau sur une branche. La paranoïa se montra le bout du nez: toute sa famille m'en voulait sans doute, ne serait-ce que par solidarité avec lui. Il m'avait souvent parlé de son beau-père qui vivait la plupart du temps à Arles, et m'avait dit avoir hâte de me le présenter: cela ne se fera pas. Les huit jours que je passai sous son toit furent les plus angoissants de toute mon existence. Je partais seule par la grand-rue du village où j'allais me ravitailler. Sans jamais parler à personne, en me faisant reluquer par tout le monde. Il venait bien me voir matin et soir et m'inviter parfois à partager leur repas et je puis dire qu'il mettait toute sa bonne volonté à me faire oublier l'incident qui avait rompu des années d'harmonie entre nous. Il me demanda même de lui montrer les fameux poèmes. Ce que je fis. Il eut ce commentaire étonné: «Mais... ce n'est pas du tout violent. Pas revendicateur.» Eh oui, monsieur! Si on attendait de voir avant de juger! Mais je me tus. On aurait dit que ma voix s'était cassée.

Il m'emmena toutefois au Festival d'Avignon où nous vîmes une pièce triste durant laquelle mes larmes ne cessèrent de couler. Le monde m'apparaissait désespérément perdu, sans possibilité de rachat. Tout n'était que conflits, guerres, terreur, tortures. À l'image des hommes et des femmes qui peuplent notre navrant navire en perdition.

À mon retour à Montréal, mon quatre-pièces de la rue Ridgewood me parut un nid bien douillet. Un abri sûr contre l'hostilité qui pouvait surgir au moindre prétexte. Ma solitude? Je m'en moquais! Je commençais d'ailleurs à me demander comment j'avais pu m'en plaindre. «L'enfer des autres» m'était du moins épargné!

Le nom anglais de ma rue m'horripilait depuis longtemps. Je la rebaptisais intérieurement l'Orée-du-Bois. En la parcourant quotidiennement de haut en bas et de bas en haut, je reprenais contact avec ses méandres, ses montées, ses paliers et ses descentes, en laissant voguer mon imaginaire. Ce qui m'éloignait un peu de la triste réalité: mon pays qui avait raté son rendez-vous avec le destin; mon amour qui refusait de s'éteindre, bien qu'il ne fût alimenté par aucune visite depuis plus de six mois, et le jeune amant de mes quarante ans qui s'était conduit avec moi comme un étranger.

Et j'écrivais, inspirée par ma rue. Mon héroïne, à qui je donnais le nom d'Oréenne, était une sage qui habitait le sommet de cette rue que je faisais se terminer en une spirale qui se perdait dans les nuages. Dans cette allégorie de la vie et de la montée de la conscience, divers types humains se côtoyaient. Tout en bas: des corps qui n'aspiraient qu'à bronzer ou à se faire des muscles; des langues qui ne se servaient du langage que pour profaner la pensée. Au milieu: des pères et mères de famille qui essayaient de donner à leurs enfants plus qu'ils n'avaient eux-mêmes reçu; des jeunes hommes et des jeunes filles qui ouvraient les yeux sur le monde et apprenaient le silence en prêtant l'oreille aux oiseaux et en s'adonnant à la lecture. Plus haut: quelques artistes en herbe qui tentaient de transcrire en couleurs, en formes ou en sons la beauté et les impressions qu'ils en retiraient. Dans le dernier tournant: des scientifiques, linguistes, écrivains, artistes, musiciens, philosophes, prêtres, qui contemplaient le sommet, y aspirant sans en connaître la nature exacte. Le musicien imaginait, dans le Saint des Saints, un piano d'une sonorité inouïe. Le peintre, l'essence même du sourire de la *Joconde*. La physicienne, la formule mathématique d'une anti-arme pour la paix. Le prêtre-linguiste, le Verbe en personne. Le biologiste, le secret de la double hélice de l'ADN dont la rue elle-même lui semblait une représentation symbolique. Et leur recherche à tous et à toutes devenait en elle-même leur raison d'exister.

Comme je rédigeais en même temps *Le Rendez-vous de Samarcande,* l'écriture de mon allégorie se mit à déteindre sur mon personnage de Catherine. Je lui prêtai une aspiration pour l'écriture qui se concrétisait par l'esquisse d'une nouvelle à caractère utopique. Il s'agissait, bien sûr, de

L'Orée-du-Bois, dont des éléments se retrouvent dans mon roman. Aussi ce dernier est-il sans doute le plus autobiographique de tous ceux que j'ai à ce jour publiés. Non pas par l'anecdote qui supporte le récit, mais bien par la tentative de mes personnages de briser la barrière entre les êtres et de s'élever ainsi dans l'échelle de la conscience, sans risquer de se replier sur eux-mêmes.

En septembre, je décidai de quitter la ville pour quelques jours et d'aller voir le fleuve de plus près. Je me retrouvai à Métis où je séjournai une semaine. J'y fis des rencontres intéressantes dont la moindre ne fut pas celle de la fille des propriétaires de l'auberge. C'est elle qui me parla de la méditation transcendantale, qu'elle venait de découvrir et à laquelle elle vouera par la suite un véritable culte. Pour ma part, tout ce à quoi je tendais, c'était de me délivrer de mon obsession amoureuse. De renouveler mon équilibre intérieur. De me reprendre en main afin de me sauver du désespoir.

À la table le soir, je côtoyais un couple dans la cinquantaine qui, depuis des années, installait sa roulotte à deux pas de la plage. Ils m'inspireront les personnages de la sœur et du beau-frère de Jérôme, le solitaire que rencontrera Catherine à Métis. Cet homme assez énigmatique au passé chargé, nul ne m'en servit réellement de modèle. Je l'ai façonné à même mes souvenirs et mon imagination, amalgamant des fragments du physique et du caractère de Laurent, y ajoutant le mystère: le côté secret de mon «curé». Il ne s'était en effet jamais expliqué sur la nature, les causes, le résultat de sa relation avec moi. Quelle place notre aventure a-t-elle tenue dans sa vie? À quel point le prêtre en a-t-il été affecté? N'aurai-je été pour lui qu'une expérience parmi d'autres d'une tentative de libération de la férule d'une Église trop sévère? Qu'un essai avorté de relation intime avec une femme, en vue de savoir si le mariage des prêtres est compatible avec le sacerdoce? Mon obsession prenait toutes les formes de la hantise contre laquelle je luttais en vain, ma mémoire trop fidèle s'alliant à mon imaginaire jamais en mal d'invention.

228

Il revint. Une dernière fois et je le sus d'emblée: l'attente était pour moi à jamais finie, et son démon à lui, enfin assagi.

Pourtant, lorsqu'il entra, son regard avait l'intensité qui préside à l'intimité. Mais le mien, à mon insu, répondit mal à son attente. Je ne le désirais pas... Pour la première fois depuis les quatre années où il avait occupé une si brûlante place à l'intérieur de mon cerveau et de mes sens, je n'attendais plus rien de lui. Il ne me disait plus rien en tant qu'amant. Une timidité nouvelle m'habitait face à lui. Une réticence. Un refus sensuel. Un retrait de tout l'être.

Il ne fut pas long à comprendre. Moins lucide, j'aurais même pu croire qu'il était venu expressément pour rompre. C'est plutôt l'idée même de rupture qui avait mûri de part et d'autre. L'inévitable décision à prendre nous dictait notre comportement.

— Sans doute ai-je à me retirer pour que vous viviez pleinement, commença-t-il avec douceur.

J'étais silencieuse. Il poursuivait:

— Lorsqu'on s'est connus, un monde immense vous habitait déjà qui ne demandait qu'à naître.

Ce raccourci dans l'analyse me surprenait et je ne sais trop si j'y acquiesçais. L'esprit en alerte, je le regardais sans dire un mot. Sa parole semblait découler d'une longue réflexion.

— Vous venez de gagner le combat de votre ambivalence.

— Comment cela? demandai-je, sur mes gardes.

— Votre vérité profonde, votre individualisme créateur, avait à tenir compte de votre grande sensualité. Aussi la solitude vous est-elle toujours apparue comme un intermède douloureux entre deux amours à vivre. Quand elle était votre signature même.

— La passion aussi me colle à la peau! me récriai-je. Je m'identifie à elle autant, sinon plus, qu'à la solitude, que je subis plutôt. Du moins l'amour m'apporte-t-il la joie!

— Mais lorsqu'il n'est plus que déchirure...

— Est-ce ma faute si notre relation était impossible? demandai-je, agressive.

— Sans doute pas. Mais ce n'est pas un hasard si vous vous y êtes donnée malgré sa pierre d'achoppement.

— Mais c'est que j'espérais que vous cessiez un jour de jouer sur les deux tableaux! lui lançai-je crûment.

Il passa outre à ce qui eût pu paraître insultant et répondit par une question non moins directe:

— Auriez-vous vraiment continué à m'aimer si j'avais défroqué? Souvenez-vous du «C'est *parce que* tu es mon frère que je t'aime tant...» de votre adolescente de *Debout dans le soleil*.

Nous laissâmes un moment le silence jouer son rôle sur l'inconscient et générer la télépathie.

— Mais vous... M'expliquerez-vous? demandai-je sans plus préciser.

Il dit, grave:

— J'ai succombé, à votre contact, à la tentation du détour ensoleillé. Aussi devais-je, tôt ou tard, regagner l'horizon qui est le mien. J'ai compris que mon point faible se confond avec le sacrifice que je dois en faire. Pencher du côté de l'âme...

Il se leva pour partir, me prit aux épaules, m'embrassa à la commissure des lèvres puis me regarda: d'abord en surface comme s'il s'était miré dans mes yeux; s'y aventura ensuite et y atteignit le juste point qu'il cherchait et dont il avait voulu s'assurer une dernière fois. Alors, de mes doigts, je lui fermai les yeux, et il fit de même des miens, sans qu'une parole d'adieu vînt nous distraire de notre communion.

Sans doute, dans ma famille, tenons-nous de nos parents et de l'éducation que nous en avons reçue une grande énergie vitale: aucun, aucune de nous n'a jamais eu — touchons du bois! — à faire appel à la psychanalyse ou à quelque autre forme de thérapie du comportement. Nous retombons toujours sur nos pieds après des épreuves souvent dures. La cohésion familiale laisse continuellement ouvert le dialogue entre nous, et nous ne nous en privons pas! Aussi ne manquai-je pas de me confier à Marcelle, qui sut me prêter une oreille chaleureuse mais sans complaisance.

230

Dans ce cas, pourquoi ai-je eu besoin d'avoir recours à la méditation transcendantale? Un jour viendrait où l'écriture jouerait le rôle d'unificatrice de mes contradictions. Mais pour l'instant, les regrets m'étouffaient. J'avais à libérer mes sens du désir charnel que les souvenirs ranimaient. À bannir de mon imaginaire un certain climat romantique où aurait voulu se complaire ma douleur. En un mot: à chasser les scories de la passion pour n'en garder que le sursaut de vie qu'elle avait permis.

Ce n'est pas sans hésitation que je me rendis dans un centre de méditation où je m'inscrivis en évitant de laisser parler mon esprit critique. J'y venais uniquement pour apprendre une technique de détente que je mettrais en pratique dans la solitude de ma chambre, à raison de deux séances quotidiennes de vingt minutes chacune. J'y trouvai un certain silence intérieur, un apaisement de la pensée qui, par ricochet, augmenta mon pouvoir de concentration.

Ma nouvelle disponibilité psychique devait me servir pour la réécriture du *Rendez-vous de Samarcande*. La plume alerte, je transposais mes phantasmes avec plus de détachement, dépassant, je crois bien, l'analyse purement subjective des comportements de mes personnages. Ainsi, des impressions de déjà vu que je prête à Catherine, je fais plus qu'un simple déséquilibre nerveux consécutif au traumatisme crânien qu'elle a subi lors d'un accident. J'y joue avec le temps, dont mon personnage se demande s'il est aussi irréversible qu'on le croit. J'y explore divers phénomènes troublants tels les prémonitions, certains synchronismes inexpliqués, les réminiscences involontaires. Et je ne savais plus alors si ma réflexion précédait ou suivait le mouvement de ma plume. C'est peut-être surtout l'espèce d'état second où me plongeait l'écriture, plus que mes séances de méditation, qui a contribué à me guérir de ma passion dévastatrice.

Les livres aussi m'aidaient à me redonner la tranquillité d'esprit, sinon la joie. Car comment être pleinement serein quand on est conscient de la folie meurtrière du monde et de l'absence de réponse métaphysique à notre isolement sur notre planète? Du moins les questions nous restent-elles. Qui sait si ce n'est pas l'arrêt subit de leur va-et-vient incessant qui risquerait de nous mener sur la pente de l'abrutissement ou du désespoir suicidaire? Le «péché contre l'esprit» ne serait-il pas de se contenter d'accepter le dogme de l'existence de Dieu sans que la conscience participe à sa recherche? Reste que j'aurais bien aimé avoir auprès de moi un être cher avec qui m'interroger...

Étant encore en année sabbatique, je lisais beaucoup. De tout: aussi bien Romain Gary que Marguerite Yourcenar, Michel Tournier que Raymond Abellio, Marcel Pagnol que les *Ce que je crois* du père Bruckberger, de Jean Rostand, d'André Maurois, de René Huyghe.

Lorsque je retournai à Radio-Canada au printemps de 1981, je m'y sentis si dépaysée que je songeai à quitter définitivement mon emploi. Cependant, même si ma relation avec l'argent s'était épurée au fil des ans jusqu'à m'avoir permis de vivre durant un an et demi de ma seule bourse et de quelques économies, il me fallait bien gagner ma vie jusqu'à ce que l'âge me permît de profiter de mon fonds de retraite.

Entre-temps, je remis le manuscrit de mon roman à mon éditeur... qui le refusa. Il m'expliqua bien son refus mais sans me convaincre pour autant. Il jugeait que j'étais une bonne conteuse, ce que j'avais prouvé avec *Debout dans le soleil,* et que je faisais fausse route en complexifiant mes intrigues. Il me citait Colette comme modèle d'une écriture toute simple mais très efficace. Je lui répliquai que j'avais des choses graves à exprimer qui ne pouvaient l'être — c'est du moins ce que je pensais alors — que dans un cadre plus touffu. Toujours est-il que je présentai mon manuscrit à un autre éditeur, qui me le fit retravailler. Le livre sera publié l'automne suivant. Et une fois paru, mon premier éditeur — à qui je serai toujours reconnaissante d'avoir publié mon livre racontant la mort de ma sœur — me téléphona pour me féliciter de ma persévérance qui avait permis d'améliorer mon texte, mon roman recevant l'assentiment de plusieurs critiques.

232

L'un d'eux me combla. L'article commençait ainsi: «Sagement, lentement, M.B. est à construire une œuvre dont la discrétion même invite à une attention active. Les thèmes sont graves: la mort dans le premier roman, la passion dans le second. Mêmes thèmes dans son troisième roman, qu'enveloppe celui de la solitude, qui est au centre même du mystère humain. Ce roman est le plus dense et le plus achevé de M.B. Ses faiblesses ne procèdent pas d'un acquiescement de l'écrivain à la facilité; elles tiennent bien davantage d'un projet un peu trop ambitieux.»

Mais le témoignage qui me toucha le plus me vint de «lui», qui me téléphona. Il se réjouissait de l'accueil fait à mon roman où il avait vu une maîtrise de mon métier, affinée d'un livre à l'autre.

— Est-ce que je me trompe en y lisant une certaine nostalgie face à ce que nous avons vécu? me demanda-t-il à brûle-pourpoint.

— De la nostalgie, peut-être. De celle qu'on éprouve pour ce qui est définitivement révolu. Je me suis rendu compte en écrivant ce roman que ce qui s'est passé entre nous n'avait pu avoir lieu qu'à cette période de ma vie.

— Et sans doute de la mienne..., répondit-il.

Le silence, au téléphone, est impossible à maintenir plus que quelques secondes, le regard n'étant pas là pour suppléer à la parole. Aussi finit-il par ajouter:

— En ce temps-là, notre quête à tous deux se rejoignait. Nous avions besoin de part et d'autre du miroir de nos propres hésitations et de nos attentes face à la dimension spirituelle de la vie: ce que le croyant identifie avec Dieu, le don Juan avec la recherche éperdue de l'amour, l'assoiffé de justice avec son action sociale. Quant à l'artiste, il la côtoie dans ses créations. Une espèce d'absolu, qui met un peu d'âme dans nos actes.

Puis, voulant échapper à l'emphase qui menaçait, il se fit léger:

— Vous voyez, votre «curé» ne peut résister longtemps à la tentation de prêcher.

Et il rit doucement; des yeux, pouvais-je sentir.

Il ne m'appela plus jamais. Et je ne devais avoir des nouvelles de lui que de loin en loin par les amis qui me l'avaient présenté par un jour frileux de janvier. Tant d'années de fièvre: attirance sensuelle, dénégation d'amour. Absence aussi ardente que ses présences. Douleur plus forte même que les joies qui la causaient. Relation tempérée de ruptures à écorcher le cœur le plus solide. Aussi son départ définitif fut-il un baume plus qu'un irritant car je commençai à penser à lui au passé et non plus au conditionnel. La paix me revint, différente du vide affectif où je m'étiolais avant son irruption dans ma vie. Je serais dorénavant habitée. Par les résidus lumineux de l'intimité radieuse connue avec lui. «Être enfin arrivée», avais-je un jour souhaité. Certes, ce n'est qu'au dernier moment de la vie qu'on franchit le fil d'arrivée. Ce n'est pas que l'amour meurt plus tôt que le cœur qu'il fait battre. Mais le désir, de s'être nourri si richement, finit par irradier, plus que se focaliser sur ses propres exigences.

Je cessai de regarder les autres comme des proies pour ma solitude, et me mis plutôt à considérer ma solitude comme un moyen de rejoindre la leur. Cela ne se fit pas en un éclair. Et même: ce n'est que peu à peu que je me rendis compte d'un changement dans mes rapports avec mes amis, mes collègues, mes nouvelles connaissances, ma famille même. Surtout mes nièces, que je voyais de plus en plus régulièrement. Je ne voulais pas remplacer leur mère, mais plutôt devenir l'amie sûre que Georgette aurait été pour elles à mon âge. Elles canalisaient le courant de sympathie qui me fait aujourd'hui me tourner vers de jeunes amis et amies aussi bien que vers des gens plus âgés que moi, au-delà de tout désir de fusion. La paix des sens me fait découvrir les échanges désintéressés. Et n'est-ce pas à ma grande passion amoureuse que je dois cette épuration des sentiments qui nous est d'ailleurs imposée tôt ou tard?

Cependant, une certaine tristesse me venait de l'accueil mitigé que le grand public faisait au *Rendez-vous de Samarcande*. Sans compter qu'on m'avait, entre-temps, refusé deux manuscrits: *Multiples solitudes* et *Utopie pour la fin d'un millénaire*. Des centaines de pages où j'avais cru mettre «le meilleur de moi-même». Je me disais qu'on avait peut-être eu raison de me suggérer d'écrire des romans tout simples, au style plus dépouillé. Mais ma plume s'obstinait à me faire créer des personnages tourmentés par les grandes questions de l'existence, avec forcément un vocabulaire quelque peu complexe; peut-être influencé par celui de mon «curé»?

Aussi, lorsque le hasard me donna tout cuit un sujet plus léger, sautai-je sur l'occasion. J'avais besoin de secouer une mélancolie qui me venait face à ma carrière d'écrivain qui semblait stagner. J'avais vu à la télévision française un reportage sur un couple de voyants qui avaient donné des spectacles dans toute la France durant un quart de siècle. Intriguée, je fus attentive au déroulement des deux numéros qu'on nous présenta pour illustrer leur talent assez époustouflant. Tout à coup, eurêka! Je venais de déceler leur subterfuge... Que faire d'une telle découverte? Un roman!

Une intrigue se développa aussitôt en moi, presque à mon corps défendant. Mes amuseurs publics seraient des étrangers, ce qui ajouterait au mystère. Des Hongrois, car je me souvenais du drame qui les avait fait se réfugier ici en 1956-1957. Mes deux voyants, Marika et László, auraient pour noms de scène Kiwi et Kawa, pseudonymes qui m'étaient inspirés par le jeu de *scrabble* dont je raffole et auquel s'adonnent mes personnages. Je leur ferais entreprendre une tournée dans le Bas-du-Fleuve que je rêvais de décrire.

Toute cette intrigue m'était venue en quelques heures et même un titre, *Voyance et passion,* que j'ai toujours préféré à celui sous lequel il paraîtra deux ans plus tard: *Les yeux ne sont pas faits que pour pleurer.* Dans les jours qui suivirent, je luttai pour me débarrasser l'esprit de ces personnages qui m'assaillaient avec leur histoire abracadabrante. Et c'est bien pour essayer de m'en défaire que j'entrepris l'écriture de ce roman à caractère policier. D'autant plus qu'il me distrayait de ma passion, qui prenait enfin du recul: ce n'est plus à «lui» qu'allait ma première pensée à mon réveil, mais bien à Kiwi et Kawa.

J'en oubliais aussi la grisaille de mes journées à Radio-Canada qui me pesaient de plus en plus. Allais-je encore bien longtemps «perdre ma vie à devoir la gagner»? Tous les matins je devais m'arracher à ma table d'écriture pour aller «faire mon temps» au bureau. J'avais peu à peu cédé mes fonctions à mon assistant et on me propulsa au poste de superviseur de la langue écrite aux communications. Le travail ne me faisait pas peur, et je m'y lançais à fond de train plutôt que de bayer aux corneilles. Si encore j'avais pu écrire mon roman au bureau... Mais je n'ai jamais réussi à le faire à l'extérieur de chez moi.

L'été de 1984 arriva et je décidai d'aller passer mes vacances dans Charlevoix et la Baie-des-Chaleurs, en compagnie de Sylvie, l'aînée des filles de Georgette. Je ferais d'une pierre deux coups: je reverrais «mon» fleuve dans ses plus belles régions et je m'en imprégnerais pour mieux le décrire dans mon roman-mystère que j'avais beaucoup de joie à écrire.

Le soleil brilla toute la première quinzaine de juillet, faisant ressortir les beautés naturelles et amenant le sourire sur les visages. Comme toujours lorsque je vais dans la région de Québec, mon enfance refit surface. Je n'avais plus cinquante-huit ans et ce n'était pas avec ma nièce Sylvie que j'étais: l'émerveillement du passé m'habitait et j'avais l'impression de me trouver avec l'une des «trois petites». À tout bout de champ je me trompais et appelais ma nièce Georgette, ce qui l'agaçait bien un peu. Et sans doute réagissais-je à tout ce que nous voyions avec encore plus d'esprit de découverte qu'elle ne le faisait, elle qui vivait dans le présent de ses vingt-huit ans.

Aussi mon roman ne sera-t-il pas uniquement réaliste: il fera amplement appel à la mémoire et à l'imaginaire. Je m'identifierai tour à tour à ma voyante, profondément marquée par son passé d'enfant réfugiée; à son mari, un être jaloux et instable; à un autre Hongrois, un ex-jongleur menacé de cécité et qui voue une passion dévorante à la voyante. Ces trois personnages recélaient en quelque sorte les facettes les plus tourmentées de ma propre identité. Quant à mon côté solaire, je le déversais surtout en Bénédicte qui, sous sa fantaisie et sa spontanéité, cache une force vitale doublée d'une certaine fragilité qu'un amour malheureux, antérieur à l'action, a failli démolir... Pour ce qui est de Bernard mon journaliste, avec qui d'ailleurs Bénédicte joue un peu «à la sœur et au frère», il me permettait de déployer un certain esprit logique, un peu naïf et terre-à-terre qui, parfois, me sert de façade dans mes premiers contacts. Je me délectais dans ces multiples strates psychologiques qui, en réalité, étaient toutes issues de moi. Pourrait-il d'ailleurs en être autrement, puisque c'est l'auteur qui tisse les fils de son intrigue romanesque et que, ainsi qu'il arrive dans les rêves, tous les acteurs sont nés de sa propre expérience du réel.

À mon retour de voyage, je me mis si intensément à l'écriture que je me demandai comment, mes vacances terminées, je pourrais m'y arracher. Je ne savais pas encore que ma décision de «devenir écrivain à plein temps» n'attendait plus qu'une étincelle pour se matérialiser.

Cela eut lieu dans la semaine même de mon retour au travail. La réorganisation des services des communications datait de janvier et je ne m'y étais pas adaptée, par perte d'intérêt sans doute mais aussi parce que le magazine n'y occupait plus qu'une place marginale. Il cessera d'ailleurs de paraître trois mois après mon départ précipité.

Mais il y avait plus grave: nos patrons étaient devenus des gestionnaires pour qui les cotes d'écoute primaient tout. J'avais déjà dû prendre la défense de l'un des rédacteurs, homme cultivé qui se nourrissait à Montaigne plus qu'aux best-sellers et à qui on enlevait la chronique qu'il tenait toutes les semaines sur l'émission *Rencontres* dont il savait parler en humaniste qu'il était. Eh bien, parce que cette série n'avait pas une très forte popularité — il faut voir la place qu'on lui donnait à l'horaire! —, il en était réduit à ne rédiger qu'un mini-texte, une espèce de légende de photo. Deux autres des rédacteurs avaient également des lettres; et on songeait à leur confier la tâche de tenir à jour les biographies d'auteurs et de comédiens! Quand on pense que le service avait déjà été dirigé par un Robert Élie; que les rédacteurs avaient alors comme noms Monique Bosco, Michel Chalvin, Jean Tétreau, Jacques Dupire et tant d'autres pour qui la culture avait encore un sens... Maintenant, on donnait priorité aux sports, aux variétés et aux jeux-questionnaires. On finissait par publiciser à peu près uniquement des émissions qui n'avaient guère besoin de notre coup de pouce pour se faire connaître. De toute façon, la programmation elle-même se dirigeait vers l'insipidité.

Un matin, donc, du mois d'août, la rédaction était convoquée à une réunion de production. Premier choc: du vin mousseux nous attendait pour accompagner jus d'orange et croissants! Je vis là une façon si grossière de gagner notre collaboration que je me figeai dans une attitude de refus. De ma place à la longue table de travail, je contemplais par-delà la fenêtre le fleuve et le parcourais pensivement jusqu'à son estuaire. À un moment, une voix intérieure se demanda très clairement: «Qu'est-ce que je fais ici?» Je me sentis tout à coup comme un élément totalement déplacé parmi mes collègues à qui on voulait insuffler de nouvelles approches à donner à la publicité des émissions. C'est peu de dire que je ne participais pas à la discussion: pas un traître mot n'arrivait jusqu'à moi sans me faire bondir intérieurement ou m'amener un sourire qui frisait le mépris. Un poisson emprisonné dans une nasse et qui vient seulement de s'en rendre compte: voilà comment je me percevais. La petite voix revint un quart d'heure plus tard; cette fois, je compris qu'elle ne se demandait pas seulement ce que je faisais là à cet instant précis, mais bien: qu'est-ce que je fais à Radio-Canada, après de si nombreuses années? Elle allait m'interpeller encore plus fortement quelques heures plus tard.

J'allai déjeuner avec un collègue avec qui j'avais en commun un amour immodéré pour la lecture. Il m'a d'ailleurs, au cours des ans, conseillé plusieurs auteurs, dont Abellio, Raymond Ruyer, Mircea Eliade. Après avoir parlé de livres, nous avons commenté la réunion qui venait d'avoir lieu. «La carotte et le bâton», se contenta-t-il de diagnostiquer, faisant référence au «champagne» dans lequel on avait tenté de diluer des directives qu'on nous imposait en ayant l'air de les soumettre à notre approbation. Je lui dis mon désir de quitter ce panier de crabes qu'était devenu le service, du moins à mes yeux.

À mon retour au bureau, je me tenais debout devant la haute et large fenêtre qui me donnait à voir «mon» fleuve synonyme de liberté. Un rédacteur entra pour me remettre un texte. Il allait repartir, ne voulant pas me déranger dans ma rêverie, lorsque ma voix intérieure s'extériorisa malgré moi: «Mais qu'est-ce que je fais ici?» Il me regarda, interdit. Je déclarai: «Je quitte! C'est décidé. Je n'ai plus rien à faire ici.» Et ajoutai: «Je devrais bien pouvoir vivre de ma retraite: presque vingt-quatre ans de service... C'est clair: je pars!»

Je m'empressai de téléphoner à ma sœur Fernande qui ne fut pas du tout surprise de ma décision: «Je m'y attendais depuis ton année sabbatique...», dit-elle simplement. Elle fit pour moi le bilan des diverses sources de revenus qui m'attendaient et m'assura que je pourrais très bien en vivre.

Aussitôt eus-je raccroché le téléphone que je me précipitai vers le bureau du directeur du service: il n'y était pas mais sa secrétaire m'inscrivit pour la première heure le lendemain matin.

La nouvelle de mon départ imminent se répandit comme une traînée de poudre. Quelques-uns de mes collègues ne savaient pas trop s'ils devaient me plaindre, mais la plupart me félicitaient de la rapidité de ma décision. On me rappela toutefois que «la nuit portant conseil», je ne devrais rien ébruiter avant le lendemain.

La nuit, en effet, fut bonne conseillère! Dès mon réveil, je respirai d'aise: libre! Je serais dorénavant libre de mon temps!

Je me présentai à mon patron dès neuf heures le lendemain et lui déclarai de but en blanc ma décision de quitter mon emploi. La première surprise passée et voyant ma détermination, il ne tenta pas de me convaincre de changer d'idée, mais seulement de retarder mon départ jusqu'à la fin de l'année. «Fin décembre? Il n'en est pas question! Je ne sais même pas si je pourrai me rendre à la fin du mois!»

En fait, je devais tenir le coup jusqu'à la mi-septembre.

Une fois les autorisations arrivées d'Ottawa, je ne terminai même pas ma semaine, non plus que la journée: je quittai vers trois heures le mercredi 13 septembre.

Je ne fus pas sans m'interroger sur une rupture aussi totale. Je crois bien que d'aucuns ont chuchoté à mon sujet le mot à la mode de *burn out*. Une dépression nerveuse due à un épuisement professionnel, moi? Je n'y reconnus pas du tout les symptômes de ma «crise de liberté», qui était bien le contraire d'un état dépressif. Elle était en un sens de la même eau que celle qui m'avait autrefois poussée à me séparer de mon mari et plus tard à prendre mes distances avec un amant marié pour choisir un célibataire. Cette fois, si ce n'était pas pour vivre librement un amour, c'était pour me livrer sans entraves à la passion qui prenait de plus en plus de place dans ma vie: l'écriture. «Quand il s'agit d'écrire, dit un personnage de Benoîte Groult, n'avoir pas *tout* son temps, c'est ne pas en avoir *du tout*.» Eh bien! si dorénavant je n'écrivais pas...

Dès octobre, je fus amenée, comme écrivain, à faire une tournée de conférences, invitée par le réseau des biblio- thèques de la Gaspésie/Baie-des-Chaleurs. Quelle joie ce fut de retourner si tôt dans ce coin de pays dont je revenais à peine! Ma retraite s'inaugurait bien. Je m'adressai à des jeunes du primaire et du secondaire, à des publics d'adultes et à un groupe de personnes âgées, dans un itinéraire qui s'échelonnait de Matapédia à Paspébiac. J'y repérai des salles et un public susceptibles d'assister aux spectacles des deux voyants de mon roman. Me serviraient également de modèles pour des personnages secondaires les responsables de la tournée qui me reçurent avec beaucoup de chaleur, ainsi que les animateurs et animatrices des émissions de radio et de télévision auxquelles je participai. Partie de Montréal en car, je revins en voiture avec le romancier gaspésien Réal-Gabriel Bujold, qui enseigne à Ville de Laval et en qui le hasard — le monde est si petit! — me fit reconnaître un ami et collègue du fils de ma sœur Marcelle! À la fin du trajet d'une dizaine d'heures, nous nous tutoyions comme tante et neveu, et depuis, nous avons régulièrement l'occasion de nous voir à la Société des écrivains dont il est devenu membre à ma suite.

Tout l'hiver, je m'installai dans l'écriture de mon roman d'aventures auquel j'intéressai une éditrice. Je le peaufinerai tout au cours de l'été et il paraîtra l'automne suivant. Mes proches le reçurent très favorablement: en fait, c'est celui, parmi mes quatre romans, qui me valut d'eux le plus d'appréciation. Cependant, la radio et la télévision devaient rester muettes à son sujet. C'est ainsi que cette intrigue à caractère policier, qui eût pu être agréée du grand public, passa à peu près inaperçue et que les exemplaires restèrent invendus sur les tablettes des libraires où, d'ailleurs, ils ne firent pas long feu!

Les critiques ne furent pas tous silencieux. L'un d'eux, dont j'avais attendu le verdict avec une tremblante confiance, paraissait regretter la gravité de mes romans précédents et prétendait que je faisais ici «carrément fausse route. Restent les paysages du Québec, qu'un tel contexte, faute de mieux, met singulièrement en valeur.»

J'aurais été catastrophée si, dans le même journal et à la même date, n'avait paru une très belle «silhouette littéraire»: «La jeunesse n'est pas une question d'âge, mais de mentalité. M.B. apporte dans ses romans la fraîcheur, le goût d'admirer et d'aimer. Elle sait décrire un paysage. Optimiste, naïve à ses heures, la romancière transmet une vision du monde remplie d'espoir. Autant la trame de ses romans que l'évolution de ses personnages sont dominées par une véritable jeunesse, celle qui est persuadée que l'avenir lui appartient et que tout est possible. Ce qui ne manque pas d'être très rafraîchissant, dans le paysage littéraire de cette fin de siècle, où on nous répète sur tous les tons que la fin du monde, elle aussi, est proche...»

Ma démarche fut également comprise par une autre critique, elle-même romancière, qui écrira que c'était peut-être là mon meilleur livre. Il en fut de même d'un chroniqueur anglais d'Ottawa qui y voyait une dimension inhabituelle dans le roman policier d'ici.

À quoi bon continuer à écrire? me demandais-je, plus que jamais blessée par l'oubli immédiat où sombrait mon roman. Si, pour les deux premiers, j'eus un nombre assez impressionnant de lecteurs, il fut loin d'en être de même pour les deux suivants. Et l'une de mes connaissances qui croyait que je faisais tellement d'argent avec mes livres que je pouvais cesser de travailler!... Elle ignorait, comme d'ailleurs un peu tout le monde, que l'auteur d'un livre ne reçoit que dix pour cent du prix des exemplaires vendus. On est très loin, même, du salaire minimum, si on songe au nombre incalculable d'heures que demande l'écriture d'un livre, depuis le premier élan qu'on en a, jusqu'à sa parution.

C'est dès cet hiver-là que mon emploi du temps prit le beau chemin de l'école buissonnière, qu'il suit toujours aujourd'hui. Après tant d'années de travail de neuf à cinq, j'avais enfin l'exercice libre de mon temps. Comme j'écrivais toutes mes matinées, je pouvais m'adonner à la flânerie l'après-midi sans me sentir coupable de paresse ou de passivité.

Je commençai par aller au cinéma une fois par semaine, aux séances de treize heures ou quinze heures. Seule, comme maman le faisait à son arrivée à Montréal. Moi aussi je choisissais surtout les films français pour lesquels j'ai un appétit insatiable. Sandrine Bonnaire, Nathalie Baye, Juliette Binoche ont remplacé Michèle Morgan, Edwige Feuillère, Annabella; Philippe Noiret et Jean Yanne ont succédé à Charles Boyer et à Raimu, mais j'ai la même passion que maman pour la magie du grand écran. Et du jour où, récemment, je me suis mise à y aller deux fois par semaine, voilà que ma sœur Fernande m'apprend que dès Québec maman se rendait au Rialto ou à l'Impérial, justement deux après-midi par semaine, bien que ses enfants fussent alors échelonnés entre seize et trois ans... Et c'est elle, l'aînée, qui, comme elle le dit aujourd'hui sans amertume mais avec une tendre ironie, devait préparer le souper de «toute la marmaille» et également celui de papa qui rentrait du travail à l'heure même où «Madame revenait de ses vues...» Et je me demande aujourd'hui si maman ne fut pas, elle aussi, une solitaire qui cherchait régulièrement refuge contre un certain fonds de mélancolie qu'elle appelait parfois ennui, pour échapper aux petits êtres qui grugeaient l'écoulement de ses jours et sa vie même. La solitaire qu'elle était occasionnellement, encombrée de présences continuelles parfois dérangeantes, versus la solitaire que je suis foncièrement, à la recherche d'un minimum de présences...

Elles me viennent toutefois plus spontanément, ces présences, depuis que le désir ne les sélectionne plus exclusivement. De plus en plus l'amitié comble mon besoin d'amour. La dimension charnelle étant atténuée, mes choix sont plus réfléchis, même si l'attrait demeure toujours un critère de sélection.

Ainsi en est-il de mon grand ami musicien, qui se prénomme Georges, tout comme mon père... Il existe entre nous une tendre compréhension. Il me téléphone deux ou trois fois par semaine pour de longs et riches échanges. Et lorsqu'il m'invite à me joindre à un groupe d'amis pour faire de la musique chez lui où trône un magnifique piano de concert, je suis fascinée par ses mains sur le clavier qui me rappellent celles qui accompagnèrent jadis mon chant... Parmi ses amies et amis privilégiés, se trouvent également un historien ainsi qu'une jeune poète rencontrés récemment à la Société des écrivains. Je me sens dans mon élément en une telle compagnie. L'amitié procure des joies aussi intenses que celles de l'amour, sans toutefois les affres de la passion.

Je le constate avec mes compagnons de sorties — opéra, théâtre, concerts, conférences, Festival du film —, trois ont autrefois occupé dans ma vie une place très intime; dont l'un: appelons-le Vincent... Le temps a apaisé nos pulsions d'alors; reste une parenté d'esprit que l'expérience de la vie a même amplifiée.

Fernand aussi, mon ex-collègue de Radio-Canada, est toujours un ami fidèle. Si les samedis soir ne sont plus dangereux comme au temps où notre solitude nous accablait — il est maintenant marié —, la gratuité de notre amitié n'en ressort que plus.

Pour ce qui est de Laurent, il m'a fait signe il y a quelques années: il venait de lire *Tout un été l'hiver* et désirait me parler de Georgette. Il me parla surtout de lui et de son entrée chez les Alcooliques anonymes... C'est à l'alcool qu'il attribue d'ailleurs sa rupture avec Georgette et aussi sa propre faillite sociale. Je le revois à chacun de ses retours du Mexique où il passe l'hiver à parcourir les routes, un peu en vagabond, avec son attirail de peintre sur le dos. Il en rapporte des centaines d'esquisses ou de toiles réduites illustrant des scènes croquées sur le vif.

Quant à mes amitiés féminines, c'est surtout mon attrait pour le *scrabble* qui est l'occasion de les cultiver. Claire, mon amie d'adolescence, et Nina, rencontrée il y a trente ans aux cours de création littéraire, sont, avec ma sœur Fernande, mes partenaires régulières.

Les activités paralittéraires, également, occupent mon temps. Ayant prononcé, en 1985, à la Maison de la culture de Côte-des-Neiges, une causerie sur le thème de l'amour-passion dans mes romans, qu'avait organisée l'attachée de presse de ma maison d'édition, je mis sur pied, à la demande de la Société des écrivains, une série de rencontres auteur-lecteurs du même type. Elles ont lieu depuis deux ans et je m'apprête à organiser la saison 1988-1989.

Sans doute voyagerais-je plus souvent, n'était l'absence d'un compagnon. J'ai tout de même, il y a deux ans, effectué une traversée du Canada en voiture, avec mon amie française qui allait s'établir à Vancouver et qui ne voulait pas faire seule ce long trajet; je devais revenir en avion. Si j'ai apprécié les grandioses sites naturels du pays, je m'y suis toutefois sentie aussi à l'étranger que je l'eusse été aux États-Unis. Ou à la Barbade où je suis allée dernièrement rendre visite à mon amie Doris.

Je m'aperçois ici que c'est surtout le passé qui constitue la trame de mes journées actuelles. À mesure que je vieillis, mes souvenirs ajoutent une certaine épaisseur au ralentissement apparent de mon activité quotidienne. Il est vrai que les heures les plus intenses de mes journées, je les passe à écrire, ce qui est bien le contraire de l'agitation!

Car, bien sûr, je ne me suis pas guérie de ce que j'ai, par jeu, appelé ma «graphomanie». Écrire est sans doute le moyen qui m'est donné pour «mener une vie pensée», comme dit Socrate. Chacun de nous n'a-t-il pas sa façon personnelle de rester, quoique mortel, bien vivant jusqu'à la fin...

Si c'était à refaire…

L'amour a occupé une telle place dans ma vie, qu'on s'étonne parfois autour de moi de mon adaptation sereine à son absence, depuis que je prends de l'âge.

Qu'a-t-il été pour moi? Les hommes ont-ils répondu à l'espoir que je mettais en eux? Les ai-je trop aimés? Pas assez? Mal? Pourquoi l'amour unique, idéal dont je rêvais n'a-t-il pas été mon lot?

Ai-je la nostalgie du couple solide, moi qui ai semblé rechercher, comme à plaisir, les obstacles à une union durable, passions qui me rejetaient toujours vers l'état de femme seule?

Aujourd'hui, la soixantaine m'autorisant à me livrer à un certain bilan de ma vie amoureuse, qu'est-ce que je répondrais à qui me demanderait: «Croyez-vous toujours à l'amour?»

Je commencerais par faire préciser ce qu'on attend de lui.

L'amour comme but de la vie?

L'amour comme moyen de s'épanouir? Pour combler sa solitude? L'amour comme accomplissement de soi? Pour régler ses conflits intimes dans la joie? L'amour comme moyen de s'élever? Comme salut personnel?

À presque toutes ces questions je répondrais oui, à l'exception de la première et de la dernière, qui font trop de l'amour la réponse unique à notre aspiration vers l'absolu.

La femme, tout comme l'homme, sera toujours à la recherche d'un témoin intime de sa propre vie. D'un être avec qui cheminer. Les occasions de rencontres sont multiples, mais rares sont celles qui comblent le désir profond de s'unir à l'autre pour s'enrichir mutuellement. Soit qu'on attende une fusion telle qu'on s'y fondrait, s'y annihilerait presque: d'où destruction du couple par instinct de survie personnelle. Soit qu'on demande tout à l'autre, sans être capable de donner en échange. Soit que, attiré exclusivement par le trouble des débuts de la passion, on ne puisse les dépasser: d'où multiples amorces de relations sans lendemain.

«Si jeunesse savait, si vieillesse pouvait...» Mais ne sommes-nous pas tous des autodidactes en matière de vie aussi bien que d'amour? C'est en vivant qu'on apprend à vivre, comme c'est en se butant aux mêmes obstacles amoureux qu'on apprend à y parer. Hélas, souvent il est trop tard: même les obstacles ne sont plus au rendez-vous...

Je serais toutefois tentée de dire que les amours malheureuses servent aussi à se forger une autonomie émotive: en arriver à ne plus considérer l'amour comme condition essentielle à sa propre existence. Toute éducation, serait-elle la plus libérée des tabous et préjugés comme semble l'être celle d'aujourd'hui, ne comporte-t-elle pas de failles? On doit soi-même les combler; sans quoi on risque de les traîner toute sa vie et de leur faire porter la responsabilité de son manque de fermeté devant les difficultés inhérentes à toute existence.

À commencer par le poids de la solitude qui nous colle à la peau, même dans les périodes les plus effervescentes. Aussi me semble-t-il qu'il faille s'en faire très tôt une alliée. C'est d'elle qu'on tire sa plus grande force d'autonomie, nécessaire pour mener à bien toute vie, serait-elle la plus entourée.

Cette réflexion a-t-elle sa place comme conclusion au récit de ma vie, que j'ai entrepris il y a un an et demi sans trop savoir où me conduirait mon voyage dans mes souvenirs?

Si je ressens le besoin de conclure par un retour sur l'amour, c'est qu'il arrive aujourd'hui qu'on mette en doute son existence même. Oui, je dirais: l'amour existe. Au bout de tous les détours qu'on prend pour y arriver; à travers tous les artifices qui le défigurent parfois. Sans doute faut-il l'avoir d'abord en soi pour qu'il aimante le désir qu'en a l'autre. L'amour pointe à l'horizon lorsqu'on commence à oublier le miroir narcissique. Il suffit de le regarder venir, au lieu de se reluquer le bout du nez. Car il est partout en demande. Se préparer à y répondre: il se présente souvent là où on ne l'attend pas.

Ah! si ma vie était à refaire! Toute l'expérience acquise au fil des ans...

Mais peut-être alors ne pourriez-vous pas lire cette vie de femme, si je n'avais connu que l'amour heureux. «C'est des manques de leurs auteurs que sont souvent tissés les livres qui nous touchent le plus. De leurs rêves non réalisés.» J'entends encore la voix de celui qui tentait ainsi de me consoler de l'impossibilité de notre amour...

Et si on me demandait si je crois toujours en l'écriture, que répondrais-je? Eh bien, cette «machine à penser», selon Pierre Schaeffer, je veux de moins en moins m'en guérir. Je me demande même si elle n'est pas devenue ma réponse aux questions que l'on pose au sujet de l'amour. L'écriture comme épanouissement? Comme compagne de solitude? Comme source de joie? Comme élévation? Comme salut personnel?

Et comme phare pour éclairer le versant où je me trouve aujourd'hui. Si peu de temps, me semble-t-il, s'étant écoulé depuis que j'en étais à parcourir, remplie de curiosité, ma main dans celles de papa et maman ou au milieu des deux autres «petites», la riante vallée d'où s'élève l'imprévisible rocher de la vie...

Montréal, novembre 1986 — avril 1988.

Achevé   Imprimerie
d'imprimer Gagné Ltée
au Canada Louiseville